HOMO ADDICTUS

호모 아딕투스

알고리즘을 설계한 신인류의 탄생

김병규 지음

HOMO ADDICTUS

중독경제 시대, 어떻게 생존하고 번영할 것인가?

다산
북스

아린에게

'뇌를 굶겨야 한다. 뇌를 굶겨야 그 속에 공간이 생겨나고, 내가 진정으로 갈망하는 것을 알게 되고, 내게 정말 필요한 것이 제대로 흡수된다.'

제가 평소 지니고 살아가는 마음가짐입니다. 불확실성의 시대, 자신에게 최고의 것을 찾고 싶은 사람들에게 이 책을 권합니다.

서경배(아모레퍼시픽 회장)

통찰력이 뛰어난 책이다. 김병규 교수는 스마트폰의 출현으로 제품경제에서 관심경제를 넘어 거대한 데이터를 바탕으로 인간을 중독시키는 중독경제의 시대가 도래했음을 선언한다. 이 책은 중독경제 시대에 기업과 개인이 어떻게 현명하게 대처할 것인가를 명쾌하게 제시한다는 점에서 지금 가장 시기적절한 책이다.

이금룡(옥션 창업자, 도전과 나눔 이사장)

놀라운 통찰력과 유용한 가이드라인으로 가득 찬 이 책은 우리가 살아가는 세상에 관한 새로운 관점을 제시한다. 우리는 자신의 자유의지로 디지털 기기를 사용한다고 믿고 있지만, 사실은 중독경제의 희생자일 수도 있다. 지금 자신의 사업에 대한 새로운 해결책이나 인생의 방향을 바꿀 해답을 찾고 있는 사람이라면 꼭 읽어야 할 책이다!

조나 버거 JONAH BERGER (펜실베이니아대 와튼스쿨 교수, 『컨테이저스』 저자)

김병규 교수는 중독경제와 관련된 소비자 연구 분야의 세계적 전문가다. 이 책은 소비자의 행동을 이해하는 새로운 접근법을 통해 중독을 중심으로 돌아가는 시장의 매우 중요한 변화를 예리하게 포착해낸다!

갈 자우버만 GAL ZAUBERMAN (예일대 경영대학 석좌교수, 행동경제학자)

인류의 오랜 역사에서 가장 중요한 발견 가운데 하나는 단연 불의 존재입니다. 물론 오늘날 불을 쉽고 편하게 사용하게 된 것은 수많은 연구와 개발을 통한 발명이 뒤따랐기 때문이지요. 『사피엔스』라는 책을 통해 인간 역사와 문화의 발전 과정을 폭넓게 고찰한 역사학자 유발 하라리Yuval Noah Harari에 따르면 불을 사용한 이후로 인류는 다양한 음식을 먹을 수 있게 되었고, 익힌 음식은 소화하기가 쉬워서 식사 시간도 짧아졌다고 합니다. 그리고 음식을 소화하는데 에너지를 덜 소모하게 되면서 뇌가 커질 수 있었다고 합니다. 문명사회의 출발점이 된 불의 사용은 인류 진화를 앞당겼습니다.

그런데 어쩌면 우리는 지금 불의 존재를 발견하고 그 사용법을 발명한 것에 버금하는 새로운 발견과 발명을 하고 있는지도 모릅니다. 바로 인간 뇌에 존재하는 보상회로reward circuit를 언제 어디서나 자극시킬 수 있는 손쉬운 방법을 찾아낸 것입니다.

뇌에는 사람들이 보상받을 때나 보상받으리라 기대할 때 활성화되는 영역이 있습니다. '보상회로'라고 불리는 곳입니다. 보상회로가 자극을 받으면 사람들은 쾌감을 느끼고, 자신에게 쾌감을 준 대상을 향해 강한 욕구를 갖습니다. 보상회로는 사람들의 머릿속을 그 대상에 대한 생각으로 가득 채우고, 어떻게 해서든 그 대상을 다시 획득하도록 사람의 몸과 마음을 조종합니다. 즉 사람을 중독addiction에 빠지게 만드는 것이죠.

보상회로는 쾌감과 욕구를 불러일으키기에 사람들은 할 수만 있다면 계속 자신의 보상회로를 자극하고 싶을 것입니다. 하지만 이런 일은 불가능합니다. 보상회로를 강하게 자극하는 중독성 물질들은 가격이 비싸고 구하기도 어렵습니다. 술이나 달콤한 디저트도 배가 부르면 더 이상 먹을 수가 없습니다. 좋아하는 운동도 몸이 힘들거나 어딘가 다치기라도 하면 더 이상 지속할 수가 없습니다. 다른 사람들의 인정과 칭찬을 얻으려는 일에도 많은 시간과 노력이 필요합니다. 그래서 아무리 보상회로를 자극하고 싶어도 그렇게 할 수 없는 것이 인간의 삶이었습니다.

그런데 어느 순간 모든 사람의 손에 자신의 보상회로를 언제 어디서든 자극할 수 있는 스위치가 하나씩 쥐어지기 시작했습니다.

바로 스마트폰과 같은 각종 디지털 기기의 발명에 따른 결과지요. 특히 스마트폰에는 타인의 칭찬 글로 넘쳐나는 소셜미디어, 자극과 쾌감을 주는 수많은 동영상 콘텐츠와 게임, 커다란 할인과 깜짝 선물을 받을 수 있는 쇼핑 앱 등 사람의 뇌를 달콤한 유혹에 빠뜨리는 것들로 가득합니다. 디지털 기기는 계속 사용한다고 해서 배가 부르거나 큰돈이 드는 것도 아닙니다. 몸에 안 좋거나 불법적인 일을 하고 있다는 죄책감을 느낄 필요도 없습니다. 언제 어디서든, 남녀노소 누구나, 돈이 많든 적든 모든 사람이 수시로 자신의 보상회로를 자극할 수 있게 된 것입니다. 인류에게 불의 존재가 그러했듯, 디지털 중독 역시 인간의 사고와 행동 그리고 삶의 방식에까지 큰 변화를 초래하여 또 한 번 인류를 새로운 단계에 도달하게 하리라 예측됩니다.

바야흐로 사람들이 일상에서 자신의 보상회로를 수시로 자극하고 중독에 빠지는 시대, 그와 동시에 더 큰 이익을 얻으려는 욕망 탓에 서로가 서로에게 더 강력한 중독을 만들어내고 그것을 활용할 방법을 발명해내는 호모 아딕투스Homo addictus의 시대가 도래했습니다. 특히 오늘날 빅테크 기업을 필두로 많은 기업이 빅데이터로부터 얻은 정교한 알고리즘 등을 활용해 디지털 중독을 경제적 이익으로 전환할 수 있는 획기적 방법을 끊임없이 찾아내고 있습니다. 그러면서 산업 전체가 디지털 중독을 연료 삼아 돌아가는 '중독경제'를 향해 질주해가고 있습니다. 이렇듯 오늘날, 디지털 기술

그리고 자본주의와 결합된 중독은 이전과는 차원이 다른 중독성으로 우리의 관심과 시간, 돈, 심지어 욕망까지 종속시키고 있습니다. 누구도 중독에서 자유로울 수 없는 시대가 된 것입니다.

우리는 지금 자신도 의식하지 못하는 사이에 호모 아딕투스로 변해가고 있습니다. 이와 함께 현시대의 경제구조 역시 가파른 속도로 중독경제로 변모하고 있습니다. 특히 빅테크 기업은 막강한 자본력과 기술력으로 데이터를 독점하고 시장과 소비자에게 전에 없이 강력한 통제력을 행사하고 있습니다. 이에 따라 인간관계, 소비생활, 일자리, 여가 등 우리 삶 전반의 모습도 달라지고 있습니다. 이런 변화가 인류에게 발전일지 퇴보일지 지금 시점에서 그 의미를 섣불리 판단하기는 어렵습니다. 시간이 지나면 알게 되겠죠.

하지만 적어도 지금 우리 자신과 우리 삶에 어떤 변화가 생기고 있는지는 제대로 알 필요가 있습니다. 그래야 우리 자신은 물론 인류의 운명에 결정적 영향을 미칠 여러 사안에 관해 현명하게 판단하고 제어할 기회가 생길 것입니다.

흔히 미래는 예측하는 것이 아니라 만들어가는 것이라고 하죠. 피할 수 없는 중독의 시대, 인간이 수단으로 여겨지지 않고, 독점과 배제 없이 건전한 성장이 지속 가능하게 이루어지는 경제 체제. 그곳에 인류의 미래가 있다고 믿습니다.

차례

1부

인류는
호모 아딕투스로 진화한다
디지털에 중독된 사람들 … 26

1. 호모 아딕투스가 온다 … 30

저는 달리기 중독자입니다 | 중독을 만드는 뇌: 보상회로 | 사람들 손에 쥐어진 전기 스위치 | 호모 아딕투스의 시대

2. 우리를 중독시키는 것들 … 48

단절된 삶을 살아가는 사람들 | 혼자 있는 시간과의 싸움 | 중독이 돈이 되는 세상

3. 24시간 욕구를 자극하는 소비중독의 시대 … 64

소비재 시장의 역사 | 제품경제의 시대 | 관심경제의 시대 | 중독경제의 시대

위험하고도 매혹적인 중독경제의 탄생

욕망을 재생산하는 5가지 비즈니스 모델 ··· 84

중독경제의 시대, 휩쓸리지 말고 파도를 타라

3부

빅테크 기업을 이기는 비즈니스 전략 ⋯ 170

4부 중독 인류를 위한 슬기로운 번영의 기술

강박과 습관 사이에서 균형추 맞추기 ··· 308

HOMO ADDICTUS

몇 년 전 초등학생인 아이가 저와 제 아내에게 불쑥 던진 한마디가 아직도 잊혀지지 않습니다. 당시 저는 침대에 누워 스마트폰으로 뉴스를 보고 있었고, 아내 역시 이어폰을 꽂은 채로 스마트폰으로 넷플릭스 영화를 보고 있었습니다. 아이는 무언가 재미있는 이야기를 우리에게 들려주고 싶었는데, 저와 아내는 여전히 스마트폰 화면만 들여다보고 있었죠. 그때 아이가 말했습니다.

"엄마, 아빠! 나한테 관심 좀 가져줘!"

이때 누군가 머리에 찬물을 쏟아부은 것처럼 정신이 번쩍 들었습니다. 사실 저는 아이를 위해서 오랜 미국 생활을 접고 한국에 들어온 터였습니다. 처음 미국에 공부하러 나갈 때만 해도 이렇게 독한 각오도 했었죠. "미국에서 학자로 인정받고 평생 돌아오지 말자."

그래서 박사과정 때도, 미국의 대학에서 교수가 된 후에도 쉬지 않고 연구에만 매진하며 살았습니다. 하지만 사람 일이 뜻대로만 되지는 않기 마련입니다. 아내가 한국의 대학에서 자리를 잡으면서 아이와 아내는 한국으로 떠나고, 저는 혼자 미국에 머물게 되었습니다. 어느 출근길 아침, 교차로 신호등 앞에 차를 멈췄을 때였습니다. 로스앤젤레스의 여느 날처럼 무척이나 화창했습니다. 햇빛이 차창으로 쏟아져 들어오며 제 얼굴을 따스하게 감싸주었습니다. 그런데 그 순간 갑자기 눈에서 눈물이 뚝뚝 떨어지기 시작했습니다. 한국에 있는 아이가 너무 보고 싶었습니다. 그래서 그날로 학교에 사직 의사를 밝히고 얼마 후 한국에 들어왔습니다. 2015년의 일입니다.

평생의 목표였던 미국 생활을 정리하고 한국에 돌아오니 아쉬운 마음도 있었지만, 가족과 함께 보내는 순간순간이 너무 즐겁고 행복했습니다. 그런데 몇 년이 지나자 아이와 함께하는 시간의 소중함은 완전히 잊은 채, 스마트폰 화면만 들여다보고 있게 된 것입니다. 아이에게 쏟아야 할 관심과 사랑을 스마트폰에 주고 거기서 쉽게 헤어나지 못하는 제 자신이 너무 한심하고 부끄럽게 느껴졌습

니다. 이러자고 굳은 결심을 꺾고 한국에 돌아온 것인가 하는 자괴
감이 들었습니다. 그러고 나서 차근히 제 삶을 되돌아보기 시작했
습니다.

당시 저는 스마트폰 뉴스에 중독된 상태였습니다. 시간만 있으
면 스마트폰을 켜고 뉴스를 읽었습니다. 연구와 강의에 필요한 정
보나 궁금한 기사가 있어서가 아니었습니다. 온갖 잡다한 뉴스를
멍하게 읽어내려 가고 있을 뿐이었습니다. 침실에서건, 부엌에서
건, 화장실에서건 계속 새로고침하며 뉴스 기사를 읽었습니다. 아
이가 불러도 못 들을 정도로 심각한 상태였죠. 그날 이후 정신을 차
리고 주변을 둘러보니 이런 일이 저 혼자만의 문제는 아니라는 것
을 알았습니다. 우리가 살아가고 있는 이 세상 자체가 첨단 디지털
기술을 탑재한 온갖 스마트 기기에 중독되는 방향으로 재구성되고
있음을 깨달은 것이죠. 물건을 사고 사람들과 소통하고 여가를 보
내고 지식이나 정보를 얻는 등 거의 모든 인간 생활에 중독이 스며
들어 있었습니다.

각 시대에는 그 시대만의 특징적인 경제구조가 있습니다. 경제
구조는 기업이 사업을 진행하고, 서로 경쟁하며, 소비자에게서 이
익을 얻어내는 방식을 결정합니다. 동시에 소비자가 돈을 쓰고 즐
거움을 얻으며 삶을 살아가는 방식까지도 결정합니다. 기업이든
소비자든 자신이 왜 이런 방식으로 행동하는지 그 이유를 미처 깨
닫지는 못할 수도 있습니다. 하지만 같은 시대를 살아가는 기업들

은 서로 비슷한 방식으로 사업을 하고, 소비자들 역시 서로 유사한 모습으로 소비하며 살아갑니다. 그러면서 그 시대의 특징적인 경제구조가 자리 잡게 되죠.

20세기 초반은 '제품경제의 시대'였습니다. 당시에는 소비자들이 원하는 제품을 만드는 것 자체가 어려웠고 그래서 제품 자체가 희소성을 가졌습니다. 많은 기업은 소비자들이 필요로 하는 제품을 만들어내기만 해도 고가에 팔 수 있었고 큰 이익을 얻을 수 있었습니다. 그런데 20세기 중반에 접어들면서 제품의 생산량이 급격히 늘어나고 기업 간 경쟁이 치열해지기 시작했습니다. 기업은 더 이상 소비자들이 필요로 하는 제품을 만드는 것만으로는 이익을 얻을 수가 없었습니다. 그래서 광고를 통해 소비자들의 관심을 붙들고 그들에게 소비 욕구를 불러일으키기 위해 경쟁했습니다. 그러면서 광고와 마케팅이 크게 성장했죠. 소비자의 관심을 얻어내고 욕망을 키워내는 데 텔레비전 광고가 특히 큰 역할을 합니다. 기업은 텔레비전 광고를 통해 욕망을 부추기고, 소비자는 텔레비전 광고 속의 온갖 제품에 대한 욕망을 키워나가는 시대를 '관심경제의 시대'라고 부릅니다.

하지만 관심경제의 시대도 스마트폰의 등장과 함께 큰 변화를 겪습니다. 관심경제 시대에 기업은 사람들의 관심을 텔레비전 광고에 붙들어놓기 위해서 흥미로운 텔레비전 프로그램과 자극적인 광고를 만들었지만, 텔레비전에는 시간적·공간적 제약이 존재합니다. 아무리 텔레비전의 힘이 강력해도 일단 텔레비전을 보지 않으면 사람들은 자신의 관심을 텔레비전 광고에 빼앗기지 않을 수 있었으니까요.

그런데 어느 순간부터 사람들은 스마트폰으로 대표되는 디지털 기기를 늘 곁에 두고 살아가게 되었습니다. 여기에 더해 빅데이터와 알고리즘이라는 무기를 가진 거대 IT 기업, 소위 빅테크$^{Big Tech}$ 기업은 사람들을 디지털에 중독시키는 다양한 방법을 끝없이 찾아내고 있습니다. 시간과 장소에 구애받지 않고 누구나 쉽게 디지털 기기와 서비스에 중독되는 오늘날, 빅테크 기업은 중독을 이익으로 전환시키는 새로운 경제구조를 구축하며 시장의 패러다임을 바꾸고 있습니다. 이런 점에서 지금 시대를 '중독경제의 시대'라고 부를 수 있습니다.

이 책은 중독경제라는 새로운 경제 패러다임의 출현을 알립니다. 하지만 중독경제를 부정적으로만 바라보려는 것은 아닙니다. 인간의 뇌는 구조적으로 중독에 취약합니다. 이익의 극대화를 목적으로 하는 기업이 이와 같은 인간의 약점이나 특성을 이용해서 돈을 버는 것은 당연한 일이고, 어제오늘의 일이 아니라서 굳이 새로울 것도 없는 이야기입니다. 특히 오늘날과 같은 디지털 시대에 테크 기업이 기술의 발달에 힘입어 더욱 정교하고 다양한 중독 기제를 활용하는 일은 자연스러운 변화이며 거스를 수 없는 흐름이죠. 게다가 중독경제의 핵심인 중독은 우리에게 정신적 만족감을 주고 다양한 방식으로 우리 삶을 편리하게 해줍니다.

그렇다고 해서 중독경제를 아무 의심 없이 받아들일 수만도 없습니다. 두 가지 문제가 있습니다. 하나는 사람과 관련된 문제입니다. 중독경제 시대에 많은 사람은 자신이 디지털에 중독되었다는 사실을 모른 채 살아갑니다. 빅테크 기업이 의도한 대로 디지털 기기에 과도한 시간을 쏟고, 자신에게 꼭 필요하지도 않은 것에 많은 돈을 쓰면서도 이 모든 것이 자신의 자유의지에 의한 선택이라고 착각합니다. 많은 사람이 빅테크 기업에 종속된 삶을 살면서도 그 사실을 전혀 인식하지 못합니다. 일부 사람은 중독의 정도가 지나쳐 업무나 대인 관계에서 곤란을 겪기도 합니다. 그래서 우리는 디지털이 우리를 어떻게, 왜 중독시키는지 제대로 이해할 필요가 있습니다. 설령 디지털에 중독되고 빅테크 기업에 조종당하는 삶을 완전히 벗어나기가 어려울지라도, 최소한 우리 자신에게 지금 어떤 일이 일어나고 있는지 알아야 할 권리가 있습니다. 그만큼 우리가 살면서 내리는 많은 결정에 영향을 미치기 때문입니다.

다른 하나는 비즈니스 기회와 관련된 문제입니다. 오늘날 디지털 전환Digital Transformation, DT이 모든 기업의 화두입니다. 빅테크 기업의 성공을 보면서 많은 기업은 사람들을 중독에 빠지게 하는 쉬운 길을 택할 확률이 높습니다. 이는 결국 산업 전반이 중독경제로 나아갈 것을 시사합니다. 그런데 중독경제는 구글, 메타Meta(페이스북이 2021년 변경한 사명), 아마존, 애플과 같이 무수한 데이터와 고도화된 AI 알고리즘을 보유한 빅테크 기업에 절대적으로 유리합니다. 이들은 먹이사슬의 최상위 포식자로 군림하면서 앞으로 더 많은 사람을 중독시키고, 시장 지배력을 넓혀갈 것입니다. 물론 그럴수록 새롭게 도전하는 사업자나 기존의 중소 사업자의 기회는 줄어들거나 아예 사라집니다. 빅테크 기업과 경쟁하거나 이들 틈에서 생존하려는 사업자는 중독경제의 원리를 더 깊이 이해해야 합니다. 그래야 지금의 판도를 활용해 자신의 비즈니스를 성장시키고, 보다 근본적인 전략을 세워 빅테크 기업과 경쟁할 수 있습니다. 중독경제가 빅테크 기업에 유리한 것은 어쩔 수 없는 사실이지만, 자신만의 중독 비즈니스 모델을 찾아내는 사업자, 건강하고 사회적으로 바람직한 중독을 만드는 사업자, 그리고 사람들을 중독에서 벗어나게 해주는 사업자는 이들과 경쟁하며 자신만의 영역을 구축해나갈 수 있을 것입니다. 그러면서 자연스럽게 다양한 사업자들로 구성된 중독경제의 생태계가 조성될 수 있을 것입니다.

이 책의 1부에서는 호모 아딕투스와 중독경제에 관해 설명합니다. 오늘날 인류가 어떻게 호모 아딕투스가 되었는지, 또 이와 함께 도래한 중독경제가 무엇이고, 어떻게 탄생했는지 그 배경을 살펴봅니다. 2부에서는 중독경제 시대의 대표적인 5가지 비즈니스 모델인 소셜미디어, 콘텐츠, 쇼핑, 뉴스, 게임 비즈니스의 구조를 분석합니다. 이 과정에서 특히 빅테크 기업들이 5가지 비즈니스 모델을 통해 어떻게 중독을 디자인하고 돈을 버는지 살펴봅니다.

3부는 중독경제 시대에 빅테크 기업과 경쟁하려는 사업자를 위한 것입니다. 중독경제는 빅데이터와 알고리즘으로 무장한 빅테크 기업에 유리한 경제구조입니다. 이에 그들의 성공 전략에서 이끌어낼 수 있는 인사이트를 통해 신규 사업자나 중소 사업자가 빅테크 기업에 대항해 생존할 수 있는 방법을 모색합니다. 우선 다양한 중독 비즈니스 모델에서 성공적인 중독 디자인의 법칙과 데이터 전략을 도출해내고, 빅테크 기업을 이길 수 있는 6가지 구체적인 비즈니스 전략을 소개합니다.

마지막 4부는 중독경제 시대를 살아가는 사람들을 위한 것입니다. 중독경제 시대에 우리는 어떻게 중독을 관리하고, 어떻게 현명하게 소비해야 하는지를 설명합니다. 또한 중독경제 시대에 필요한 인재상에 대해서도 논의합니다. 이로써 중독경제 시대를 살아가는 모든 사람에게 작은 도움이 되고, 보다 공정하고 건전한 중독경제 생태계가 조성되는 길을 모색해보고자 합니다.

1부

인류는
호모 아딕투스로 진화한다

—

디지털에 중독된 사람들

사람의 뇌에는 보상회로라는 것이 존재합니다. 달콤한 음식이나 중독성 물질처럼 기분을 좋게 만드는 것에 반응하는 곳입니다. 보상회로가 자극되면 사람들은 쾌감을 느끼고, 도파민이 분출돼 보상회로를 자극하는 대상에 대한 욕구가 강해집니다. 만약 보상회로를 직접 자극할 수 있는 전기 스위치가 있다면 사람들은 온종일 이 스위치만 누를 것입니다. 실제로 실험실의 쥐에게 보상회로를 자극할 수 있는 전기 스위치를 달아주면 쥐는 먹지도 쉬지도 않고 온종일 이 스위치만 누릅니다.

인간은 실험실의 쥐와는 전혀 다른 존재입니다. 아니, 더 정확하게 표현하자면 '전혀 다른 존재였습니다'. 그런데 언젠가부터 사람들의 손에도 이 전기 스위치가 하나씩 쥐어졌습니다. 바로 스마트폰입니다. 사람들은 이제 하루 24시간을 스마트폰과 함께 살아갑니다. 심지어 아이들도 온종일 스마트폰을 손에서 놓지 않습니다.

스마트폰에는 뇌의 보상회로를 자극하는 장치들이 가득합니다. 드디어 인간이 언제 어디서나 자신의 보상회로를 자극할 수 있게 된 것입니다. 그리고 빅테크 기업은 디지털 중독을 이용해 수익을 얻는 방법을 찾아냈습니다. 이렇게 해서 사람들은 디지털에 더 강하게 중독되고, 빅테크 기업은 이들을 통해 막대한 이익을 얻는 경제구조가 마련되었습니다. 중독이 일상화된 중독경제의 시대, 우리는 자신도 모르는 사이에 그 한복판으로 걸어 들어가고 있습니다.

1
호모 아딕투스가 온다

저는 달리기 중독자입니다

___

저는 매일 달리기를 합니다. 달리기를 한 지 그리 오래되지는 않았습니다. 지금처럼 매일 달리게 된 때는 2019년부터입니다. 당시 저는 살기 위해서 달리기를 시작했습니다. 10여 년의 미국 생활을 정리하고 한국에 들어온 이후에 갑자기 체중이 늘어났습니다. 오랜 기간 캘리포니아 바닷가에서 여유롭게 생활하다가 서울에서 바쁜 직장 생활을 하다 보니 먹는 것으로 스트레스를 풀기 시작했고, 3년 동안 체중이 20킬로그램이나 불어났죠. 체중이 갑자기 증가하자 잦은 두통이 찾아왔고, 매일 피로감에 시달리며, 잠도 깊게 자지 못했습니다. 이러다가는 어느 날 갑자기 죽을지도 모른다는 두려움이 엄습해왔습니다. 그래서 달리기를 시작했습니다.

한동안은 조금만 뛰어도 숨이 차고 무릎이 아팠습니다. 그래서 조금 뛰다가 걷고, 다시 조금 뛰다가 걷기를 반복했죠. 그렇게 1년 정도를 하고 나니 몸이 가벼워지고 허벅지와 종아리에 근육이 붙어서 5~6킬로미터는 쉬지 않고 달릴 수 있게 되었습니다. 그리고 얼마 후 '러너스 하이 Runner's high'를 경험하게 되었습니다. 러너스 하이란 달리기를 하는 중에 느끼는 강렬한 쾌감을 말합니다. 당시 한강변에서 8킬로미터를 목표로 뛰고 있었는데 중간 반환점을 찍고 돌아오는 길에 갑자기 몸이 공중에 뜨는 듯한 기분이 들었습니다. 육체적 고통은 전혀 느껴지지 않았고 오히려 쾌감이 밀려왔습니다. 마치 하늘 위를 달리는 기분이었죠. 더 빨리, 더 멀리 갈 수 있을 것 같았습니다. 그리고 정확히 이때부터 달리기 중독이 시작되었습니다.

이 경험이 있기 전까지 달리기는 제게 고된 업무와도 같았습니다. 제 몸은 전혀 원하지 않았지만 저는 강한 의지로 무거운 몸을 이끌고 밖에 나갔습니다. 일단 달리기를 마치고 나면 목표 완수에 대한 만족감이 들기는 했지만 그렇다고 해서 달리는 것 자체가 즐겁지는 않았습니다. 달리는 것과 집에서 쉬는 것 중에 선택하라면 당연히 집에서 쉬는 것을 선택하고 싶었습니다. 하지만 저는 매일 마음을 다잡으며 뛰러 나갔습니다.

그런데 러너스 하이를 경험한 후에 갑자기 몸과 마음에 변화가 찾아왔습니다. 온종일 달리기에 대한 생각으로 머릿속이 가득 찼죠. 강의를 하는 중에도 저녁에 달리기를 할 생각에 마음이 설렜습니다. 하루 일과를 마치고 달리기를 한다는 생각만으로도 기분이 좋아지고, 달리기를 못 하는 상황이 되면 불안하고 스트레스를 받았습니다. 눈이 오는 날에도 비가 오는 날에도 달렸습니다. 발목이 아플 때는 스포츠 테이프로 발목을 감싼 채 달렸고, 무릎이 아프면 무릎 보호대를 착용하고 달렸습니다. 제 의지와 상관없이 달리기를 하게 되는 상태, 즉 달리기 중독에 빠진 것이죠.

달리기 중독은 정기적으로 달리기를 하는 사람들에게서 곧잘 나타나는 현상입니다. 한 연구에 따르면 취미로 달리기를 하는 사람들 가운데 8.6%가 달리기 중독 증상을 보인다고 합니다.[1] 달리기 중독에 걸린 사람들은 달리는 일을 멈추지 못합니다. 더 빨리, 더 먼 거리를 달리고 싶어 하죠. 과도한 달리기로 부상을 입게 되는 경우도 많고, 심지어 직장이나 사회생활에 문제가 생기는 사람들도 있다고 합니다. 처음에는 건강을 위해서 시작한 운동이 어느 순간 마약처럼 끊을 수 없게 되는 것입니다.

왜 이런 일이 생기는 것일까요? 이유는 하나입니다. 사람의 뇌가 중독에 매우 취약하기 때문입니다.

달리기 중독이 시작된 후로 머릿속이 달리기에 대한 생각으로 가득 찼다.
심지어 강의 중에도 달리기 생각이 떠오르고는 했다.

중독을 만드는 뇌: 보상회로

사람의 뇌에는 보상회로라는 것이 있습니다. 심리학과 뇌과학에서 말하는 '보상'이란 사람을 기분 좋게 하고, 획득에 대한 욕구를 만드는 것들을 말합니다. 맛있는 음식, 돈, 갖고 싶은 제품, 부모나 연인에게 받는 사랑, 다른 사람들의 칭찬과 인정과 같은 것들이 모두 보상에 해당합니다. 뇌에는 사람들이 보상을 받을 때나 보상을 받으리라 기대할 때 활성화되는 영역이 있습니다. 뇌의 특정 부분은 아니고 뇌 이곳저곳의 다양한 부분이 보상에 대해 반응합니다. 마치 전자제품의 회로판과 같죠. 그래서 보상'회로'라는 표현을 사용합니다.

보상회로가 자극을 받으면 사람들은 즐거움을 느낍니다. 그리고 도파민이 분출되면서 보상회로를 자극하는 대상에 대해 강한 욕구를 만들어냅니다. 과거에는 도파민이 즐거움을 유발하는 호르몬이라고 알려졌는데, 최근 뇌과학 연구 결과들에 따르면 이는 사실이 아니라고 합니다.[2] 도파민은 쾌락을 느끼는 경험 자체와는 관련이 없고, 대신 대상에 대한 욕구를 만들어내는 역할을 합니다. 즉 도파민은 욕구 호르몬인 것이죠. 보상이 주는 쾌감이 아주 큰 경우에는 욕구도 강렬해집니다. 한번 경험했던 쾌감을 다시 경험할 수 있도록 사람의 모든 생각과 행동을 지배합니다. 이것이 중독이 생기는 이유입니다.

앞서 말한 달리기 중독을 예로 들어보겠습니다. 높은 강도로 일정 시간 이상 달리기를 하면, 뇌의 보상회로에는 엔도카나비노이드endocannabinoid라는 물질이 방출됩니다.[3] 카나비노이드는 마약의 한 종류인 마리화나(카나비)에 들어 있는 성분입니다. 사람의 뇌도 이 물질을 스스로 만들어낼 수 있는데 '사람이 자기 몸 안에서(엔도) 스스로 만들어내는 마리화나'라는 의미에서 엔도카나비노이드라고 부릅니다. 달리기를 할 때 이 물질이 많이 방출되면 사람들은 쾌감, 즉 러너스 하이를 경험합니다. 달리기가 마리화나를 피우는 것과 같은 효과를 일으키는 것이죠.

이런 경험이 한번 발생하고 나면 뇌의 보상회로는 자신에게 쾌감을 준 대상에 대한 강한 욕구를 만들어냅니다. 사람들이 그 대상에 대해 계속 생각하고 나아가 그것을 소유하도록 몸과 마음을 조종합니다. 이 욕구가 아주 큰 경우에는 '중독'이 생기게 되는 것이죠. 달리기 중독뿐만이 아닙니다. 마약 중독, 도박 중독, 음식 중독, 쇼핑 중독 등 우리가 중독이라고 부르는 것들이 모두 비슷한 과정을 거칩니다. 이들이 중독을 일으키는 정확한 메커니즘은 저마다 조금씩 차이가 있지만, 이들은 모두 뇌의 보상회로와 관련된다는 공통점이 있습니다.

사람의 뇌에는 왜 이런 보상회로가 존재하는 걸까요? 그 이유는 보상회로가 인간의 생존을 돕기 때문입니다. 사람들에게 큰 즐거움을 주는 음식들을 생각해보겠습니다. 육류, 기름에 튀긴 음식, 설탕이 많이 들어간 디저트처럼 사람들을 즐겁게 만드는 음식들은 대부분 열량이 높습니다. 먼 옛날 사람들이 생존에 필요한 열량을 충분히 섭취하기가 어려웠던 때는 열량이 높은 음식을 섭취하는 것이 생존에 매우 중요했겠죠. 그래서 보상회로는 이런 음식을 먹었을 때 즐거움을 느끼게 하고, 지속해서 이런 음식들에 강한 욕구를 갖게 해서 결국 충분한 열량을 섭취하도록 한 것입니다. 다른 사람에게서 받는 사랑이 보상회로를 자극하는 이유도 마찬가지로 사랑이 사람들의 생존에 도움이 되기 때문입니다. 뇌과학자들은 달릴 때 경험하는 러너스 하이도 생존과 관련된다고 말합니다. 사냥을 통해 먹잇감을 구해야 했던 시절, 러너스 하이가 육체적 고통을 잊게 한 덕에 인간이 더 빨리, 그리고 더 먼 거리를 달릴 수 있게 되었고 결국 사냥에 도움을 주었다는 것이죠.

이처럼 보상회로는 생존에 필요한 물질이나 행동에서 즐거움을 경험하게 하고 이들에 대한 지속적인 욕구를 만들어냄으로써 인간의 생존을 돕는 중요한 역할을 합니다. 하지만 문제는 보상회로 자체에는 판단 기능이 없다는 점입니다. 보상회로는 욕구를 만드는 단순한 기계 장치와도 같습니다. 그래서 어떤 물질이나 행동이 더 이상 사람들의 생존과 아무런 관련이 없고, 심지어 사람의 건강을 해치더라도 뇌에 아주 큰 즐거움을 준다면 보상회로는 그들에 대한 강하고 반복적인 욕구를 만들어냅니다. 마약 중독이 좋은 예입니다. 코카인과 같은 마약류의 물질은 사람들의 생존과 아무런 관련이 없습니다. 하지만 사람들의 보상회로를 강하게 자극해서 마약에 대한 강렬한 욕구를 만들어냅니다. 아무리 마약이 사람의 정신과 신체에 나쁜 영향을 미쳐도 보상회로는 멈추지 않습니다. 끊임없이 그리고 더 많은 양의 마약을 갈망하게 합니다.

사람들 손에 쥐어진 전기 스위치

1950년에 캐나다의 심리학자 제임스 올즈James Olds와 피터 밀너Peter Milner는 실험용 쥐로 다음과 같은 실험을 합니다.[4] 이들은 쥐의 뇌에 전기 막대기를 꽂아서 쥐가 스위치를 누르면 전류가 보상회로에 흐르게 했습니다. 쥐들이 스스로 자기 자신의 보상회로를 자극할 수 있게 해준 것이죠. 결국에는 쥐들이 음식과 물도 먹지 않고 온종일 이 스위치만 누르는 모습이 포착되었습니다. 어떤 쥐의 경우에는 한 시간에 7000번까지 스위치를 눌렀다고 합니다. 수컷 쥐는 암컷 쥐에게 더 이상 관심을 갖지 않았고, 새끼를 낳은 암컷 쥐는 갓 태어난 새끼들을 돌보려 하지 않았습니다. 결국 연구자들은 쥐들이 굶어 죽는 것을 막기 위해서 이 전기 막대기를 떼어내야 했다고 합니다. 보상회로를 스스로 쉽게 자극할 수 있게 되면 얼마나 위험해지는지를 잘 보여주는 실험입니다.

인간에게는 이런 일이 생기기가 현실적으로 어렵습니다. 보상회로를 자극하고 싶어도 사람들이 얻을 수 있는 보상에는 많은 제약이 있기 때문입니다. 마약류는 보상회로를 강하게 자극하지만 마약류의 사용은 불법이기 때문에 구하기도 어렵고 가격도 비쌉니다. 게다가 마약류의 소지나 사용은 법적 처벌을 받는 일이기 때문에 대부분의 사람은 마약은 나쁜 것이라고 생각하고 처음부터 마약과 거리를 둡니다. 기름진 음식이나 달콤한 음료도 보상회로를 자극하지만 아무리 맛있는 음식도 배가 부르면 더 이상 먹을 수가 없습니다. 알코올은 사람들이 흔하게 사용하는 중독 물질이지만 일상생활을 유지하는 사람이 온종일 술만 먹고 있을 수는 없습니다. 게다가 술도 너무 많이 먹으면 몸에서 거부 반응이 일어나거나 배가 불러서 더 이상 먹기 어려워집니다. 사람들의 인정이나 칭찬도 뇌를 즐겁게 하지만 다른 사람들에게 인정과 칭찬을 받기 위해서는 오랜 시간 많은 노력을 기울여야 하므로 도중에 그만두기 쉽습니다. 달리기 중독이나 운동 중독의 경우에도 체력에 한계가 있기 때문에 일정 시간 이상 지속할 수 없습니다. 과한 운동으로 근육이나 인대가 손상이라도 되면 어쩔 수 없이 운동을 멈춰야 하죠. 이처럼 현실 세계에서는 아무리 뇌가 원해도 사람들이 자신의 보상회로를 계속해서 자극하기란 매우 어렵습니다. 현실에서는 뇌에 전기 막대기를 꽂은 쥐처럼 온종일 스위치를 눌러서 보상회로를 자극할 수가 없는 것이죠.

그런데 최근 들어서 실험용 쥐의 전기 막대기 같은 장치가 모든 사람의 손에 쥐어지기 시작했습니다. 바로 스마트폰입니다. 스마트폰 안에는 사람들의 보상회로를 자극하는 것들이 가득합니다. 소셜미디어 앱의 사진과 동영상에 달리는 '좋아요' 숫자, 쇼핑 앱에서 우연히 발견하게 되는 큰 할인, 게임 앱에서 경험하는 승리의 기쁨과 확률형 아이템 등은 모두 뇌의 보상회로를 강하게 자극하고, 이들 앱을 계속 사용하고 싶은 욕구를 만들어냅니다. 스마트폰은 언제 어디서나 가지고 다니는 것이기에 이제 사람들에게는 자신의 보상회로를 자극할 수 있는 휴대용 스위치가 주어진 것과 마찬가지입니다.

보상회로 스위치를 갖게 된 사람들은 어떤 행동을 하게 될까요? 보상회로가 자극되면 기분이 좋아집니다. 그리고 대상에 대한 강하고 지속적인 욕구가 생겨납니다. 그래서 사람들은 자기도 모르게 수시로 이 스위치를 누르게 됩니다. 그런데 스마트폰이라는 스위치는 계속 누른다고 꼭 많은 돈이 드는 것도 아닙니다. 중독성이 강한 물질들은 비싼 가격에 거래됩니다. 마약은 구하기 어렵고, 술에는 높은 세금이 붙습니다. 그래서 중독성이 강한 물질들은 돈이 없으면 얻을 수가 없습니다. 하지만 스마트폰 앱은 대부분 무료로 제공됩니다. 돈 걱정 없이 스위치를 누를 수 있는 것이죠. 많이 누른다고 해서 쉽게 질리는 것도 아닙니다. 음식이나 술처럼 배를 부르게 하지도 않고, 운동 중독처럼 몸을 힘들게 하거나 다치게 하지도 않습니다. 스마트폰 앱을 많이 사용하게 되면 눈이 좀 피로해지고 어깨가 결리기도 하지만 사용을 멈출 정도의 포만감이나 피로감이 생기지는 않습니다.

게다가 과도하게 사용한다고 해도 심각한 부작용을 겪을 확률이 높지 않습니다. 마약에 중독되면 뇌 기능에 이상이 생기고, 대인 관계, 직장 생활에 문제가 생깁니다. 칼로리가 높은 음식을 많이 먹으면 체중이 증가하고 건강에 문제가 생깁니다. 술을 자주 먹어도 건강에 해롭습니다. 이런 부정적인 결과는 중독의 위험성을 분명하게 인식하게 합니다.

반면 스마트폰 앱은 아무리 많이 사용해도 눈에 띄는 부작용을 경험하기가 어렵습니다. 시간을 너무 많이 쓰게 해서 공부나 업무에 지장을 주기는 하지만 이런 정도로는 사용 자체를 막지는 못합니다. 스마트폰의 과도한 사용이 우울증을 일으키고, 뇌 구조의 변화까지 가져온다는 연구 결과가 있기는 하지만 이런 부작용을 경험하는 사람들은 일부이며 설령 이런 일이 발생하더라도 스스로 문제를 인식하기가 어렵습니다. 한마디로 스마트폰은 돈도 들지 않고, 질리지도 않으며, 부작용을 경험하기도 어려운 신종 마약인 셈이죠. 스마트폰을 통해 사람들은 쉬지 않고 자신의 보상회로를 자극합니다. 사람들 스스로가 자기 자신의 보상회로를 언제 어디서나 자극할 수 있는 시대가 된 것이죠.

실험실의 쥐에게 자신의 보상회로를 직접 자극할 수 있게 해주었더니,
먹이도 먹지 않고 종일 보상회로만 자극하는 모습이 관찰되었다.
온종일 스마트폰을 손에 쥐고 있는 우리도 실험실의 쥐와 점점 더 닮아가고 있다.

호모 아딕투스의 시대

그렇다면 스마트폰은 나쁜 것일까요? 그렇지는 않습니다. 단순히 생존하는 것을 넘어 즐거움을 얻으려고 하는 것도 인간의 본능이니까요. 일찍이 고대 그리스의 철학자 데모크리토스Democritos(기원전 460~370년)는 쾌락을 추구하고 고통을 피하려는 것이 인간이 가진 가장 근본적 동기라고 말한 바 있고,[5] 현대 심리학의 창시자로 여겨지는 윌리엄 제임스William James [6]나 정신분석학을 창시한 지그문트 프로이트Sigmund Freud[7]도 쾌락을 추구하는 것이 인간을 움직이는 힘이라고 말했습니다.

저만 해도 늘 즐거운 상태를 유지하기 위해 노력합니다. 기분을 좋게 해주는 흥겨운 음악을 듣고 맛있는 음식을 먹습니다. 강의를 준비하는 것도 사실 즐거움을 얻기 위해서입니다. 강의를 잘 준비해서 학생들이 즐거워하는 모습을 보게 되면 하루를 즐겁게 보낼 수 있기 때문이죠. 그런데 이런 일의 대부분은 많은 노력이 필요하거나 경제적 비용이 발생합니다. 반면 스마트폰에 들어 있는 다양한 앱은 별다른 노력이나 비용 없이도 즐길 수 있죠. 스마트폰은 사람들이 가장 손쉽게 즐거움을 얻을 수 있는 수단입니다. 그래서 스마트폰 앱을 사용해서 즐거움을 얻는 것 자체가 나쁘다고 말할 수는 없습니다. 인간의 본능을 따르는 아주 자연스러운 행동일 뿐입니다.

하지만 손쉽게 즐거움을 얻는 만큼 우리가 치러야 하는 비용도 분명 존재합니다. 뇌의 보상회로가 담당하는 역할은 즐거움을 느끼게 하는 데 그치지 않습니다. 보상회로의 보다 중요한 역할은 즐거움을 경험한 대상에 대해 지속적인 욕구를 만드는 것입니다. 즉 즐거움을 주는 것들에 대해 강한 중독을 만드는 것이죠. 그래서 스마트폰을 가진 우리는 이제 많은 것에 쉽게 중독됩니다. 소셜미디어에 중독되고, 쇼핑에 중독되고, 게임에 중독되고, 콘텐츠에 중독됩니다. 우리에게 즐거움을 주는 스마트폰 앱과 콘텐츠가 많아질수록 이들에 중독되는 사람도 많아집니다. 그만큼 중독이 일상화되는 삶이 보편화되는 것이죠.

여기서 말하는 중독은 정신의학계에서 진단명으로 사용하는 '질병으로서의 중독'을 의미하지는 않습니다. 미국정신병리학회는 《정신 장애 진단 및 통계 편람Diagnostic and Statistical Manual of Mental Disorders, DSM》이라는 간행물을 정기적으로 발간하여 정신질환과 관련된 질병에 대한 진단명을 정의하고 진단 기준을 제시합니다. 정신과 의사들과 임상 심리학자들은 《DSM》에서 말하는 기준에 따라 사람들을 특정 질환으로 '진단'합니다. 《DSM》이 '중독'으로 간주하는 것은 마약, 알코올, 니코틴과 같은 중독성 물질에 대한 중독과 도박 중독 두 가지뿐입니다. 우리가 일상적으로 중독이라는 단어를 사용하는 다양한 중독 현상들, 가령 운동 중독, 게임 중독, 쇼핑 중독, 인터넷 중독, 설탕 중독 등은 중독이라고 진단하고 있지 않습니다. 물론 최근 들어서 운동 중독, 게임 중독, 스마트폰 중독도 일종의 정신적 질병으로서의 중독으로 진단해야 한다는 목소리가 정신의학계와 심리학자들 사이에서 나오고 있지만 아직까지는 스마트폰과 관련된 행동을 중독으로 진단하고 있지는 않습니다.

제가 이 책을 통해서 말하는 중독은 정신질환으로서의 중독은 아닙니다. 그것보다는 넓은 의미로 '지속적인 욕구'가 발생하는 상태를 지칭합니다. 자신의 의지와 상관없이 어떤 대상이나 행위에 강한 욕구를 갖게 되며 그 욕구가 일시적이지 않고 지속적일 때 중독이라고 볼 수 있습니다. 이런 정의 아래에서는 운동 중독, 게임 중독, 쇼핑 중독, 스마트폰 중독 등이 모두 중독의 범위에 포함됩니다.

넓은 의미로 사용되는 중독이지만 '습관'과는 다릅니다. 습관은 어떤 행동을 반복적으로 하는 것을 말합니다. 아침에 일어나면 자연스럽게 양치질을 하고, 아침을 먹은 후에 영양제를 먹고, 차에 타면 바로 안전벨트를 매는 것과 같은 행동이 습관입니다. 자신이 의식하지 않아도 자동으로 하는 일들이죠. 이러한 습관에는 '즐거움'과 '욕구'가 꼭 필요하지는 않습니다. 즐거움을 주는 대상에 대해서만 습관이 형성되는 것도 아니고, 습관적인 행동에 대해 '하고 싶다'는 강한 욕구가 발생하지도 않습니다. 어떤 행동에 대한 습관이 형성된 경우에도, 의지만 있으면 이 행동을 쉽게 그만둘 수가 있습니다.

반면 중독의 핵심에는 '즐거움'과 '욕구'가 존재합니다. 처음 중독이 형성될 때 사람들은 '즐거움'을 경험하게 되고, 자신의 의지와 상관없이 중독의 대상이 되는 것들에 강한 욕구를 가지며, 의식적으로 제어하려고 해도 제어하기 어렵습니다. 그래서 스마트폰의 사용에 대해서는 습관보다는 중독이라는 표현이 적합하다고 할 수 있습니다.

현생 인류를 호모 사피엔스Homo sapiens라고 부릅니다. 지금의 인류 이전에 존재했던 존재들(가령, 오스트랄로피테쿠스나 네안데르탈인 등)과 현생 인류를 구분하기 위해서 '지혜(sapiens)를 가진 사람(Homo)'이라는 말이 탄생했습니다. 호모 사피엔스라는 용어가 등장한 것은 1758년으로, 스웨덴의 식물학자인 칼 폰 린네Carl von Linné가 이 말을 처음 사용했다고 합니다.[8] 칼 폰 린네는 동물과 식물을 분류할 때 두 개의 라틴어를 사용하는 방법인 이명법을 만든 사람입니다. 가령, 집에서 키우는 고양이의 학명은 펠리스 카투스Felis catus입니다. 앞쪽에는 보다 넓은 분류를 지칭하는 라틴어(Felis/고양이속)를 붙이고 뒤에는 해당 동식물을 지칭하는 라틴어(catus/고양이)를 붙이는 방식이죠. 칼 폰 린네는 이 이명법을 그대로 사람한테도 적용해서 현생 인류에 호모 사피엔스라는 이름을 붙입니다.

린네의 이명법은 현대에서도 인간의 다양한 특징을 묘사하기 위해서 사용됩니다. 대표적인 것이 호모 이코노미쿠스Homo economicus입니다. 호모 이코노미쿠스는 인간이 개인의 이익을 극대화하기 위해 노력하는 이기적 존재라고 보는 것입니다. 행동경제학이 등장하기 이전에 많은 경제학 모델에서 가정했던 인간의 모습입니다. 그 외에도 인간의 사회적 특징을 나타내기 위해 호모 소시우스^{Homo socius}, 유희를 좋아하는 인간의 모습을 표현하기 위해 호모 루덴스^{Homo ludens}, 흉내 내기를 통해 학습하는 인간의 특성을 나타내기 위해 호모 이미탄스^{Homo imitans} 등 다양한 학명이 생겨났습니다.

이와 같은 이명법을 사용해서 지금 사람들의 모습을 지칭하는 말을 만든다면 가장 적합한 표현은 호모 아딕투스^{Homo addictus}, 즉 중독되는 인간일 것입니다. 스마트폰의 발명 덕분에 사람들은 언제 어디서나 쉽게 자신의 보상회로를 자극해서 즐거움을 얻을 수 있게 되었습니다. 하지만 동시에 다양한 스마트폰 앱에 중독되고 있습니다. 중독이 일상화된 시대, 중독이 쉬워진 시대, 중독에 빠진 사람이 많아진 시대, 즉 호모 아딕투스의 시대가 도래한 것입니다.

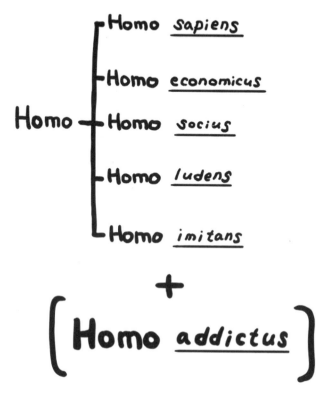

$$\text{Homo} \begin{cases} \text{Homo } sapiens \\ \text{Homo } economicus \\ \text{Homo } socius \\ \text{Homo } ludens \\ \text{Homo } imitans \end{cases}$$

+

[**Homo** *addictus*]

이명법에서 '호모'는 인간을 뜻하고, 그 뒤의 단어는 인간의 특성을 묘사한다.
'호모 아딕투스'는 중독되는 인간을 말한다.

2
우리를 중독시키는 것들

단절된 삶을 살아가는 사람들

2020년 기준으로 전 세계의 스마트폰 사용자 수는 36억 명에 이른다고 합니다.[1] 세계 인구의 절반 가까이가 스마트폰을 사용하고 있는 것이죠. 소득이 높은 나라일수록 스마트폰 보급률이 높은데 한국의 경우 성인들 가운데 95%가 스마트폰을 가지고 있다고 합니다(일반 휴대전화 사용자는 제외한 수치입니다).[2] 이 조사에 포함된 27개국 중 1위에 해당하는 수치입니다. 같은 조사에서 미국인은 81%, 영국인은 75%, 일본인은 66%만이 스마트폰을 가지고 있는 것으로 나타났습니다. 한국인의 스마트폰 사용률이 얼마나 높은지 알 수 있죠.

　사람들이 스마트폰을 지니고 다닌다는 것은 자신이 원할 때마다 언제든지 뇌의 보상회로를 자극할 수 있음을 의미합니다. 하지만 모든 사람이 스마트폰을 통해서 즐거움을 느끼려고 하지는 않을 것입니다. 삶의 다양한 영역에서 충분한 즐거움을 얻고 있는 사람이라면 굳이 스마트폰을 통해서 즐거움을 찾으려 하지 않겠죠. 가령, 가족과 함께하는 삶이 늘 행복하고, 직장 생활이 언제나 즐겁고, 자신이 원하는 음식을 언제든지 먹을 수 있고, 자신이 원하는 제품은 무엇이든 살 수 있는 사람, 그래서 사는 일 자체가 늘 즐겁고 행복한 사람이라면 굳이 스마트폰을 통해서 즐거움을 찾을 필요가 없을 것입니다. 그런데 과연 이런 사람이 있기는 할까요? 대부분의 사람들에게 삶이란 외롭고 지루하고 힘든 때가 많다고 여겨지는 게 당연합니다.

　전 세계적으로 혼자 사는 사람, 즉 1인 가구가 크게 늘고 있습니다. 행정안전부의 자료에 따르면 2020년 말 기준으로, 한국의 1인 가구는 900만 가구로 전체 가구 수의 39.2%를 차지한다고 합니다.[3] 1인 가구의 비율은 매년 늘어나는 추세이며 20년 전과 비교하면 두 배 가까이 늘어났습니다.

　그런데 이것은 비단 한국에서만 일어나는 현상이 아닙니다. 한 연구에서는 1500년대부터 2012년까지 유럽, 북미, 일본의 여러 도시의 1인 가구 수에 대한 데이터를 분석했습니다.

[자료1]에서 볼 수 있듯, 그 기간 동안 조사 대상이 된 세계 여러 도시에서 1인 가구가 급격히 늘어나고 있음이 확인되었습니다.[4] 각 국가별로 실시된 분석에서도 대부분의 국가에서 1인 가구가 크게 증가하고 있음이 확인되었습니다.[5]

1인 가구가 증가하는 원인은 다양합니다. 경제활동 인구의 증가로 경제적 자립이 가능해진 사람이 많아졌고, 대도시에 일자리가 집중되면서 직장을 찾아 홀로 대도시로 이주한 사람이 많아졌기 때문입니다. 또한 비혼과 만혼이 늘어나고, 혼자 사는 노인이 증가한 것도 이유입니다. 이유는 다양하지만 전 세계적으로 1인 가구가 크게 늘어나고 있음은 분명한 사실입니다.

혼자 사는 삶은 많은 시간을 혼자서 보내야 한다는 것을 의미합니다. 지루한 시간이 많이 생길 수밖에 없고, 때때로 외로움을 느낄 수도 있습니다. 특히 나이가 젊을수록 외로움을 많이 느낀다고 합니다. 2020년 초, 한 연구에서는 미국 직장인 1만 명을 대상으로 외로움을 얼마나 느끼는지에 관해 조사한 결과를 발표했습니다.[6] 조사 결과, 전체 응답자의 61%가 외로움을 느끼는 것으로 나타났습니다. 그런데 Z세대의 경우에는 외로움을 느낀다고 답한 비율이 무려 79%나 되었고, 밀레니얼 중에서도 71%가 그렇다고 응답했습니다.

한국에서도 비슷한 결과가 나오고 있습니다. 2019년, 한 조사에 따르면 응답자 1000명 가운데 59.5%가 외로움을 느낀다고 하는데, 젊은 세대에서 외로움을 느끼는 비율이 크게 높았습니다.[7] 외로움

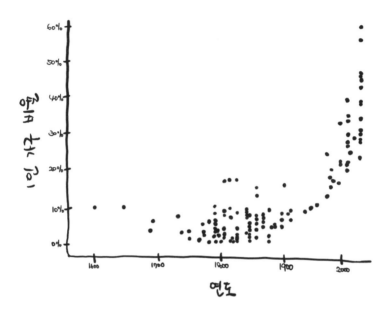

[자료1] 연도에 따른 1인 가구 비율의 증가 추이
출처: Snell(2017). The rise of living alone and loneliness in history.

을 느끼는 사람의 비율이 40대와 50대의 경우 각각 57.2%, 49.6%인 반면, 20대는 67%, 30대는 64%에 달했습니다.

특히 코로나19 이후에 외로움을 경험하는 젊은이들이 더 크게 증가하고 있습니다. 거리두기 정책이 시행되고 비대면 수업이 시작되면서 많은 시간을 방 안에서 혼자 보내는 청소년과 대학생이 많아졌습니다. 영국의 한 연구에서는 12~17세 청소년 5만 5548명을 대상으로 외로움에 대한 조사를 진행했습니다. 코로나19 유행 이전에는 '늘 혹은 대부분의 시간에 외로움을 느낀다'고 응답한 청소년의 비율이 9%에 불과했지만, 코로나19 유행 이후에는 이 비율이 28%로 크게 증가했습니다.[8]

물론 1인 가구만 혼자 보내는 시간이 많아진 것은 아닙니다. 가족을 이루고 사는 사람들도 점점 혼자 보내는 시간이 늘고 있습니다. 2018년에 전국 만 13~59세 남녀 1000명을 대상으로 진행된 한 설문조사 결과에 따르면, 거실보다 방에 혼자 있는 시간이 과거에 비해 늘어났다고 응답한 사람의 비율이 26.7%로, 혼자 있는 시간이 줄어들었다고 응답한 사람의 비율(16.6%)보다 크게 높았습니다.[9] 집에서 혼자 밥을 먹는 일이 늘어났다고 응답한 사람(24.3%)도 혼자 밥을 먹는 일이 줄어들었다고 응답한 사람(17.7%)보다 높았습니다.

제 가족도 거실에 함께 모여 있는 시간은 하루에 10분도 채 되지 않는 것 같습니다. 밥 먹는 시간도 제각각 다르고, 여가 시간에도 각자 다른 것을 하며 보냅니다. 이처럼 한 집에서 사는 가족이지만 각자가 개인화된 삶을 사는 사람들이 늘어나고 있습니다.

혼자 있는 시간과의 싸움

혼자서 많은 시간을 보내는 사람에게 가장 어려운 문제는 시간을 보내는 일입니다. 일하지 않아도 되는 시간을 '레저leisure'라고 합니다. 흔히 레저를 즐거운 취미 활동이나 여행 등의 의미로 사용하는데, 레저의 본래 뜻은 단순히 '일하지 않는 시간'을 말합니다. 레저는 '허가되다'라는 뜻을 가진 라틴어, '리세레licere'에서 온 말이라고 합니다. 즉 일하지 않는 것이 허락된 시간이라는 의미입니다.

예전에는 '일하지 않는 시간'을 가지는 것 자체가 사람들에게 큰 즐거움이었습니다. 하지만 노동 시간이 줄어들면서 '일하지 않는 시간' 역시 크게 늘어났습니다. 자원의 가치는 희소성이 결정합니다. 일하지 않는 시간이 부족할 때는 일하지 않는 시간 자체가 사람들에게 큰 즐거움을 주지만, 일단 일하지 않는 시간이 많을 때는 시간이 생긴다고 해서 곧바로 즐거워지지는 않습니다. 그래서 사람들은 자신의 시간을 즐겁게 보낼 수 있는 방법을 스스로 찾아야 하는 상황에 놓입니다.

사람들에게 여가 시간이 크게 늘어나는 것은 물론 바람직한 일

입니다. 업무 시간과 업무 효율은 관계가 없으며 오히려 업무 시간
이 줄어들었을 때 업무 성과가 높아진다는 연구 결과도 존재합니
다.[10] 하지만 문제는 자신에게 주어진 여가 시간을 즐겁게 또는 유
익하게 보내기 위해서는 계획을 세워야 하고, 의지도 필요하며, 경
제적 비용도 발생한다는 데 있습니다. 자기계발을 위해 공부를 하
려면 강한 의지와 노력이 필요하고 학원에 다닐 경우 학원비도 내
야 합니다. 취미 활동을 할 때도 도구나 장비를 구입해야 하며, 다
른 사람을 만나서 사교 활동을 하는 데도 어느 정도 돈과 노력이
듭니다.

　반면 스마트폰은 사람들이 여가 시간을 보내는 가장 쉽고 저렴
한 방법을 제공합니다. 스마트폰을 켜고 앱을 실행하는 데에는 별
다른 노력이 필요하지 않습니다. 스마트폰에서 제공되는 서비스들
은 대부분 무료입니다. 게다가 운동이나 식사처럼 많이 한다고 탈
이 나는 것도 아닙니다. 그래서 지치거나 질리지 않고 언제까지나
스마트폰을 들여다볼 수 있습니다. 스마트폰을 들여다보고 있으면
뇌는 즐거워지고 뇌의 모든 관심은 스마트폰에 집중되기에 시간
가는 줄 모르게 됩니다. 자신의 처지나 미래에 대한 걱정도 전부 잊
어버리죠. 그리고 자기도 모르게 스마트폰에 중독되고 맙니다.

　저 역시 혼자 생활하던 시절 인터넷에 중독된 적이 있습니다. 지
금으로부터 10여 년 전의 일입니다. 아내는 한국에서 일을 하고 저
혼자 미국에서 교수를 하던 시절이었습니다. 미국의 대학들은 교

수에게 많은 개인 시간을 보장해줍니다. 강의도 최소한으로만 열게 하고, 모든 행정적·사무적 업무 부담에서 면제해줍니다. 거의 모든 시간을 연구하고 논문을 쓰는 데 사용하게 해주는 것이죠. 제 경우에는 1년에 한 학기만 강의해도 되었습니다. 강의가 있는 학기에는 그래도 강의 준비 때문에 바빴지만, 강의가 없는 학기에는 사실 연구 외에는 아무런 할 일이 없었습니다. 그래서 이 당시에 많은 논문을 쓸 수 있었죠. 하지만 아무리 연구를 열심히 한다고 해도 제게 주어진 시간을 모두 연구에만 쓸 수는 없습니다. 힘들게 논문을 완성한 후에 쉬고 싶을 때도 있고, 실험 결과가 예상한 대로 나오지 않거나 저널에 제출한 논문이 좋은 평가를 받지 못하면 연구에 관한 생각에서 벗어나고 싶을 때도 있으니까요.

그런데 당시 저는 혼자 살고 있었고, 학교 교수들 외에는 주변에 아는 사람이 아무도 없었습니다. 연구를 하지 않는 시간에는 철저히 혼자 지내야 했습니다. 텔레비전에서 한국 방송이라도 나온다면 혼자 있는 시간이 덜 무료할 수도 있겠지만 텔레비전에서도 미국 방송밖에는 나오지 않았습니다. 밖에 나가서 자전거도 타고 산책도 해보았지만 그것도 한두 시간 정도밖에 걸리지 않는 일이었습니다. 혼자 있는 시간이 많아지면서 저는 저 자신도 모르게 아마존(미국의 쇼핑 플랫폼)에 중독되기 시작했습니다.

당시에는 스마트폰 앱의 사용자 경험User Experience, UX(사용자가 어떤 제품이나 서비스를 직·간접적으로 이용하면서 축적하는 총체적 경험)도

좋지 않던 시절이었습니다. 화면도 작고 쓸 만한 앱도 별로 없었죠. 그래서 스마트폰이 즐거움을 주지는 못했습니다. 대신 저는 컴퓨터 앞에 앉아 아마존의 제품들을 구경하면서 시간을 보냈습니다. 필요한 물건이 있어서가 아니라 백화점에서 아이쇼핑을 하듯이 아마존에서 파는 다양한 제품을 구경하는 데 많은 시간을 보내곤 했죠.

신기하게도 이것저것 제품을 구경하다 보면 갖고 싶은 제품이 한두 개씩 꼭 생겼습니다. 인터넷에서 우연히 어떤 물건을 보기 전에는 그것이 필요하다고 생각하지 못했는데, 더 많은 제품을 접하게 될수록 그 제품이 필요한 이유를 스스로 찾아내고 있었습니다. 그러면서 자잘한 물건들을 자주 집으로 배달시켰습니다. 일단 제품을 주문하고 나면, 배송 상태를 수시로 확인하고, 주문한 제품에 대한 리뷰와 정보를 찾아보면서 시간을 보냈습니다. 그리고 퇴근 후 문 앞의 택배 상자를 보면 커다란 희열감을 느꼈습니다. 당시 제게 가장 큰 기쁨과 행복감을 준 것은 웃는 얼굴의 로고가 붙어 있는 아마존 상자였습니다.

이제 사람들에게는 전보다 '일하지 않는' 시간이 점점 더 많아지고 있습니다. 그리고 코로나19의 유행 이후 사람들 사이의 관계는 더욱 단절되고 있습니다. 이렇듯 '많은 시간'과 '단절된 삶'이라는 두 가지 요소는 혼자 보내는 시간이 더 늘어난 사람들에게 자신의 시간을 즐겁고 유익하게 보낼 수 있는 방법을 스스로 찾아야 하는 과제를 내주었습니다. 그리고 스마트폰은 이 문제에 가장 손

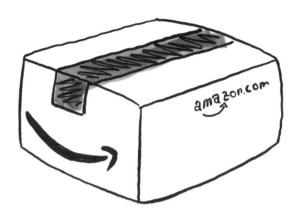

혼자 지내던 시절, 문 앞에 놓여 있는 아마존 택배 상자는
하루 중 가장 큰 기쁨과 행복감을 주었다.

쉬운 해법을 제공합니다. 사람들의 스마트폰 사용 시간이 늘어나고 스마트폰에 중독되는 사람들이 늘어나는 것은 당연한 결과인 것이죠.

스마트폰에 중독되는 사람들이 늘어나는 현상은 다양한 연구를 통해 확인되고 있습니다. 2021년 3월《정신의학 프런티어 Frontiers in Psychiatry》라는 저널에 발표된 연구에서는 18~30세의 영국인 1043명을 대상으로 스마트폰 중독 여부를 조사했습니다.[11] 그 결과, 응답자의 38.9%가 스마트폰 중독 상태인 것으로 나타났습니다. 특히 21세 이하인 경우에는 무려 42.2%가 스마트폰 중독 증상을 보이는 것으로 나타났습니다. 영국인을 대상으로 한 조사 결과지만 한국인의 경우에도 크게 다르지 않습니다. 과학기술정보통신부에서 2020년 실시한 조사에 따르면 청소년(만 10~19세) 가운데 스마트폰 과의존 위험군의 비율은 35.8%였고, 유아동(만 3~9세)에서도 과의존 위험군의 비율은 27.3%로 나타났습니다.[12] 한국 청소년 세 명 가운데 한 명, 그리고 유아와 아동 네 명 가운데 한 명이 사실상 스마트폰에 중독 상태인 것이죠. 중독이 국가와 세대를 초월하며 일반화되는 시대입니다.

중독이 돈이 되는 세상

스마트폰이 발명된 뒤로 사람들은 이제 스마트폰 없이는 도저히 살아갈 수 없게 되었습니다. 하지만 단순히 스마트폰의 편의성만으로 오늘날 만연한 중독 현상을 설명하기에는 부족합니다. 거기에는 생산, 소비, 투자 등 비즈니스와 산업 전반의 변화가 결정적인 영향을 미쳤기 때문입니다. 기업의 비즈니스 모델은 사람들의 삶의 방식을 따라갑니다. 다양한 사업자 가운데 당대 사람들의 욕구를 가장 잘 만족시키는 사업자가 큰돈을 벌고, 그러면 다른 사업자들도 기회를 잡고 이익을 얻기 위해서 이 선도적 사업자들을 따릅니다. 그러면서 시대마다 다른 비즈니스 모델이 유행합니다.

홀로 외로운 시간을 보내며 살아가는 사람들은 스마트폰에서 즐거움을 찾기 쉽고, 스마트폰에 쉽게 중독됩니다. 이런 시대에 가장 큰돈을 버는 분야는 물론 게임 산업입니다. 현재 전 세계적으로 게임 산업이 크게 성장하고 있습니다. 전체 게임 산업 매출에서 스마트폰 게임 매출이 차지하는 비율도 50%나 됩니다.[13] 그렇다고 단지 게임 산업의 성장에만 주목한다면 호모 아딕투스의 시대가 가져온 변화의 일부만 파악하는 것입니다. 기업은 변화 속에서 기회를 찾아냅니다. 오늘날 중독을 활용하려는 기업 활동은 단지 게임 산업에만 국한되지 않습니다. 사람들이 스마트폰에 중독되기 쉬워진 세상이 도래하면서, 기업은 중독을 통해 돈을 벌 수 있는 다양한 방법을 찾아내기 시작했습니다. 산업 전반에 걸쳐 소비자를 디지털에 중독시키는 기술이 자본주의와 결합한 것입니다.

사람들에게 정보와 서비스를 제공하는 사업자들은 사람들을 앱에 중독시켜 더 많은 광고 수입을 얻으려고 하고, 쇼핑 사업자는 사람들을 중독시켜 더 많은 제품을 판매하려고 합니다. 중독성이 강한 콘텐츠를 만들어서 돈을 버는 크리에이터도 크게 늘어났습니다. 스마트폰에 중독된 사람들의 개인 정보와 활동 정보를 모아서 데이터를 판매하는 데이터 브로커도 생겨났습니다. 게임 산업의 성장은 호모 아딕투스 시대의 한 모습일 뿐이지 사실은 산업 전체가 '중독'을 중심으로 새롭게 재편되는 현상이 나타나고 있는 것입니다.

그렇다면 이런 변화들은 거대 플랫폼을 운영하는 빅테크 기업에만 해당되는 이야기일까요? 그렇지 않습니다. 소비자들은 돈, 주의, 시간이라는 세 가지 자원을 가지고 있습니다. 그리고 이들 자원에는 제한이 있습니다. 소비자들이 빅테크 기업에 쓰는 돈이 늘어나면, 이들이 전통적 기업에 지출하는 돈은 그만큼 줄어듭니다. 가령, 쇼핑 플랫폼에서 쇼핑을 하는 사람들이 늘어나는 만큼 오프라인 매장을 중심으로 사업을 운영하는 기존 유통업체의 매출은 줄어듭니다.

소비자의 주의 능력에도 제한이 있습니다. 주의attention란 뇌가 특정 정보에 집중하는 것을 말합니다. 사람의 뇌는 사람이 보고 듣는 모든 정보를 처리할 수가 없기 때문에 일부 정보에만 '선택적 주의'를 두어 처리합니다. 스마트폰 사용자들이 빅테크 기업이 제공하는 서비스와 제품에 관심을 빼앗길수록, 그만큼 다른 채널의 제품이나 서비스에 대한 관심은 더 줄어듭니다.

소비자가 여가를 위해 사용하는 시간도 마찬가지로 제한되어 있습니다. 소비자들이 모든 여가 시간을 스마트폰에서 보내면, 사람들의 여가 시간을 공략하는 전통적인 서비스 사업자들, 예를 들어 교육 사업자나 레저 활동 사업자 등의 매출은 줄어듭니다. 즉 소비자들을 중독시키는 빅테크 기업이 성장할수록 기존 산업은 타격을 입거나 붕괴되는 현상이 나타납니다.

미국의 경제매체 포브스가 선정한 전 세계 브랜드 가치 순위에서 2010년과 2020년에 각각 최상위 10개 브랜드에 오른 기업의 순위 차이를 비교해보면 이미 이런 현상이 상당히 진척되었음을 알 수 있습니다. 2010년 당시에는 '테크 기업'이라는 말이 사용되지 않았습니다만, 2010년도의 상위 5개 브랜드 가운데 현재 기준에서 테크 기업으로 볼 수 있는 것은 애플, 마이크로소프트, 구글의 3개 브랜드입니다. 그런데 2020년에는 상위 5개 브랜드가 모두 테크 기업입니다.

물론 순위 안에 몇 개의 브랜드가 있는지 그 숫자보다 중요한 것은 브랜드 가치입니다. 이를 [자료2]에 비교해놓았습니다. 2010년에는 상위 5개 브랜드 가치의 합계가 하위 5개 브랜드 가치의 합계보다 1.6배 정도 더 높을 뿐이었습니다. 브랜드 간의 가치 차이가

별로 나지 않는 것이죠. 하지만 2020년에 이르러서는 3.03배나 차이가 납니다.

전통적인 산업을 대표하는 브랜드인 맥도널드를 기준으로 비교해보겠습니다. 2010년 맥도널드의 브랜드 가치는 359억 달러입니다. 당시 1위 브랜드인 애플의 가치는 맥도널드의 1.6배이고, 2위 마이크로소프트의 가치는 1.58배입니다. 하지만 2020년 1위 브랜드 애플의 가치는 맥도널드의 5.23배, 2위 구글의 가치는 4.5배, 3위 마이크로소프트의 가치는 3.53배, 4위 아마존의 가치는 2.94배에 달합니다. 최근 테크 기업의 가치가 얼마나 높아졌는지를 알 수 있습니다. 이들 테크 기업은 디지털 광고 판매, 게임 판매, 디지털 상품과 실물 상품 플랫폼을 운영합니다. 중독 비즈니스가 시장을 이끄는 '중독경제'의 시대인 것입니다.

2010	2020
1. Apple $ 5740억	1. Apple $ 2412억
2. Microsoft $ 566억	2. Google $ 2075억
3. Coca-Cola $ 554억	3. Microsoft $ 1629억
4. IBM $ 430억	4. Amazon $ 1354억
5. Google $ 397억	5. Facebook $ 703억
6. McDonald's $ 359억	6. Coca-Cola $ 644억
7. GE $ 337억	7. Disney $ 613억
8. Marlboro $ 291억	8. Samsung $ 504억
9. Intel $ 286억	9. Louis Vuitton $ 472억
10. Nokia $ 274억	10. McDonald's $ 461억

[자료2] 포브스가 선정한 2010년과 2020년의 전 세계 10대 브랜드 가치 순위 비교
출처: 포브스(Forbes.com)

3
24시간 욕구를 자극하는
소비중독의 시대

소비재 시장의 역사

중독경제에 관해 본격적으로 살펴보기에 앞서 소비재 시장의 역사를 함께 들여다보겠습니다. 저는 소비재 시장의 역사를 세 단계로 구분합니다. 이 중 첫 번째는 잘 알려진 제품경제의 시대입니다. 미국을 기준으로 1950년 이전까지의 시대로 제품을 생산하는 것만으로도 기업이 이윤을 취할 수 있는 시대입니다. 두 번째는 관심경제의 시대입니다. 1950년대부터 2010년대까지로 기업 간 경쟁이 심해지면서 기업들이 소비자의 관심을 두고 경쟁하는 시대입니다. 이 시대의 가장 중요한 비즈니스 모델은 광고를 통해 소비자의 관심을 끌고 소비자의 욕망을 만들어내는 것입니다. 그러면서 광고와 마케팅이 크게 성장한 시대입니다. 마지막으로 2020년 이후 세 번째 단계를 중독경제의 시대라고 구분하고자 합니다. 중독경제 시대의 비즈니스 모델은 말 그대로 중독이 핵심입니다. 간단히 말해, 사람들을 스마트폰 앱에 중독시켜서 돈을 버는 시대죠. 우선 제품경제 시대에 대한 이야기부터 시작하겠습니다.

제품경제의 시대

1950년 이전 소비재 시장의 가장 중요한 특징은 제품이 희소하다는 점입니다. 20세기에 들어서면서 산업 기술의 발전과 함께 진공청소기, 전기세탁기, 에어컨과 같이 이전에 존재하지 않았던 획기적 제품들이 발명되기 시작했지만 제품을 만들 수 있는 능력을 갖춘 기업은 얼마 되지 않았죠. 그렇다 보니 생산량도 제한되어 있었고 제품의 가격은 비쌀 수밖에 없었습니다.

세탁기를 예로 들어보겠습니다. 우리가 지금 사용하는 제품처럼 전기로 작동하는 세탁기가 처음 발명된 것은 1907년의 일입니다. 알바 피셔^{Alva J. Fisher}가 선보인 토르 세탁기^{Thor Working Machine}가 최초의 전기세탁기로 알려져 있습니다. 미국의 대표적인 세탁기 브랜드인 월풀^{Whirlpool}도 1911년부터 가정용 전기세탁기를 선보이기 시작했습니다. 하지만 당시 세탁기의 가격은 일반 사람들이 쉽게 구입하기에는 많이 비쌌습니다. 당시 가정용 세탁기의 가격은 100달러 정도였는데, 인플레이션을 고려한 현재 가치는 300만 원 수준입니다(참고로 현재 삼성전자나 LG전자가 판매하는 보급형 세탁기의 가격은 30만 원대, 고급형은 120만 원대입니다). 당시 임금 수준을 고려하면 사람들이 체감하는 세탁기의 가격은 이보다 훨씬 높다는 것을 알 수 있습니다. 당시 교사의 월급이 40달러(약 5만 원)였으니,[1] 세탁기 한 대의 가격이 월급 2.5개월 치에 해당하는 것입니다. 지금으로 치면 월급이 400만 원인 사람이 세탁기를 구입하기 위해 1000만 원을 써야 하는 것과 마찬가지입니다.

단지 세탁기만 이렇게 비쌌던 것이 아닙니다. 라디오, 진공청소기, 자동차처럼 새로 발명된 제품이나 타이프라이터(타자기)처럼 높은 생산 기술이 필요한 제품은 모두 지금과 비교할 수 없을 정도로 엄청나게 비싼 가격에 판매되었습니다. 반면 당시에도 쉽게 생산할 수 있는 제품의 가격은 그때나 지금이나 별반 차이가 없었죠. 1910년 기준으로 2리터 용량의 우유 가격은 16.8센트로 인플레이션을 고려한 현재 가격은 4.7달러, 대략 5600원 정도였습니다. 지금 판매되는 우유와 큰 차이가 없는 가격입니다.

제품의 가격이 비싸다는 것은 제품을 갖고 싶어도 쉽게 가질 수 없다는 것을 의미합니다. 희소성은 제품에 사회적 가치를 부여합니다. 희소한 제품을 소유한다는 것 자체가 부와 신분의 상징이 되

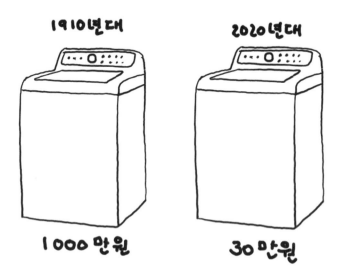

1910년대의 교사는 월급의 2.5개월 치를 모아 세탁기를 살 수 있었다. 1910년대의 세탁기는 2020년대에 월급 400만 원을 받는 사람에게 1000만 원이나 하는 고가 품인 것과 마찬가지다.

었죠. 소비자들은 제품을 소유하는 것에 강한 열망을 품게 됩니다. 하지만 가격이 비쌌기 때문에 제품을 갖기가 어려웠죠. 그래서 제품의 소유가 곧 소비자들에게 커다란 기쁨과 행복감을 주었습니다. 제품을 구입하는 일 자체가 뇌에 강한 보상으로 인식된 것입니다. 이런 시대에 기업의 비즈니스 모델은 단순합니다. 사람들이 갖고 싶어 하는 제품을 생산하기만 하면 되니까요. 그러면 기업은 이익을 얻습니다. 경쟁자보다 품질이 좀 더 우수한 제품을 만들고 가격을 낮추면 비즈니스의 성공이 보장됩니다. 이런 측면에서 이 시대를 제품경제의 시대라고 부를 수 있습니다.

관심경제의 시대

2차 세계대전이 끝난 이후 미국을 중심으로 본격적인 소비의 시대를 맞이합니다. 제품의 생산 기술이 비약적으로 발전하면서 소비재 제품의 가격이 크게 낮아진 반면, 사람들의 소득은 증가하면서 소비재 시장 자체의 규모가 본격적으로 커지기 시작합니다. 1950년대 이전에는 상류층과 중산층의 전유물이었던 소비 생활을 이제 누구나 누릴 수 있게 된 것이죠. 소비재 시장의 규모가 커졌다는 사실은 기업이 큰돈을 벌 수 있는 기회가 더 많아졌음을 의미합니다. 하지만 동시에 사업의 위험성도 크게 높아졌습니다. 제품의 제조가 쉬워지면서 많은 경쟁자가 출현했기 때문입니다.

소비재 기업이 매출을 높이고 이익을 내기 위해서는 많은 경쟁자 사이에서 자신의 제품이 소비자들에게 선택을 받아야 합니다. 그러면서 기업 경영에서 마케팅이 중요해집니다. 현대 마케팅 관리 이론의 시초로 여겨지는 로 앨더슨Wroe Alderson의 책『마케팅 행동과 경영 활동Marketing Behavior and Executive Action』이 나온 것이 1957년이고, 마케팅 교과서의 고전이라고 여겨지는 제롬 매카시E. Jerome McCarthy의 저서『마케팅 기본: 경영적 접근Basic Marketing: A Managerial Approach』이 나온 것이 1960년의 일입니다. 이때부터 현대 마케팅의 이론과 방법론이 본격적으로 개발되었죠.

어떤 소비재 기업이 경쟁에서 승리하기 위해서는 소비자들이 그 기업의 제품을 경쟁사의 제품보다 더 우수하다고 느끼게 해야 합니다. 또한 해당 제품을 경쟁사 제품보다 더 비싼 가격에 구입하게 해야 합니다. 이런 역할을 하는 것은 제품의 차별적 우수성입니다. 제품의 품질이나 성능이 차별적으로 우수하면 소비자들에게 선택받고 높은 가격을 요구할 수가 있습니다. 하지만 차별적 우수성 자체가 기업의 성공으로 이어지지는 않습니다. 차별적 우수성을 보여주기 어려운 제품군도 많고, 뛰어난 제품을 만들어도 소비자가 인식하지 못할 수도 있으며, 자신과 비슷한 수준의 제품을 만드는 경쟁자들이 늘 존재하기 때문입니다. 그래서 소비재 기업은 제품에다 이미지와 스토리를 입히기 시작합니다. 같은 제품이더라도 소비자들이 더 갖고 싶어 하는 제품이 되도록 만드는 것입니다. 즉 제품에 대한 욕망을 만들어내는 것이죠.

소비자들에게 제품에 대한 욕망을 갖게 하는 수단이 바로 광고입니다. 광고를 통해 제품을 멋지게 비춰주고, 유명한 사람들이 제품을 사용하는 모습을 보여주면 사람들은 제품의 가치를 다르게 인식하고 제품을 소유하고 싶다는 욕망을 갖습니다. 제품 자체를 소비하는 것을 넘어 제품의 이미지와 스토리까지 소비하게 되는 것이죠. 지난 수십 년간 많은 소비재 기업이 큰 기업으로 성장할 수 있었던 중요한 요인이 바로 이런 광고의 힘이었습니다. 유명 브랜드의 역사를 들여다보면 브랜드의 성공에 결정적 역할을 한 광고 캠페인들이 존재합니다. 나이키의 성공 뒤에는 사람들에게 "도전하라"라고 말하는 광고 캠페인이 있었고, 마스터카드의 성공 뒤에는 "돈으로 살 수 없는 소중한 시간"이라는 캠페인이 있었습니다. 한국에서도 지난 수십 년간 많은 브랜드가 광고 캠페인을 통해 대형 브랜드로 성장해왔습니다.

그런데 아무리 광고를 잘 만든다고 해도 소비자가 모든 광고를 집중해서 보지는 않습니다. 사람의 뇌가 처리할 수 있는 정보량에는 한계가 있기 때문입니다. 그래서 사람의 뇌는 감각 기관이 받아들인 정보 가운데 일부만을 선택적으로 처리합니다. 예를 들어, 이 책을 쓰는 동안 주변을 둘러보니 제 방에는 벽에 걸려 있는 외투와 가방, 창문의 블라인드, 책장에 꽂혀 있는 수십 권의 책들, 지난여

름에 사용하던 선풍기, 두어 개 먹고는 손도 대지 않은 양파즙 상자까지 여러 가지 물건이 있습니다. 하지만 제 뇌는 이 물건들에 대한 정보를 일일이 처리하지 않습니다. 비록 제 시야에는 이 물건들이 모두 들어오더라도, 뇌는 이들의 존재 자체를 전부 다 인식하지는 않습니다. 늘 같은 자리에 있는 물건들이기 때문입니다. 그런데 어느 날 갑자기 사라지거나 위치가 바뀐 물건이 있으면 뇌는 이런 변화를 알아차리고 갑자기 바빠집니다. 물건이 언제부터 사라졌는지, 왜 물건의 위치가 바뀌었는지를 가만히 생각해보게 하죠. 이처럼 사람의 뇌는 익숙한 정보는 무시하고 새로운 정보에만 선택적으로 많은 관심을 기울입니다.

광고의 효과가 높아지기 위해서는 사람의 뇌가 광고에 관심을 갖게 해야 합니다. 광고 속의 인물을 집중해서 쳐다보게 하고 그 인물이 하는 이야기에 귀를 기울이게 해야 합니다. 그래야 사람들의 마음에 변화가 생기고 제품에 대한 욕망이 생겨납니다. 그런데 광고에 대한 사람들의 관심을 높이는 데 결정적 역할을 하는 장치가 발명됩니다. 바로 텔레비전입니다.

텔레비전이 널리 보급되기 전에 기업은 신문이나 잡지, 라디오를 통해서 광고를 했습니다. 이들 미디어는 텍스트와 사진 그리고 목소리를 통해 정보를 제공합니다. 하지만 사람들의 주의를 끄는 데 텍스트는 사진이나 목소리보다 열등하고, 사진과 목소리는 동영상보다 못합니다. 그러다가 텔레비전이 등장한 것이죠. 텔레비전 프로그램 속에서는 살아 있는 사람들이 직접 등장해서 말을 합니다. 당연히 몰입도가 높을 수밖에 없습니다. 텔레비전의 보급 덕분에 기업으로서는 사람들의 관심을 얻어내는 일이 갑자기 쉬워집니다. 프로그램 사이 혹은 중간에 광고를 삽입하면 사람들이 텔레비전에 주던 관심을 광고에까지 그대로 이어가기 때문입니다. 광고 자체를 재미있게 만들면 광고의 효과는 더욱 높아집니다. 사람들은 텔레비전 광고의 이야기에 푹 빠져들고, 광고가 보여주는 제품들에 대한 욕망을 가집니다. 텔레비전 덕분에 기업은 가장 효과적인 마케팅 수단을 갖게 된 것입니다.

한편 방송사는 프로그램을 제작하기 위해서 돈이 필요합니다. 또 기업은 제품을 팔기 위해서 광고를 해야 합니다. 그래서 텔레비전의 보급과 함께 방송사, 기업, 광고가 협력하는 비즈니스 모델이 만들어집니다. 이 비즈니스 모델이 얼마나 성공적인지는 광고 단가나 모델료를 보면 쉽게 짐작할 수 있습니다. 지상파 채널에서 프라임 시간(시청률이 가장 높은 시간대)에 15초짜리 광고를 한 달간 내보내는 데만도 수십억 원의 돈이 들어갑니다. 여기에 더해 광고 속에 유명 연예인을 등장시키기 위해서는 추가로 수십억 원에서 수백억 원의 돈이 듭니다. 이런 큰돈을 지불하면서 기업이 텔레비전 광고를 하는 이유는 간단합니다. 광고에 쓰는 돈보다 광고를 한 효과로 기업이 벌어들이는 이익이 훨씬 크기 때문이죠.

소비자들은 무료로 방송을 보고 정보나 즐거움을 얻습니다. 그

관심경제는 사람들의 관심을 제품에 집중시키기 위해서
무료로 텔레비전 프로그램을 제공한다.

래서 텔레비전이 좋은 것이라고 여기기 쉽습니다. 하지만 소비자들이 인식하지는 못해도 이들이 기업에 제공하는 것이 있습니다. 그것은 바로 자신의 관심입니다. 자신의 관심을 주는 대가로 방송을 무료로 시청하는 것입니다. 그리고 관심은 소비로 이어집니다. 이것이 관심경제가 작동하는 원리입니다.

중독경제의 시대

관심경제를 이끈 것은 텔레비전 광고입니다. 광고는 마케팅을 위한 비용이며, 소비재 기업의 이윤은 실물 상품 판매에서 나옵니다. 즉 판매하는 것은 실물 상품이며, 광고는 수단일 뿐이죠. 하지만 중독경제 시대에는 더 이상 이 공식이 유효하지 않습니다. 광고가 수단이 아니라 기업의 목적이 되는 큰 변화가 일어납니다.

관심경제 시대에 텔레비전을 통해 광고를 할 수 있는 사업자는 매우 제한적이었습니다. 광고 공간(텔레비전의 광고 방영 시간)도 한정되어 있고 광고 비용도 비쌌기 때문입니다. 하지만 디지털 광고가 등장하면서 사업자들이 광고를 게재할 수 있는 광고 공간이 크게 증가합니다. 또한 데이터 기반의 타깃 광고가 이뤄지면서 광고의 효과성도 크게 높아졌습니다. 타깃 광고는 광고를 보는 사람의 인적 사항과 취향 등을 파악해서 이들이 관심을 가질 만한 제품에 대한 광고를 보여주는 것을 말합니다.

광고 공간이 비약적으로 증가하고 광고의 효과성도 높아지면서 광고를 하려는 사업자가 과거와는 비교할 수 없을 정도로 크게 늘어납니다. 당연히 광고 공간을 제공해서 수익을 내려는 사업자들도 크게 증가하고 이들이 큰돈을 법니다. 기업의 목적이 상품 판매가 아니라 광고 판매가 되는 것이죠. 미국의 구글, 메타(구 페이스북), 아마존, 애플 등 빅테크 기업과 한국의 네이버, 카카오, 배달의민족, 쿠팡 등 최근 크게 성장한 테크 기업들은 모두 광고 사업자들입니다. 그런데 광고 사업자들이 큰 이익을 내려면 그만큼 많은 사람이 광고를 봐야 하고, 그들에 대한 데이터를 최대한 많이 얻어내야 합니다. 그리고 이런 목적을 위해 필요한 것이 바로 스마트폰에 대한 중독입니다.

중독경제 시대에는 소비의 성격도 크게 변화합니다. 과거 사람들의 소비는 단편적이었습니다. 하나의 제품을 구입하고 나면, 그 제품을 다 쓰거나 문제가 생기기 전까지는 유사한 제품을 구입하지 않았습니다. 콘텐츠에 대한 소비도 단편적이었습니다. 극장에 가서 영화를 한 편 보고 난 후에는 어느 정도 시간이 지난 후에야 다시 극장을 방문하고는 했습니다. 예전에는 디지털 상품들도 대부분 단편적으로 판매되었습니다. 컴퓨터의 운영 체제나 소프트웨어, 디지털 음악, 게임, 영화 등이 개별적인 상품으로 판매되었죠.

하지만 중독경제 시대에는 소비가 연속성을 가집니다. 많은 유틸리티 앱^utility app(메신저, 뉴스, 포털, 지도, 달력 등 사용자에게 유용한 기능을 제공하는 앱)이 필요에 따라서 추가적으로 구입 가능한 부가 상품을 제공하고 있고, 월정액 방식으로 서비스를 제공하는 경우도 많습니다. 게임의 경우에는 게임 자체와 별도로 다양한 아이템을 추가로 판매하고 있습니다. 실물 상품에 대한 소비도 예전보다 연속성이 강해졌습니다. 거대 온라인 쇼핑몰이 등장하면서 하나의 쇼핑 사업자가 소비자들이 필요로 하는 모든 상품을 판매하는 것이 가능해졌기 때문입니다. 예전에는 10곳의 매장에서 10개의 제품을 각각 구입했다면, 이제는 하나의 매장에서 10개 제품을 모두 구매합니다. 소비가 연속성을 갖는 만큼 기업은 이용자가 더 많은 시간을 앱에 머물게 하는 전략을 세웁니다. 즉 중독이 목표가 된 것이죠.

기업의 마케팅 방식도 변화합니다. 소비가 단편적으로 일어나는 시기에는 기업의 마케팅 활동이 소비자의 구매 시점에 맞춰집니다. 아직 제품을 구입하지 않은 사람들에게 광고를 보여주고 설득해서 제품 구입을 유도하는 것이 마케팅의 핵심이 되었습니다. 반면 제품을 이미 구입한 소비자에게는 관심을 가질 필요가 없었습니다. 이 소비자가 다시 제품을 구입하기까지는 어느 정도 시간이 걸리니까요. 그래서 마케팅 교육도 구매 시점 단계에 집중되었습니다. 대부분의 마케팅 교재나 소비자행동 교재들을 보면 소비자의 태도나 감정, 의사결정 등 소비자가 구매에 이르는 과정에 대해서는 중요하게 다루지만 구매 이후에 대해서는 거의 다루지 않습니다. 이 모든 것이 구매를 마케팅 활동의 종결점으로 보는 기존의 시각을 반영합니다. 하지만 소비가 연속성을 띠게 되면 기업의 마케팅 활동에서도 구매 시점 이후가 중요해집니다. 기존 마케팅 이론이 더 이상 맞지 않게 된 것이죠.

마케팅의 개념도 달라집니다. 마케팅에서 마켓(시장)이란 소비자와 기업이 만나서 상품을 교환하는 공간을 말합니다. 소비자는 제품을 구입하기 위해 마켓에 가야 했고, 기업은 제품을 판매하기 위해 마켓에 가야 했습니다. 소비자와 기업 사이에 중간 지대가 있는 것입니다. 그러다가 텔레비전이 등장하면서 기업은 소비자의 집으로 마켓의 범위를 넓혀갑니다. 사람들의 가장 개인적인 공간인 집 안으로 기업이 들어와서 직접 마케팅을 할 수 있는 시대가 된 것이죠. 이것만으로도 사실 인류 역사에서 엄청난 사건으로 볼 수 있습니다. 사람들이 집에서 편하게 쉬는 동안에도 기업은 텔레비전을 통해서 그들의 마음을 조종할 수 있게 되었기 때문입니다.

그렇지만 텔레비전 시대에 소비자는 자신을 보호할 방법이 있었습니다. 텔레비전이 없는 곳에 있거나 텔레비전을 보고 있지 않으면 기업의 마케팅에 노출되지 않을 수 있었기 때문입니다. 실제로 10년 전만 하더라도 저는 제 강의를 듣는 학생들에게 텔레비전만 보지 않아도 제품을 사고 싶다는 욕망이 크게 줄어들 것이라고 말하곤 했습니다.

하지만 스마트폰 시대가 열리면서 소비자와 기업 사이에 존재하던 중간 지대가 아예 사라지게 되었습니다. 소비자의 개인적 삶과 마켓을 구분하는 일은 이제 무의미합니다. 소비자가 언제, 어디서, 무엇을 하건 기업은 스마트폰을 통해서 소비자에게 직접 마케팅을 하는 것이 가능해졌기 때문입니다. 소비자 자체가 마켓이 된 시대입니다. 이런 점에서 마케팅이란 말 자체도 어쩌면 더 이상 필요가 없을지도 모릅니다.

마지막으로 기업 가치를 평가하는 기준에도 변화가 생깁니다. 기업이 운영되기 위해서는 투자금의 역할이 중요합니다. 투자자들은 기업의 미래 가치를 보고 투자를 결정합니다. 예전에 기업 가치를 평가하는 가장 중요한 기준은 매출과 이익이었습니다. 지금도 제조사의 가치를 평가할 때는 매출과 영업이익률이 가장 중요하게 고려됩니다. 하지만 테크 기업의 가치를 평가할 때는 현재의 매출이나 영업이익률이 중요하지 않습니다. 바로 네트워크 효과 때문입니다.

네트워크 효과란 기존 사용자가 신규 사용자를 끌어들이는 것을 말합니다. 소셜 네트워크 플랫폼의 경우, 사용자가 많은 플랫폼을 사용해야만 더 많은 사람과 쉽게 연결될 수 있습니다. 그래서 사람들은 사용자가 가장 많은 플랫폼으로 몰립니다. 쇼핑 플랫폼의 경우에도, 사용자와 사업자가 많을수록 제품이 다양해지고 가격이 저렴해집니다. 그래서 사람들은 사용자와 사업자가 많은 플랫폼을 찾아갑니다. 그런데 네트워크 효과에는 중요한 특징이 있습니다. 다단계 판매 방식처럼 단순히 기존 사용자가 새로운 사용자를 끌어들이는 것이 아니라 기존 사용자가 '많은' 곳에 새로운 사용자가 스스로 몰려든다는 점입니다. 즉 앱의 사용자가 일정 규모에 도달해야만 네트워크 효과가 작동하고, 일단 네트워크 효과가 작동하기 시작하면 사용자가 급격하게 늘어나는 현상이 나타납니다. 앱의 사용자가 급격하게 늘어나기 시작하는 지점을 '티핑 포인트tipping point'라고 부릅니다. 티핑 포인트에 도달하는 것은 어렵지만, 일단 티핑 포인트에 도달하면 사용자 규모가 빠르게 증가하면서 시장에서 지배적 위치에 올라서게 되는 것이죠.

테크 기업의 투자를 결정할 때 중요하게 고려할 요소가 바로 티핑 포인트에 도달할 가능성입니다. 테크 기업이 지금 당장은 아무리 매출이 적고 적자를 기록하고 있어도, 티핑 포인트에 도달할 가능성이 있으면 투자자들은 대규모 자금을 투자합니다. 일단 티핑 포인트를 넘어서게 되면 쉽게 이익을 낼 수 있기 때문에 현재의 매출이나 이익 규모는 중요하지 않습니다. 미국의 아마존과 페이스북, 한국의 쿠팡이나 배달의민족 등이 모두 이런 경우에 해당합니다. 이들이 사업 초기에 많은 투자를 받을 수 있었던 배경은 바로 경쟁자들에 비해 티핑 포인트에 도달할 가능성이 높다고 평가되었기 때문입니다.

그렇다면 테크 기업은 자신이 티핑 포인트를 넘어서 해당 분야에서 지배적인 사업자가 될 가능성이 있다는 것을 어떻게 보여줄 수 있을까요? 바로 사용자 수와 사용 시간입니다. 사용자 수가 증가하고 있으며 사용자들이 앱에서 많은 시간을 보내고 많은 활동을 한다는 것을 보여줘야 합니다. 특히 사용 시간이 중요합니다. 아무리 가입자 수가 많아도 이들이 앱을 자주 사용하지 않는다면 티핑 포인트에 도달할 가능성이 높지 않습니다.

반면 당장은 가입자 수가 많지 않더라도 사용자들이 앱에서 많은 시간을 보내고 많은 활동을 한다면 사용자가 증가할 가능성이 더 높습니다. 그래서 테크 기업을 평가할 때는 1인당 평균 사용 시간을 중요한 자료로 사용합니다. 이런 구조하에서 테크 기업의 목표점은 명확합니다. 당장의 매출이 아니라 사용자의 시간과 활동량을 늘리는 데 목표를 두는 것입니다. 어떻게 하면 사용자들이 자신의 앱을 더 자주 이용하고, 더 많은 시간을 보내고, 더 많은 활동을 할지를 연구합니다. 일종의 앱에 대한 몰입도(업계에서는 '인게이지먼트engagement'라고 부르기도 합니다)를 높이는 방법이라고 표현하지만, 사실상 사람들을 앱에 중독시킬 방법을 찾는 것이죠.

*

중독경제의 시대를 간단히 정리하자면 다음과 같습니다. 광고가 수단이 아니라 목적이 되고, 소비의 성격이 일회적인 것에서 연속적인 것으로 변화하며, 기업의 마케팅 활동에서 구매 이후가 중요

```
┌─────────────────────────────────────────┐
│  ──────  중독 경제  ──────                │
│                                           │
│  · 광고 : 수단이 아닌 목적                │
│                                           │
│  · 소비 : 일회적 → 연속적                 │
│                                           │
│  · 마케팅 : 구매이전 → 구매이후           │
│              소비자가 마켓                │
│                                           │
│  · 기업가치 : 매출 → 사용자 수            │
│                사용 시간                  │
│                                           │
└─────────────────────────────────────────┘
```

중독경제에서는 광고, 소비, 마케팅 등 기업 활동과 관련된 여러 측면에서 이전과 크게 변화된 양상을 보인다. 기업의 가치를 평가하는 기준도 달라지게 된다.

해지고, 마켓의 개념이 시장에서 소비자로 변화합니다. 기업의 가치를 평가하는 기준 또한 매출에서 사용자 수와 사용 시간으로 바뀝니다. 이런 변화 속에서 기업이 이익을 내기 위해서는 보다 많은 사람을 자신의 앱에 중독시켜야 합니다. 이것이 바로 중독경제의 핵심입니다.

소비재 시장의 구조가 근본적으로 변화하면서 기업의 목적도 '판매'에서 '중독'으로 바뀌고 있습니다. 호모 아딕투스의 시대에는 소비자를 대상으로 하는 모든 사업자의 사업 방식에 근본적인 변화가 일어나므로, 이에 대처하지 못하는 기존 사업자들은 커다란 위기에 처할 수 있습니다. 그래서 지금의 소비자는 호모 아딕투스이며, 지금 비즈니스의 핵심은 중독경제임을 분명히 인식해야 합니다.

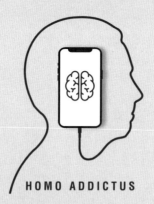

HOMO ADDICTUS

2부

위험하고도 매혹적인 중독경제의 탄생

—

욕망을 재생산하는 5가지 비즈니스 모델

중독경제 시대에는 많은 기업이 디지털 중독을 이용해 수익을 창출합니다. 특히 소수의 빅테크 기업은 시장을 흔드는 강력한 파괴자가 되어 기존 산업을 종속시키면서 막대한 부를 가져갑니다. 또한 점점 더 강력한 중독 알고리즘을 설계해 우리의 인간관계를 비롯해 구매나 선호 등과 관련된 선택에도 영향을 미치며 인류 생활양식 전반의 변화를 주도하고 있습니다.

어느 시대든지 변화는 그 자체로 누군가에게 위기입니다. 이 변화를 제대로 이해해야 사업자들은 새로운 사업 기회를 찾아낼 수 있습니다. 소비자 역시 중독경제의 작동 원리를 제대로 이해해야 중독이 가져올 해악은 피하고, 더 많은 가능성과 혜택을 누릴 수 있습니다.

중독경제 시대에 기업이 중독을 만들고 이를 이익으로 전환하는 일은 소셜 미디어, 콘텐츠, 쇼핑, 뉴스, 게임 등 크게 5가지 영역에서 두드러집니다. 물론 이것이 전부는 아닙니다. 수많은 기업이 중독을 만들어내는 요소들을 끊임없이 개발하고 있으니까요. 미래에는 중독경제가 작용하는 영역이 더 늘어날 것입니다. 다만 오늘날 중독경제는 이 영역들에서 가장 두드러지며 여기서 다양한 사업 양식이 새로 탄생하고 있습니다. 지금부터는 이 5가지 영역을 중심으로 중독경제 시대의 비즈니스 모델을 자세히 살펴보겠습니다.

4
소셜미디어 비즈니스
: '좋아요'가 돈이 되는 이유

중독을 만들어내는 마법의 버튼

미국의 4대 빅테크 기업인 메타가 운영하는 페이스북은 세계에서 가장 많이 사용되는 소셜미디어 플랫폼입니다.[1] 월간 사용자 수가 29억 명에 달합니다.[2] 전 세계 총인구가 78억 명 정도임을 생각하면, 셋 중 한 사람은 매일 페이스북을 사용하는 것이죠. 미국에서 페이스북 앱의 사용자가 전체 스마트폰 소유자 가운데 74%에 달하고, 전 세계에서 인구가 가장 많은 20개 나라 가운데 페이스북의 점유율이 75%가 넘는 곳이 9개국이나 된다고 합니다.[3]

한국에서 소셜미디어 이용자가 가장 많이 이용하는 플랫폼은 페이스북이 네이버밴드, 인스타그램의 뒤를 이어 3위입니다.[4] 하지만 연령별 통계를 고려할 때, 10대와 20대, 30대에서 가장 많이 사용하는 소셜미디어가 모두 페이스북이 2012년 인수한 인스타그램이고, 10~20대에서 페이스북이 2위인 것을 보면 한국에서도 페이스북을 운영하는 메타가 가장 큰 영향력을 미치고 있습니다. 또한 인스타그램, 페이스북, 페이스북메신저 등 메타가 운영하는 여러 플랫폼 앱 사용자 수의 합(중복제외)은 매월 2000만 명이 넘습니다. 메타는 한국에서도 사실상 1위 사업자인 것이죠.

메타가 이처럼 큰 성공을 거두는 데 가장 중요한 역할을 한 것이 바로 페이스북의 '좋아요' 버튼입니다. 엄지손가락을 세운 손 모양 옆에 '좋아요'라고 적혀 있는 버튼입니다. 페이스북뿐만 아니라 페이스북과 연동되어 있는 웹사이트에서도 흔히 볼 수 있습니다. 인스타그램에서는 엄지손가락 대신에 하트가 사용됩니다. 이 간단한 버튼 하나가 페이스북 최고의 발명품이라고 해도 과언이 아닙니다. 한동안 페이스북 본사 건물의 상징으로 사용되었을 정도니까요. 이 버튼이 페이스북 앱에 대한 강한 중독을 만들어냈습니다.

페이스북 이전의 여러 소셜미디어 플랫폼은 사용자에게 코멘트를 직접 적어 자기 반응을 드러내게 했습니다. 하지만 코멘트를 남기는 것은 사용자에게 많은 노력을 요구하는 일이기에 참여율을 높이기가 어렵습니다. 사용자 중에 아주 일부만 글을 남깁니다. 하지만 '좋아요' 버튼은 클릭 한 번으로 자신의 반응을 표시할 수 있기 때문에 게시물에 대한 반응이 빠르게 증가합니다. 또 한 가지 중요한 특징은 '싫어요'를 표시할 수가 없다는 점입니다. 버튼 방식을 사용하는 다른 웹사이트나 플랫폼은 '좋아요'와 '싫어요'를 모두 표시하게 해주는 경우가 많습니다. 유튜브가 대표적인 예입니다. 유튜브 동영상에는 '좋아요(이 동영상이 마음에 듭니다)'와 '싫어요(이 동영상이 마음에 들지 않습니다)'를 모두 표현할 수 있습니다.[5] 하지만 페이스북에는 '좋아요' 버튼만 있습니다. 게시물을 올리는 사람에게 긍정적 피드백, 즉 칭찬만 전달할 수 있는 것이죠.

소셜 네트워크 플랫폼에 글이나 사진을 올리는 사람들은 자신의 게시물에 대한 타인의 반응을 궁금해합니다. 부정적 반응은 보고 싶지 않지만 많은 사람이 자신의 게시물을 보고 좋아해주기를 바라죠. 즉 다른 사람들의 칭찬을 받고 싶은 것입니다. 페이스북의 '좋아요' 버튼이 바로 이런 칭찬 역할을 합니다. 그것도 수많은 사람이 빛의 속도로 빠르게 보내주는 칭찬이죠. 그래서 많은 사람이 페이스북에 글이나 사진, 동영상을 올리고 자신이 올린 게시물에 '좋아요' 숫자가 더 많아지기를 바랍니다. '좋아요' 숫자를 확인하기 위해 페이스북에 자주 접속하게 되고, 더 많은 '좋아요'가 달리는 게시물을 올리기 위해 더 많이 노력합니다. 한마디로 '좋아요'는 사람들을 칭찬에 중독시키는 버튼인 것입니다.

이런 이유로 학자들 중에는 '좋아요' 버튼을 '디지털 마약'이라고 부르는 사람들도 있습니다.[6] 실제로 한 뇌과학 연구에서는 페이

페이스북의 상징으로 여겨지는 '좋아요' 버튼

스북의 '좋아요' 숫자가 올라갔을 때 실험 참가자의 뇌 변화를 MRI 로 관찰했더니 뇌의 보상회로가 강하게 자극된다는 것을 확인하기 도 했습니다.[7] 앞서 설명한 것처럼 보상회로가 자극되면 사람들은 행복감을 느끼고, 보상회로는 자신에게 행복감을 주는 대상에 대 해 강하고 지속적인 욕구를 만들어냅니다. '좋아요' 버튼도 보상회 로를 자극하고 지속적인 욕구를 만들어내기 때문에 마약이라고 부 를 수 있는 것이죠. 심지어 '좋아요' 버튼을 만든 장본인인 저스틴 로젠스타인Justin Rosenstein마저도 이 버튼이 너무 중독적이어서 자신 의 스마트폰에서 페이스북 앱을 삭제했다고 고백한 적이 있을 정 도입니다.[8]

페이스북이 '좋아요' 버튼을 선보인 것은 2009년의 일입니다. 페 이스북 내에서 '좋아요' 버튼에 대한 아이디어가 나온 것은 그로부 터 2년 전인 2007년입니다. 당시 페이스북의 창업자이자 CEO인 마크 저커버그Mark Zuckerberg는 '좋아요' 버튼의 사용을 반대했다고 합니다. 저커버그가 처음 페이스북을 만들었을 때는 게시물에 글 로 코멘트를 올리는 방식이었고, 저커버그는 자신이 고안해낸 이 방식을 포기하고 싶지 않았던 것이죠.

하지만 오랜 논의 끝에 '좋아요' 버튼은 페이스북에 장착되었고, 그 후로 많은 플랫폼에서 똑같이 모방되어 사용되고 있습니다. 인 스타그램, 트위터는 물론, 구글과 틱톡에서도 사용되고 있습니다. 버튼의 모양과 이름은 제각각이지만, '빠른 칭찬'이라는 기능 면에서는 모두 동일합니다. 구글이 운영하는 유튜브의 경우에는 '좋아요'와 '싫어요' 버튼을 모두 유지하다가 결국 2021년 11월부터 '싫어요'의 숫자를 비공개로 전환합니다. 유튜브마저 페이스북을 따라하게 된 것입니다.

테크 기업의 캐시카우

그렇다면 왜 페이스북은 자신의 정체성처럼 고집하던 코멘트 방식을 포기했을까요? 또 왜 많은 테크 기업이 페이스북의 '좋아요' 버튼을 모방한 것일까요? 이유는 간단합니다. 앱의 중독성이 강해질수록 광고 수입이 증가하기 때문입니다.

특히 소셜미디어 플랫폼은 광고와 강력하게 결합합니다. 소셜미디어 플랫폼은 사용자들이 타인과의 관계 맺기로 인정 욕구와 즐거움을 무료로 누리게 해주는 대가로, 그들에 관한 내밀한 정보를 얻어내고 그것을 수익화하는 데 이용합니다.

경영학 용어 가운데 캐시카우Cash cow라는 것이 있습니다. 추가적인 투자나 비용 없이 지속해서 이익을 벌어다주는 사업을 지칭합니다. 젖소 한 마리를 구입하면 그 소가 계속 우유를 만들어주는 것에 빗댄 말입니다. 스마트폰 시대에도 캐시카우가 있습니다. 바로 디지털 광고입니다. 디지털 시대이니만큼 디지털 광고를 '디지털 캐시카우'라고 부를 수 있겠습니다.

현재 디지털 광고 시장의 최강자는 구글입니다. 전 세계 디지털 광고 시장의 29%를 차지하고 있습니다. 2021년 한 해에만 광고 매출이 2095억 달러에 달합니다.[9] 우리 돈으로 250조 원에 이르는 금액입니다. 구글의 전체 매출이 2567억 달러(약 300조 원)인 것을 고려하면 구글 전체 매출의 약 82%가 광고에서 나온 것이죠.

디지털 광고 시장의 2인자는 페이스북입니다. 페이스북도 2021년 한 해에 광고로만 1149억 달러(약 138조 원)의 매출을 올렸습니다.[10] 페이스북 전체 매출에서 광고가 차지하는 비율은 98%나 됩니다. 미국에서 시가총액 기준으로 4위(구글)와 7위(페이스북)에 해당하는 두 빅테크 기업의 매출 대부분이 광고에서 나오고 있는 것이죠.[11]

반면 기존 방송사들의 광고 매출은 이들에 비하면 초라하기 그지없습니다. 미국의 대표 방송사인 CBS와 비교해보겠습니다. CBS의 모회사인 ViacomCBS 그룹은 CBS, MTV, 니켈레데온, 쇼타임, 코디디 센트럴 등 여러 채널을 가지고 있고, 대형 영화사인 파라마운트 픽처스까지 소유하고 있습니다. 그런데 ViacomCBS 그룹이 2021년 한 해 동안 광고로 얻은 매출은 54억 달러에 불과합니다.[12] 구글 광고 매출의 2.6%에 지나지 않는 수준이죠.

구글이나 페이스북과 같은 테크 기업이나 CBS와 같은 방송사들은 모두 광고를 통해 돈을 법니다. 그런데 매출 규모에서 왜 이렇게

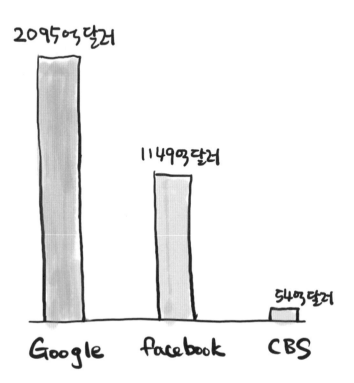

구글, 페이스북, CBS의 광고 수입 비교(2021년도)

나 큰 차이가 날까요? 왜 광고는 테크 기업의 주요 돈벌이 수단이 되었을까요? 그 이유를 제대로 이해할 필요가 있습니다. 디지털 광고가 테크 기업에 가장 중요한 비즈니스 모델이 된 결정적 이유 중 하나는 사업자들이 자신의 제품과 서비스에 대한 광고를 게재할 수 있는 자리, 즉 광고 공간이 스마트폰의 보급과 함께 수없이 늘어났기 때문입니다.

기업이나 사업자들이 광고를 받기 위해서는 광고를 게재할 공간이 필요합니다. 텔레비전에서는 프로그램과 프로그램 사이의 쉬는 시간이 광고 공간입니다. 평일 저녁 8시 뉴스를 보겠습니다. 90분짜리 지상파 뉴스 방송의 경우에는 방송 시간의 1/10에 해당하는 시간, 즉 최대 9분 동안 광고를 송출할 수 있습니다. 15초짜리 광고 기준으로는 36개, 30초 기준으로는 18개의 광고 공간이 생기죠. 8시 뉴스가 시작되기 전에 광고를 보여주고 싶은 기업은 이 짧은 광고 시간을 놓고 경쟁합니다. 당연히 광고비용이 높을 수밖에 없고, 이런 높은 비용을 부담할 수 있는 대기업만이 광고를 할 수 있습니다. 그래서 많은 사업자에게 '광고'라는 마케팅 기법은 자신과 전혀 관련이 없는 것으로 여겨지고는 했죠.

하지만 이제는 소비자들에게 광고를 보여줄 수 있는 방법이 다양해졌습니다. 텔레비전 시대에는 프로그램과 광고를 동시에 내보낼 수 없었지만 지금은 배너 광고의 형태로 사람들이 보는 콘텐츠 주변에 여러 광고를 보여줄 수 있습니다. 유튜브와 같은 동영상 플랫폼은 여전히 텔레비전처럼 동영상을 보여주기 전에 광고를 내보내지만 콘텐츠 숫자가 텔레비전과는 비교할 수 없을 정도로 많고, 짧은 분량의 콘텐츠도 많기 때문에 그만큼 내보낼 수 있는 광고의 숫자도 많아집니다. 콘텐츠 중간에 광고를 넣는 경우, 광고 숫자는 그만큼 더 늘어납니다. 쇼핑 앱이나 배달 음식 앱의 경우에는 검색 결과를 보여주기 전이나 중간에 광고를 넣을 수 있습니다. 여기에 더해 사람마다 다른 광고를 보여줄 수도 있죠. 텔레비전 광고에서는 같은 방송을 보는 모든 사람이 똑같은 광고를 봅니다. 하지만 디지털 광고에서는 사람들의 현재 위치나 취향에 따라 다른 광고를 보여주는 것도 가능합니다. 이런 이유로 사업자가 이용할 수 있는 광고 공간이 기하급수적으로 늘어났습니다.

광고 공간이 크게 늘어난 만큼 사업자들이 개별적으로 부담해야 하는 광고 비용은 크게 줄었습니다. 대부분의 디지털 광고는 클릭수 기준으로 광고비를 부과합니다. 가령, 어떤 사업자가 100원에 광고 공간을 구입하고, 자신의 광고가 게시된 기간 동안 1만 명이 광고를 클릭할 경우, 100원×10000, 즉 100만 원의 광고비를 지불합니다. 구글의 경우, 구글 검색 광고 비용은 클릭당 1~2달러 수준으로 알려져 있습니다.[13] 1만 명이 클릭을 해도 기업이 지출해야 하는 광고비는 1000만 원에 불과합니다. 광고를 직접 클릭하지는 않더라도 광고에 노출되는 사람들의 숫자는 훨씬 많겠죠. 구글 검색 광고의 경우, 광고에 노출된 사람들 가운데 실제로 클릭하는 사람의 비율은 2% 정도라고 합니다.[14] 따라서 1000만 원의 광고비를 지출하고서 50만 명의 잠재적 고객에게 광고를 노출시키는 효과가 발생합니다.

하지만 단순히 광고 공간이 많아지고 광고비가 저렴해졌다고 해서 사업자들이 광고를 하려는 것은 아닙니다. 아무리 광고비가 저렴해도 투자 이상의 효과가 있어야겠죠. 그리고 여기에 디지털 광고가 테크 기업에 많은 이익을 가져다주는 보다 중요한 이유가 있습니다. 바로 광고의 효과성이 전례 없이 높아졌다는 점입니다. 앞서 설명한 것처럼 사람의 뇌는 모든 정보를 처리하지 않습니다. 자신에게 중요하다고 생각되는 정보만 선택적으로 처리합니다. 디지털 광고는 사용자의 데이터와 알고리즘을 사용해서 사람의 뇌가 중요하다고 판단할 수밖에 없는 광고들을 내보냅니다. 검색창에 입력하는 검색어, 인구통계적 특성(성별이나 나이 등), 과거 구매 행동 등을 통해서 소비자 고유의 선호와 성향 등을 파악하고, 그 사람이 관심을 가질 수밖에 없는 제품과 서비스를 광고로 보여줍니다. 같은 제품이더라도 보는 사람의 성향에 따라서 다른 광고 문구를 사용하기도 합니다. 이런 광고에 노출된 사람들은 자기도 모르게 광고에 많은 주의를 기울이고, 해당 광고를 클릭하게 됩니다.

중독의 가치

텔레비전 시대와 비교해서 사업자들이 광고를 게재할 수 있는 광고 공간은 무수히 많아지고, 광고비는 낮아지고, 광고의 효과성은 오히려 높아졌습니다. 그러면서 디지털 광고 시장이 크게 성장하고, 디지털 광고를 위한 광고 공간을 더 많이 제공하는 테크 기업일수록 더 큰 이익을 냅니다. 많은 테크 기업에 디지털 광고가 가장 중요한 수입원이 되는 이유가 이것입니다.

자, 그러면 여기서 여러분에게 질문을 하나 해보겠습니다. 여러분이 테크 기업의 CEO 혹은 전략을 담당하는 임원이라고 생각해 보시기 바랍니다. 회사의 이익은 대부분 디지털 광고를 통해서 나옵니다. 그렇다면 회사의 이익을 높이기 위해서는 무엇이 필요할까요?

우선 높은 시장 지배력이 필요합니다. 텔레비전, 라디오, 신문, 잡지와 같은 전통 미디어는 도달할 수 있는 사람들의 숫자에 한계가 있습니다. 많은 방송사, 신문사, 잡지사가 존재하기 때문에 이들이 광고 시장에서 나오는 이익을 서로 나눠 갖습니다. 하지만 디지털 시대에는 한 사업자가 시장 전체를 차지하는 것이 가능합니다. 광고를 게재하고 싶은 사업자는 사용자가 가장 많은 플랫폼에 광고를 하려고 하기 때문에 디지털 광고를 통해 많은 수익을 얻기 위해서는 시장 지배력을 높여야 합니다. 실제로 현재 광고 시장의 매출 구조를 들여다보면 전통적 미디어 광고 시장에서는 많은 회사에 매출이 분산되어 있지만, 디지털 광고 시장은 소수의 빅테크 기업이 대부분의 매출을 가져갑니다.

사람들의 사용 시간을 늘리는 것도 중요합니다. 전통 미디어에는 시간적·공간적 제약이 존재합니다. 사람들이 텔레비전을 집중해서 보는 시간에는 광고가 큰 효과를 내지만, 사람들이 텔레비전 앞에서 멀어지는 순간 기업이 소비자에게 영향을 미치고 이들의 마음을 조종할 수단이 사실상 사라집니다.

어린 시절 저는 토요일 밤에 텔레비전에서 방영해주는 외국 영화를 보는 것을 좋아했습니다. 토요일 밤, 영화가 시작될 시간이 되면 저는 모든 주의력을 텔레비전에 기울였습니다. 당연히 영화가 시작되기 전에 나오는 광고에도 집중했고, 그렇게 광고는 제 마음속에 강하게 각인되었습니다. 그때가 바로 광고가 사람들의 마음속에 마법을 발휘하는 황금 시간이었던 것이죠. 하지만 그때뿐입니다. 텔레비전은 집 안에 고정되어 있기 때문에 집을 나서는 순간 텔레비전은 그 힘을 완전히 잃게 됩니다. 그래서 텔레비전과 같은 전통 미디어를 통한 광고는 본질적으로 특정 시간, 특정 공간에서만 사람들의 관심을 얻을 수밖에 없습니다.

반면 스마트폰에는 시공간의 제약이 없습니다. 일을 할 때도, 수업을 들을 때도, 쉬거나 잠을 잘 때도 언제나 우리 곁에 있습니다. 한 조사에 따르면 화장실에서 스마트폰을 사용하는 사람들의 비율이 74.5%에 달합니다.[15] 특히 나이가 어릴수록 화장실에서 스마트폰을 사용하는 비율이 높습니다. 베이비부머 세대(1950, 1960년대생)에서는 57%에 불과하지만 밀레니얼에서는 90%, Z세대에서는 무려 96%에 달합니다. 스마트폰을 통해 사람들은 24시간 내내 텔레비전을 들고 다닐 수 있게 된 것이죠. 게다가 소셜미디어는 사용자의 관심사를 파악해서 언제 어디서든지 이들이 관심을 가질 만한 콘텐츠를 보여줄 수 있습니다. 〈주말의 명화〉와 같은 프로그램을 24시간 내내 보여줄 수 있는 것과 마찬가지죠. 그래서 테크 기업은 사람들이 종일 앱에서 시간을 보낼 방법을 찾습니다.

다음으로 사람들이 앱에서 많은 활동을 하도록 유도해야 합니다. 디지털 광고를 위해서는 사람들에 관한 데이터가 필요합니다. 사람들이 앱에서 많은 활동을 할수록 테크 기업은 사람들에 대한 이해가 높아집니다. 예를 들어 사용자가 무엇을 좋아하고 싫어하는지, 어떤 성향을 가진 사람인지, 그의 친구는 누구인지를 알 수 있습니다. 이런 정보들은 테크 기업의 알고리즘으로 보내집니다. 그러면 알고리즘은 사람들이 클릭할 가능성이 가장 높은 광고를 내보냅니다. 즉 데이터가 광고의 효과성을 높여주는 것이죠. 그래서 테크 기업은 사람들이 자신의 앱에서 다양한 활동을 하게 하고 이를 기반으로 이들에 대한 데이터를 공짜로 얻습니다.

정리하면, 테크 기업이 디지털 광고를 통해 높은 이익을 얻기 위해서는 시장에서의 지배력을 높여야 하고, 사람들의 사용 시간과 활동량도 많아져야 합니다. 그리고 이 모든 것을 가능하게 하는 것이 바로 '중독'입니다.

이 모든 조건에 가장 최적화된 것이 바로 소셜미디어 플랫폼입니다. 유튜브나 페이스북, 인스타그램 등에 중독된 사람이 많아질수록 이들의 시장 지배력은 강해집니다. 경쟁자가 등장해도 이 지배력은 쉽게 무너지지 않습니다. 또한 이들의 앱에 중독된 사람들에 관한 많은 데이터를 얻어냄으로써 온종일 사람들이 관심을 가질 만한 광고를 보여줄 수 있습니다. 중독이 테크 기업은 물론 디지털 시장으로 진출하려는 모든 기업에 가장 중요한 비즈니스 모델이 될 수밖에 없는 이유입니다.

5

콘텐츠 비즈니스
: 당신의 시간을 훔치는
알고리즘의 덫

지구가 평평하다고 믿는 사람들

여러분은 지구가 둥글다고 생각하나요? 아니면 평평하다고 생각하나요? 대부분의 사람은 지구가 둥글다고 생각할 것입니다. 그렇다면 왜 지구가 둥글다고 생각하나요? 지구가 둥글다는 증거를 직접 확인한 적이 있나요? 우리는 수업이나 책을 통해서 지구가 둥글다는 것을 '배웠을' 뿐, 스스로 직접 확인해본 적은 없습니다. 사실 우리가 알고 있는 대부분의 지식이 그렇습니다. 다른 누군가가 확인한 것을 우리는 배우고 받아들인 후에, 사실이라고 믿습니다. 이런 점에서 지식이라는 것은 사실상 '세상에 대한 믿음'입니다.

그런데 어느 날 인터넷을 통해 내가 사실이라고 믿고 있는 것을 부정하는 증거들을 보게 된다면 어떨까요? 처음에는 이런 증거들을 의심하고 부정할 것입니다. 하지만 수많은 사람이 같은 목소리를 내며 과학적으로 보이는 증거들을 보여주면 마음속에 약간의 혼란이 생기고 동시에 궁금증이 생깁니다. 그리고 이들이 하는 이야기들에 귀를 기울입니다. 그러다가 어느 순간 마음속에 새로운 지식(혹은 믿음)이 자리 잡습니다. 어린 시절 책과 텔레비전을 통해 접한 수많은 지식을 쉽게 믿어버린 것처럼, 어른이 되어서도 인터넷을 통해 얻게 된 새로운 지식을 사실로 믿게 되는 것이죠.

놀랍게도 오늘날 우리 주위에는 지구가 레코드판처럼 평평하고 납작한 원 모양이라고 믿는 사람이 많아졌다고 합니다. 이들은 사람이 접근하지 못하도록 남극의 산들이 원 주위를 막고 있으며, 지구의 하늘은 투명한 돔 형태이고, 태양과 달은 지구 위에서만 돈다고 믿습니다. 이런 사람들을 흔히 플랫 어스[flat earth], 즉 평평한 지구를 믿는 사람들이란 뜻에서 플랫 어서[Flat-earther]라고 부릅니다. 그런데 이런 플랫 어서가 급격히 늘어나는 데 결정적 역할을 한 것이 바로 유튜브입니다. 사실 지구가 평평하다고 생각하는 사람들은 예전에도 있었습니다. 하지만 2015년 즈음부터 그 숫자가 갑자기 크게 늘어났는데, 이때가 유튜브에 지구가 평평하다고 주장하는 동영상들이 많이 올라오던 시점입니다.

지구가 평평하다고 생각하는 사람들이 처음부터 그랬던 것은 아닙니다. 텍사스테크대학교Texas Tech University의 애슐리 랜드럼Ashley Landrum 교수는 2017년 플랫 어서 컨퍼런스에 찾아가 지구가 평평하다고 믿는 사람들 30명을 인터뷰했습니다.[1] 이를 통해 30명 가운데 29명이 유튜브를 통해서 지구가 평평하다고 믿게 되었다는 사실이 밝혀졌죠. 랜드럼 교수에 따르면 지구가 평평하다고 믿는 사람들은 공통적으로 음모론과 관련된 다양한 동영상을 유튜브에서 보다가 어느 순간 지구가 평평하다고 주장하는 사람들의 동영상이 자동 추천되는 경험을 했습니다. 이들도 처음에는 이 가설이 말이 안 된다고 생각했고, 이들의 주장이 얼마나 잘못된 것인지를 알아내기 위해 플랫 어스에 관한 동영상을 찾아봤다고 합니다. 하지만 이런 동영상들을 보다가 어느 순간 자신도 지구가 평평하다는 믿음을 갖게 되었음을 발견한 것이죠.

그런데 한 가지 궁금증이 생깁니다. 왜 플랫 어스에 대한 동영상을 보는 일이 지구의 모양에 대한 사람들의 믿음을 이토록 극적으로 바꾼 것일까요? 그 이유를 구글에서 유튜브 알고리즘을 만들던 컴퓨터 엔지니어 기욤 샤스롯Guilluam Chaslot이 잘 설명해줍니다. 기욤 샤스롯은 구글에서 일하는 동안 유튜브 알고리즘의 문제를 인식하고, 이 문제를 해결하려고 노력하다가 구글에서 해고당했습니다.[2] 기욤 샤스롯에 따르면 유튜브에서 '평평한 지구'라는 단어로 동영상을 검색하면 이들 중에서 35%만이 지구가 평평하다고 주장하는 동영상이라고 합니다. 그런데 유튜브 알고리즘이 추천하는

동영상들을 따라가다 보면 추천된 동영상의 90%가 지구가 평평하다고 주장하는 동영상이라고 합니다.[3]

이런 배경에는 플랫어스와 같은 음모론이 유튜브 시청자들의 사용 시간을 늘린다는 점이 작용하고 있습니다. 음모론의 내용은 대개 사람들의 상식이나 믿음에 반하는 것들입니다. 사람들은 본능적으로 이런 내용에 관심과 흥미를 가지게 되고 이 주장이 사실인지를 직접 확인하고 싶어 합니다. 그렇기에 본능적으로 음모론의 내용에 집중하고 관련된 정보들을 수집하게 되는 것입니다. 그러면서 음모론은 더 많은 사람을 이 논의에 동참시키게 되지요.

이런 이유로 '평평한 지구'와 관련해서 지구가 둥글나는 것을 밀하는 동영상이 훨씬 많은데도, 유튜브는 사람들에게 지구가 평평하다고 주장하는 동영상만 보여주는 것이죠. 유튜브가 지구가 평평하다고 주장하는 동영상과 평평하지 않다고 주장하는 동영상을 원래 비율대로, 즉 35 대 65의 비율로 추천해준다면 사람들의 믿음은 쉽게 바뀌지 않을 것입니다. 하지만 유튜브 알고리즘이 지구가 평평하다고 주장하는 동영상을 과대 샘플링해서 추천하기 때문에 사람들은 지구가 평평하다고 생각하는 사람들이 실제보다 훨씬 더 많다고 착각하게 됩니다. 한쪽 방향의 주장에만 과도하게 노출되기 때문에 사람들 마음속에 새로운 지식(혹은 믿음)이 자리 잡게 되죠.

플랫 어스를 믿는 사람들이 늘어나는 데 유튜브에도 책임이 있다는 비난이 높아지자 유튜브는 그제야 지구가 평평하다고 주장하는 동영상이 추천되는 비율을 낮추었습니다. 그래서 90% 정도의 높은 비율로 관련 동영상이 추천되는 일은 더는 없어졌습니다. 하지만 이는 플랫 어스에 관한 동영상에만 해당할 뿐, 유튜브의 알고리즘은 여전히 사람들을 중독시키고 세상에 대한 사람들의 믿음에 강력한 영향력을 미치는 동영상을 끊임없이 추천합니다. 알고리즘은 무엇이 진실인지 판단하지 않습니다. 자신이 사람들의 믿음에 어떤 영향을 주는지도 고려하지 않습니다. 오직 사람들이 더 많은 시간을 유튜브에서 보내게 하는 데 관심을 둘 뿐입니다. 그리고 그 이유는 간단합니다. 중독을 통해 돈을 벌 수 있기 때문이죠. 사람들이 유튜브에서 보내는 시간이 많을수록 광고 수입이 늘어나기에 유튜브 알고리즘은 사람들을 콘텐츠에 중독시킵니다.

알고리즘이 추천해준다는 착각

유튜브는 세계 최대의 동영상 플랫폼입니다. 로그인 상태로 이용하는 사용자 수가 한 달에 20억 명이 넘으며,[4] 채널의 숫자는 3100만 개에 달하고 매 분당 유튜브에 업로드되는 콘텐츠는 500시간에 이릅니다.[5] 하루 기준으로는 매일 72만 시간의 동영상이 올라오는 것입니다. 매일 시청되는 동영상의 양은 10억 시간에 달하고, 한 사람이 스마트폰으로 유튜브 동영상을 보는 평균 시간이 60분이나 됩니다.[6] 모든 사용자의 평균이 60분이라는 것을 통해서 하루에 몇 시간씩 유튜브를 보는 사람들이 얼마나 많은지를 쉽게 짐작할 수 있습니다. 유튜브의 광고 매출은 2021년 288억 달러를 달성하며 전년도 대비 45%나 성장했습니다.[7][8]

유튜브에 이처럼 많은 동영상 콘텐츠가 올라오는 이유는 동영상 콘텐츠를 통해서 돈을 벌 수 있기 때문입니다. 미국에서 가장 유명한 청소년인 2011년생 라이언 카지Ryan Kaji는 유튜브 광고를 통해 2020년에만 2950만 달러, 한국 돈으로 354억 원의 수입을 올리기도 했습니다. 한국을 대표하는 운동선수인 축구선수 손흥민이나 야구선수 류현진의 연봉보다도 훨씬 높습니다.[9] 라이언 카지는 2019년에 2600만 달러, 2018년에 2200만 달러의 수입을 올렸습니다. 이 정도면 한국에서 금탑산업훈장을 받을 정도로 높은 매출입니다. 유튜버 한 명이 중견기업 수준의 매출을 올리고 있는 것이죠. 한국에서도 매년 광고 수입으로 수억 원에서 수십억 원을 벌어들이는 골드버튼 유튜버(구독자 100만 명 이상)가 400명이 넘는다고 합니다.[10] 유튜브 덕분에 큰돈을 벌 수 있는 새로운 직업이 갑자기 생겨난 것입니다. 당연히 많은 사람이 인기 유튜버를 꿈꾸고 유튜브에 수많은 동영상을 올립니다.

유튜버가 광고를 통해 돈을 벌기 위해서는 자신이 올린 동영상 콘텐츠의 조회 수가 높고 시청 시간이 길어야 합니다. 그래서 유튜버들은 사람들의 관심을 끌 수 있는 동영상을 만들기 위해 노력합

1. MrBeast - $54,000,000 (648억원)

2. Jake Paul - $45,000,000 (540억원)

3. Markiplier - $38,000,000 (456억원)

4. Rhett and Link - $30,000,000 (360억원)

5. Unspeakable - $28,500,000 (342억원)

6. Nastya - $28,000,000 (336억원)

7. Ryan Kaji - $27,000,000 (324억원)

8. Dude Perfect - $20,000,000 (240억원)

9. Logan Paul - $18,000,000 (216억원)

10. Preston Arsoment - $16,000,000 (192억원)

유튜브 스타들의 광고 수입 순위(2021년 기준)
출처: 포브스

니다. 그렇다 보니 단지 조회 수를 올리기 위해서 만들어진 자극적인 동영상도 많이 올라옵니다. 그렇다고 해서 유튜버들이 유튜브 중독에 전적으로 책임이 있다고 말하기는 어렵습니다. 아무리 인기 있는 콘텐츠를 만드는 유튜버라고 하더라도 한 사람이 만들 수 있는 콘텐츠의 양에는 제한이 있습니다. 가령, 제 아이가 가장 좋아하는 한 유튜버의 경우 2일마다 10분 분량의 동영상을 올립니다. 아무리 아이가 이 유튜버를 좋아하더라도 아이는 48시간마다 10분씩 콘텐츠를 볼 수 있을 뿐입니다. 이는 텔레비전에서 일주일에 하루, 이틀씩 방영하는 만화영화를 보는 것과 크게 다르지 않습니다. 콘텐츠가 연속적이지 않기 때문에 이 유튜버가 만드는 콘텐츠에 중독되지는 않습니다. 대신 아이가 중독되는 것은 이 유튜버의 콘텐츠가 아니라 이와 비슷하게 보여지는 무수히 많은 콘텐츠입니다. 즉 아이는 유튜브가 연속적으로 보여주는 콘텐츠에 중독되는 것이지 특정 유튜버에게 중독되는 것은 아닙니다. 그래서 유튜브 중독의 책임은 유튜버가 아니라 유튜브 알고리즘에 있다고 봐야 합니다.

유튜브 동영상을 오래 시청하게 만드는 장치는 '연속 재생 시스템'과 '추천 시스템'입니다. 연속 재생 시스템은 사람들이 아무런 선택이나 동작을 하지 않아도 유튜브를 계속 시청하게 하고, 추천 시스템은 사람들이 관심을 가질 만한 동영상을 한꺼번에 몰아서 보여줌으로써 사람들의 관심을 유튜브에 계속 붙들어놓습니다. 그리고 이 두 시스템 모두 구글이 만든 고도화된 AI 알고리즘을 기반으로 합니다.

사람들은 유튜브 알고리즘이 자신의 관심사를 파악해서 자신이 좋아하고 만족할 만한 것을 보여준다고 생각합니다. 하지만 이는 진실과 조금 거리가 있는 생각입니다. 유튜브 알고리즘이 사용자들의 선호와 행동을 분석하는 것은 맞습니다. 하지만 사용자에 대한 데이터를 모아서 유튜브 알고리즘이 이루려는 것은 사람들이 좋아하는 것을 보여줌으로써 이들을 만족시키는 것이 아닙니다. 유튜브 알고리즘의 목표는 오직 시청 시간을 늘리는 것입니다. 그래서 유튜브는 사람들이 좋아할 만한 콘텐츠를 추천하는 게 아니라 사람들이 계속 보게 될 것을 추천합니다. 그리고 이런 콘텐츠가 반드시 사람들이 좋아하거나 만족하는 콘텐츠는 아닐 수도 있습니다. 사람들이 좋아하지 않더라도 계속 시청할 동영상을 추천해 주는 것이죠.

앞서 소개한 플랫 어스 동영상도 마찬가지입니다. 대부분의 사람은 굳이 지구가 둥글다는 증거를 보여주는 동영상을 보려고 하지 않습니다. 이미 알고 있는 사실이니까요. 하지만 지구가 평평하다고 주장하는 동영상들은 자신의 기존 지식과 어긋나기 때문에 사람들의 관심을 끕니다. 따라서 사람들의 시청 시간을 늘리기 위해 유튜브 알고리즘은 지구가 평평하다는 증거를 보여주는 동영상을 추천합니다. 알고리즘은 아무런 가치판단 없이 사람들을 자신에게 붙들어 매놓는 것, 즉 중독만을 목표로 하는 것이죠. 실제 유튜브 알고리즘 개발에 참여했던 기욤 샤스롯은 한 언론과의 인터뷰에서 유튜브 알고리즘이 "당신이 원하는 것을 찾는 것을 도와주기 위해서가 아니라 당신을 유튜브에 중독시키기 위해 만들어졌다."[11]라고 말한 바 있습니다.[12] 유튜브 알고리즘을 직접 만들었던 사람이 유튜브의 중독성에 대해서 직접 증언한 것입니다.

메타의 CEO인 마크 저커버그도 동영상 추천 알고리즘의 문제점을 인정한 적이 있습니다. 마크 저커버그는 최근 미국에서 페이스북의 개인 데이터 보호와 부적절한 콘텐츠 공유의 문제에 대한 비난이 커지자 자체적으로 정화 노력을 기울이겠다면서 [자료3]과 같은 그래프를 공개합니다.[13]

해당 그래프는 페이스북의 연구 결과를 요약한 것으로, 동영상 콘텐츠의 자극성과 사용자의 몰입도 engagement 사이의 관계를 보여줍니다. 즉 동영상 콘텐츠가 금지 수준으로 자극성이 높을 때 사람들의 몰입도는 기하급수적으로 증가합니다. 저커버그에 따르면 사람들이 금지된 콘텐츠(폭력적이거나 노출도가 높은 음란성 콘텐츠 등 유튜브에서 삭제되는 콘텐츠)의 경계선에 가까운 콘텐츠들을 좋아하지 않을지라도 해당 콘텐츠를 접할 때의 몰입도만큼은 크게 증가한다고 합니다. 사람들이 좋아하는 것과 몰입하는 것은 다르다는 의미입니다.

알고리즘의 목적이 과연 사람들이 자기가 좋아하는 것을 찾도록

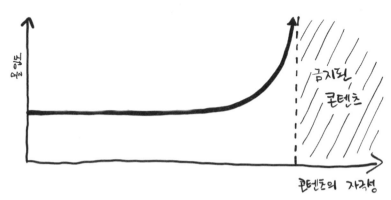

[자료3] 동영상 콘텐츠의 자극성에 따른 사람들의 몰입도 변화.
콘텐츠가 금지 수준의 높은 자극성을 가질 때,
몰입도는 최고도에 이른다.
출처: 페이스북

돕는 데 있는지 아니면 더 많은 사람을 중독시키려는 데 있는지의 문제는 매우 중요합니다. 빵을 사는 경우를 예로 들어보겠습니다. 제가 자주 구입하는 빵은 단팥빵과 소보로빵입니다. 어린 시절에 즐겨 먹던 영향인지 아직도 이렇게 과거에 유행했던 종류의 빵을 좋아합니다. 만약 빵집 주인이 제 선호를 파악해서 새로 개발한 호두 단팥빵을 추천해준다면 이는 제 선택을 도와주는 일입니다. 하지만 누구나 한번 맛을 보면 계속 먹게 되는 달콤한 케이크를 샘플로 제공하면서 구매를 유도한다면 이는 저를 위한 행동이 아니라 단지 빵집의 매출을 올리기 위한 행동이겠죠.

지금 유튜브 알고리즘이 바로 제게 달콤한 케이크를 권하는 빵집 주인과 같습니다. 유튜브 알고리즘은 사람들을 돕는 일에 관심이 없습니다. 알고리즘이 관심을 갖는 것은 오로지 시청 시간을 늘리는 것, 즉 유튜브에 중독시키는 것입니다. 그래서 유튜브 알고리즘은 종종 사람들에게 자극적이고 문제가 되는 동영상 콘텐츠들을 추천합니다. 그러면 사람들은 자신의 선호나 의지에 관계없이 이런 콘텐츠들을 봅니다. 그리고 자기도 모르게 유튜브에 중독됩니다. 대신 유튜브는 사람들의 중독을 통해서 많은 수입을 올리죠.

서프라이즈 에그에 중독된 아이들

성인이 유튜브 콘텐츠에 중독되는 데는 어느 정도 자기 책임이 있다고도 볼 수 있습니다. 그런데 문제는 성인들만 유튜브를 보는 것이 아니라는 데 있죠. 아직 판단 능력이 아직 부족하고 자기조절력이 약한 어린아이들은 유튜브 알고리즘에 노출되면 콘텐츠 중독에 빠질 위험이 큽니다. 실제로 제 아이에게도 일어났던 일입니다. 아이가 서너 살이던 무렵, 아이를 유튜브의 세계에 푹 빠져들게 한 콘텐츠가 있었습니다. 아이는 이 콘텐츠를 매일같이 몇 시간 동안 보았습니다. 밥 먹는 것도 잊고, 잠도 자지 않으려고 할 정도였습니다. 당시 육아에 지쳐 있던 우리 부부에게는 오아시스 같은 존재였지만, 사실은 아이의 생애에서 처음으로 중독이라는 경험을 선사한 콘텐츠였죠. 바로 '서프라이즈 에그Surprise Egg'라는 콘텐츠입니다.

서프라이즈 에그는 계란 모양의 초콜릿 안에 장난감이 들어 있는 제품입니다. 아이들은 제품을 구입해서 초콜릿 계란을 부수기 전까지는 안에 어떤 장난감이 들어 있는지 모릅니다. 초콜릿을 깬 후에야 어떤 장남감이 들어 있는지 알게 되죠. 대표적인 제품이 이탈리아의 초콜릿 제조사인 페레로Ferrero에서 만든 킨더 서프라이즈Kinder Surprise입니다. 킨더 서프라이즈는 1974년부터 생산되어 지금까지 300억 개 이상 판매된 인기 제품입니다. 한국에서는 안전상의 이유로 초콜릿 내부에 장난감이 들어 있는 제품은 판매되지 않고 있습니다. 대신 계란 모양의 포장재를 반으로 쪼개면 한쪽에는 초콜릿, 다른 한쪽에는 장난감이 들어 있는 형태의 제품이 판매되고 있습니다.

유튜브에 올라오는 서프라이즈 에그 동영상은 단순히 서프라이즈 에그 제품을 개봉하는 과정을 보여주는 콘텐츠입니다. 사람이 등장하지도 않고, 목소리가 들리지도 않습니다. 화면에서는 누군가의 손이 나와서 서프라이즈 에그의 포장을 벗기고, 초콜릿을 깨뜨려서 안에 들어 있는 장난감을 보여줄 뿐입니다. '서프라이즈 에그 30'이 영상 제목이라면 30개의 서프라이즈 에그를, '서프라이즈 에그 100'이라면 100개의 서프라이즈 에그를 개봉하는 식입니다. 단지 그뿐입니다. 제 아이는 이런 동영상을 몇 시간 동안 쉬지 않고 보고 있었던 것이죠.

비단 제 아이만의 사례가 아닙니다. 서프라이즈 에그 관련 영상의 조회 수를 보면 수천만에서 수억 회에 이릅니다. 조회 수가 9억 회가 넘는 동영상도 있습니다. 단지 20개의 서프라이즈 에그를 개봉하는 영상인데 BTS(방탄소년단)의 히트곡인 〈Fake Love〉 뮤직비디오의 조회 수에 버금가는 숫자입니다. 그리고 이 동영상을 업로드한 채널의 구독자 수는 무려 293만 명이나 됩니다. 이 숫자를 통해 얼마나 많은 사람이 서프라이즈 에그 동영상을 보는지 알 수 있습니다. 이들 중에는 아이뿐만 아니라 어른도 분명 있을 것입니다. 왜 사람들은 이런 단순한 동영상에 중독되는 것일까요? 그것은 이런 동영상들이 뇌에 강한 쾌감을 주기 때문입니다.

　사람의 뇌는 음식이나 돈, 선물과 같은 긍정적 자극을 받으면 쾌감을 느끼고, 고통이나 처벌과 같은 부정적 자극을 받으면 불쾌감을 느낍니다. 그런데 사람들이 느끼는 쾌감과 불쾌감의 정도는 예측 가능성을 기준으로 크게 달라집니다. 자신이 선물을 받게 될지 모르는 상태에서 선물을 받는 사람은 미리 예상한 사람보다 더 강한 기쁨을 느낍니다. 반대로 자신이 처벌받을지 모르는 상태에서 처벌받는 경우에는 예상했던 경우보다 더 큰 고통을 느낍니다.[14] 한 뇌과학자에 따르면 예측 불가능한 자극은 감정을 400%나 증폭시킨다고 합니다.[15] 즉 '서프라이즈'가 감정의 증폭제 역할을 하는 것이죠.

　서프라이즈 에그 동영상을 보는 아이들은 포장지를 벗기고 초콜릿 껍질을 까기 전까지 어떤 장난감이 나올지 모릅니다. 장난감이 들어 있다는 것은 알고 있습니다. 하지만 무엇이 나올지는 모릅니다. 이 불확실한 상태 때문에 아이들은 동영상에 더 집중하고 숨겨진 장난감이 등장할 때의 쾌감도 크게 느끼게 됩니다. 그리고 유튜브의 알고리즘은 관련 동영상을 끊임없이 추천해줍니다. 일단 한번 서프라이즈 에그 동영상을 보면 비슷한 동영상이 쉬지 않고 자동 재생됩니다. 그래서 아이들은 밥 먹는 것도 잊어버리고 계속 비슷한 동영상에 빠져들죠.

　서프라이즈 에그는 단지 한 예에 불과합니다. 유튜브와 같은 동영상 공유 플랫폼은 아이들에게 중독성이 강한 콘텐츠를 끊임없이 추천합니다. 이런 동영상들은 아이들의 감정을 자극합니다. 어떤 동영상은 달콤한 사탕처럼 뇌에 쾌감을 주고, 어떤 동영상은 긴장이나 흥분과 같은 기분을 가져다줍니다. 결과적으로 아이들은 화면에서 한시도 눈을 떼지 못하게 됩니다.

다행히 제 아이가 서프라이즈 에그에 중독된 기간은 그리 길지 않았습니다. 하지만 그 후에는 오지에서 아무런 공구를 사용하지 않고 손으로 집을 짓는 동영상에 중독된 적이 있었습니다. 지금은 저희 부부의 애정과 관리(?) 덕분에 유튜브 동영상을 전처럼 많이 보지는 않지만 성인이 되어 혼자 지내면 다시 유튜브 동영상에 중독될지도 모릅니다. 그리고 어느 날 갑자기 제게 이렇게 말할지도 모릅니다.

"아빠, 사실 지구는 둥글지 않아. 내가 그 이유를 설명해줄게."

플랫 어스 이야기를 믿는 사람이 크게 증가한 때는
유튜브에 플랫 어스 관련 동영상이
많이 올라오던 시점과 일치한다.

6
쇼핑 비즈니스
: 거부할 수 없는 할인중독의 늪

쇼핑 앱에 중독된 쇼핑 전문가

쇼핑과 관련된 이상 행동의 하나로 '강박적 구매 장애Compulsive Buying Disorder'가 있습니다. 강박적 구매 장애란 쇼핑에 대한 욕구를 억제하지 못하고 필요하지도 않은 물건을 계속 구매하는 강박증을 말합니다. 이 장애를 가진 사람들은 지나치게 쇼핑에 몰입하여 경제적 어려움이 생기거나 오직 쇼핑에 대한 생각으로 가득 차서 직장이나 일상생활에서 문제를 겪기도 합니다. 한마디로 쇼핑 중독인 것이죠. 그런데 쇼핑 중독은 어제오늘의 일이 아닙니다. 심리학 문헌 가운데 쇼핑 중독이 처음 보고된 것이 1915년일 정도로 쇼핑 중독은 긴 역사를 가지고 있습니다.[1] 전체 인구 가운데 쇼핑 중독을 경험하는 사람의 비율도 높지 않습니다. 최근 한 연구에 따르면 사람들 가운데 5% 정도만 쇼핑 중독을 경험한다고 합니다.[2] 즉 쇼핑 중독은 스마트폰이 사용되기 훨씬 이전부터 존재하던 것이고, 실제로 쇼핑 중독에 걸리는 사람도 비교적 많지는 않습니다.

그런데 최근 들어 쇼핑 중독과는 조금 다른 형태의 중독이 유행입니다. 바로 쇼핑 '앱' 중독입니다. 쇼핑 앱 중독은 필요 이상으로 자주, 그리고 오랜 시간 쇼핑 앱에 접속하는 행동을 가리킵니다. 여러분 주변에도 쇼핑 앱에 중독된 것처럼 보이는 사람들을 쉽게 찾아볼 수 있을 것입니다. 저도 그런 사람들 가운데 한 명입니다. 한동안 무신사 앱에 중독된 적이 있었습니다.

쇼핑 앱 중독은 일종의 아이쇼핑 eye shopping(매장에 가서 제품을 사지 않고 눈으로 구경만 하는 것)과 비슷합니다. 제품을 구경하는 일 자체가 즐거움을 주기 때문에 사람들은 수시로 쇼핑 앱에 들어가 다양한 제품을 살펴봅니다. 쇼핑 앱에서 아이쇼핑을 하는 것은 매장에 직접 가야 할 필요가 없어 매우 편리하고, 다른 사람들의 눈치를 볼 필요도 없다는 점에서 많은 사람이 쉽게 빠져듭니다. 하지만 기존의 아이쇼핑과는 중요한 차이점이 있습니다. 바로 예상치 못한 달콤한 보상이 존재한다는 점입니다. 쇼핑 앱에서 제품을 구경하다 보면 종종 가격 할인 중인 제품을 만납니다. 우연하게 타임 딜 time deal(짧은 시간만 지속되는 할인 이벤트)을 만나기도 합니다. 이런 할인은 예고 없이 나타나며 짧은 시간 동안 지속됩니다.

기대하지 않은 순간에 불규칙적으로 나타나는 할인은 뇌의 보상회로를 강하게 자극합니다. 착한 행동을 한 아이에게 칭찬을 해주는 경우를 예로 들어보겠습니다. 한 아이는 착한 행동을 할 때마다 칭찬을 받습니다. 다른 아이는 착한 행동을 두세 번 한 다음에 불규칙적으로 칭찬을 받습니다. 둘 중 어떤 아이가 칭찬받고 싶은 욕구를 더 강하게 느낄까요? 바로 불규칙적으로 칭찬을 받은 아이입니다.

에머리대학교Emory University의 뇌과학자인 그레고리 번스Gregory Berns는 뇌과학 분야의 주요 저널 가운데 하나인《신경과학 저널Journal of Neuroscience》에 다음과 같은 연구 결과를 발표합니다. 먼저 실험 참가자들을 MRI 기기 안에 누워 있게 한 다음, 튜브를 통해 과일 주스나 물을 몇 방울씩 맛보게 해주었습니다. 참가자 중 절반에게는 10초 간격으로 과일 주스와 물이 순차적으로 제공되었습니다. 나머지 절반에게는 과일 주스와 물이 불규칙하게 제공되었습니다. 그리고 나서 두 집단을 비교해보니, 과일 주스와 물이 불규칙적으로 제공될 때 뇌의 보상회로가 훨씬 강하게 자극됨을 발견했습니다. 이처럼 인간은 자신에게 보상이 언제 주어질지 알고 있을 때보다 모르는 경우에 보상에 관해 더 강한 욕구를 지닙니다.

규칙적 보상보다 불규칙적 보상이 더 강한 욕구를 유발한다는 것은 1950년대부터 잘 알려진 사실입니다. 당시 B. F. 스키너Burrhus

F. Skinner라는 심리학자는 쥐를 가지고 인간의 행동에 대한 연구를 진행했습니다. 쥐 실험으로 사람의 심리를 연구한다는 데 의문이 들 수도 있지만, 당시 미국에서는 쥐나 비둘기의 행동을 통해 사람의 마음을 이해할 수 있다고 보는 '행동주의behaviorism'가 크게 유행하던 시기였습니다.

스키너는 쥐 우리 안에 레버를 설치해놓고, 쥐가 레버를 누를 때 먹이를 주었습니다. 어떤 쥐한테는 레버를 누를 때마다 먹이를 주었지만, 다른 쥐한테는 불규칙한 간격으로 먹이를 주었습니다. 어느 때는 레버를 누르면 먹이가 나오고, 어느 때는 나오지 않게 한 것이죠. 과연 무슨 일이 일어났을까요? 규칙적으로 먹이를 받는 쥐는 배가 고플 때만 레버를 누른 반면, 불규칙적으로 먹이를 받는 쥐는 훨씬 자주 레버를 눌렀고, 레버를 눌러도 때때로 먹이가 나오지 않도록 조치한 뒤로도 오랫동안 레버를 누르는 행동을 멈추지 못했습니다.

쇼핑 앱에서 우연치 않게 제품을 싼값에 구입하게 되면 사람들은 커다란 희열을 느낍니다. 한번 달콤한 보상을 경험하고 나면 사람의 뇌는 보상의 노예가 됩니다. 그 결과 쇼핑 앱에 자주 들어가서 언제 찾아올지 모르는 할인을 기다립니다. 불규칙적인 할인 때문에 자기도 모르게 쇼핑 앱을 자주 접속하게 되고 거기서 많은 시간을 보내게 되죠.

그런데 사람들에게 큰 할인을 자주 제공하게 되면 기업 입장에서는 손실이 발생할 수도 있습니다. 그렇다면 불규칙적으로 큰 할 인을 제공해서 소비자들을 쇼핑 앱에 중독시키는 것이 기업에는 어떤 이익을 가져다줄까요?

기존의 유통 매장들과 다르게 온라인 쇼핑 플랫폼은 사람들이 필요로 하는 모든 종류의 제품을 판매할 수 있습니다. 소비자들이 다른 플랫폼으로 가지 못하고 자사의 플랫폼에만 의존한다면 수익 을 내는 데 큰 도움이 됩니다. 한 제품을 원가 이하에 판매하더라도 자신에게 중독된 소비자에게 다른 제품들을 많이 판매할 수 있기 때문에 큰 할인을 제공하는 것이죠. 아마존이 아마존 프라임 비디 오를 회원들에게 무료로 제공하고, 쿠팡이 쿠팡플레이를 통해 각종 영화와 드라마 콘텐츠를 쿠팡 회원에게 무료로 제공하는 이유도 이 용자들을 다른 플랫폼으로 가지 못하게 막고 자기 채널 안에서 생 활에 필요한 모든 것을 구입하게끔 유도하기 위해서입니다.

쇼핑 앱에 중독된 사람이 많으면 플랫폼의 광고 수입도 늘어납 니다. 아마존, 쿠팡, 네이버쇼핑과 같은 쇼핑 플랫폼들은 제품을 직 접 판매하거나 판매를 중계해서 수익을 얻지만, 소셜미디어 플랫 폼과 마찬가지로 광고 수입이 매출에서 더 중요한 부분을 차지합 니다. 특히 쇼핑 플랫폼의 광고는 웹사이트의 배너 광고들과 다르 게 제품 검색 결과 사이사이에 광고가 아닌 것처럼 끼여 있습니다. 그래서 사람들은 이들을 광고로 인식하지 못하고 자기도 모르게 광고 속 제품에 큰 관심을 갖습니다.

쇼핑 앱에 중독된 사람이 많을수록 쇼핑 앱에서 제품을 팔려는 사업자도 늘어납니다. 사업자가 늘어나면 이들은 좋은 자리에 자신의 제품을 광고하기 위해 경쟁하고, 이들이 지불하는 광고비는 증가합니다. 배달의민족 앱을 이용하는 음식사업자가 많을수록 이들이 지출하는 광고비가 증가할 수밖에 없는 것과 같은 원리입니다. 그런데 쇼핑 앱 중독이 플랫폼에 도움이 되는 또 하나의 중요한 이유가 있습니다. 그것은 바로 제품을 구경하는 것 자체가 제품에 대한 욕망을 만들어내기 때문입니다.

시카고대학교University of Chicago 경영대학의 연구진은 다음과 같은 실험을 진행했습니다.[3] 실험에 참가한 대학생을 두 그룹으로 나누고, 한 그룹은 실제 구매를 목적으로 다양한 제품을 평가하고 그중 하나를 선택하게 했습니다. 다른 그룹은 구매할 목적 없이 단순히 재미로 다양한 제품을 평가하고 그중 하나를 선택하게 했습니다. 모든 참가자는 동일한 행동을 했으며, 단지 구매할 목적이 있는지 아닌지에만 차이가 뿐이었습니다. 참가자들이 제품 선택을 완료한 뒤, 연구자들은 두 그룹의 정신적 피로도를 측정하고, 선택한 제품에 대한 구매 의사를 물었습니다. 어떤 결과가 나왔을까요? 구매를 목적으로 여러 제품을 평가하고 하나의 제품을 선택한 참가자들은 정신적 피로도가 증가한 반면, 오직 재미로 제품을 평가하고 선택한 참가자들은 정신적 피로도가 감소하고 기분이 좋아졌습니다. 그리고 더욱 중요한 사실은 구매를 목적으로 제품을 선택한 사람들은 제품 선택 후에 실제로 구매하고 싶은 욕구가 오히려 감소한 반면, 재미로 제품을 선택한 사람들은 그 제품을 구매하고 싶은 욕구가 크게 증가했다는 점입니다.

　제품을 평가하고 선택하는 일은 대체로 정신적 피로를 유발합니다. 특히 가격이 비싼 제품일수록 잘못된 선택에 대한 두려움 때문에 사람들은 신경을 곤두세운 채 많은 정보를 찾고 비교합니다. 때로는 두 제품 가운데 하나를 선택하지 못해서 고통을 느끼기도 합니다. 이럴 때 '결정 장애'라는 표현을 사용하기도 하죠. 그래서 구입을 목적으로 제품을 비교하고 선택하면 실제로 우리의 뇌는 지쳐버립니다. 그리고 이때의 피로감 때문에 제품에 대한 욕구가 오히려 감소하죠. 반면 구매 목적이 아니라 재미로 제품을 구경하는 경우에는 잘못된 선택을 해도 아무런 피해가 발생하지 않기 때문에 대체로 정신적 피로감을 느끼지 않습니다. 오히려 쇼핑 행위는 사람들에게 즐거움을 줍니다. 사람들이 제품 선택 과정에서 경험한 즐거움은 제품 자체에 대한 호감도로 연결됩니다. 그래서 제품을 즐겁게 구경하고 선택한 사람들은 제품을 구입하고 싶은 욕구가 더 강해집니다. 단순한 구경만으로도 제품에 대한 욕망을 만들어내는 것이죠.

　그런데 한 가지 재미있는 사실이 있습니다. 위에서 소개한 연구를 진행한 시카고대학교의 연구진 가운데 한 사람이 제 아내였습니다. 제 아내는 소비자의 선택과 의사결정 과정을 연구하는 전문

가입니다. 하지만 제 아내도 한동안 마켓컬리 앱에 중독되어 많은 시간을 마켓컬리 앱에서 보내던 때가 있었습니다. 아내가 처음에 마켓컬리 앱을 사용하기 시작한 이유는 마켓컬리의 사업 방식을 들여다보기 위해서였습니다. 하지만 앱을 사용하다 보니 예상치 못하게 큰 할인을 받는 일이 몇 번 생겼고 그러면서 아내는 자신도 모르게 이 앱에 중독되었던 적이 있었습니다. 아침에 학교에 가기 위해 현관문을 여는 순간 가장 먼저 보게 되는 것이 마켓컬리 박스이거나 아내가 마켓컬리 박스의 테이프를 '뜨드득' 떼어내는 소리에 잠을 깨는 날들이 많았습니다. 소비자의 선택에 관해 연구하는 사람이라도 쉽게 중독시킬 정도로 쇼핑 앱에서 찾게 되는 예상치 못한 할인은 거부할 수 없는 힘을 지닌 달콤한 보상입니다.

마르지 않는 욕망의 장바구니

쇼핑 앱에서 제품 구경을 한 사람들은 구경을 마치고 그냥 나오지 않습니다. 마음에 드는 제품들을 장바구니(혹은 카트)에 넣어놓습니다. 본래 장바구니는 마트에서 장을 볼 때 계산대까지 물건을 한 번에 담아서 옮기는 데 사용하는 물건입니다. 계산대 앞에서 장바구니에 담긴 물건들을 꺼내 계산을 마친 후에는 빈 장바구니를 놓고 나옵니다. 하지만 플랫폼의 장바구니와 마트의 장바구니 사이에는 중요한 차이점이 있습니다. 바로 장바구니에 넣어놓은 물건들이 사라지지 않고 사람들을 계속 따라다닌다는 점이죠.

'눈에서 멀어지면 마음에서도 멀어진다'는 표현이 있습니다. 서로 사랑하는 연인도 자주 보지 못하면 사이가 멀어지는 상황에서 흔히 사용되는 말이죠. 그런데 제품에 대한 욕망도 마찬가지입니다. 쇼핑 앱에서 아무리 마음에 드는 제품을 발견해도 그 제품을 자주 보지 않으면 욕망은 사라집니다. 제가 가르치는 학생들에게 다음과 같은 과제를 내준 적이 있습니다. 인터넷 검색 중에 갖고 싶다는 강한 욕망이 생기는 제품이 생기면, 그 날짜를 적고 욕망이 얼마나 강한지를 0단계부터 10단계까지로 기록하게 했습니다. 그런 다음 한 달 후에 이 제품에 대해 느끼는 욕망을 다시 기록하게 했습니다. 총 68명의 학생이 343개 제품에 대한 욕망을 기록으로 남겼습니다. 이들 중에는 한 달이 지나도록 구매하지 않는 제품도 많았습니다. 이 실험에서 주목할 만한 것은 한 달 동안 구입하지 않은 제품에 대한 욕망의 변화입니다. 한 달 전과 후의 욕망의 차이를 비교해보니 75.2%의 제품에 대해서 한 달 후에는 욕망이 줄어든다는 것이 확인되었습니다. 한 달 전의 욕망은 평균 6.5단계였는데, 한 달 후의 평균은 2.9단계로 한 달 동안 3.6단계가 하락했습니다.

이처럼 제품에 대한 욕망은 시간이 지나면 대부분 사라집니다. 하지만 자신이 욕망하는 대상이 계속 눈에 띄면 욕망은 쉽사리 사라지지 않습니다. 오히려 욕망은 더 강해집니다. 1972년 스탠퍼드

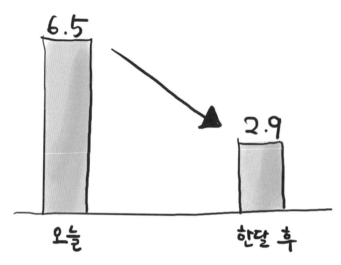

욕망의 변화

6.5

2.9

오늘　　　　　　　　한달 후

제품을 가지고 싶다는 강한 욕망은 시간이 지나면
대부분 자연스럽게 약해지거나 사라진다.

대학교Stanford University의 심리학자 월터 미셸Walter Mischel은 아이들을 대상으로 한 가지 실험을 진행합니다.[4] 흔히 '스탠퍼드 마시멜로 실험'이라고 불리는 실험이죠. 실험 진행자는 마시멜로 한 개를 그릇 위에 올려놓고서 어린아이들에게 자신이 돌아올 때까지 이 마시멜로를 먹지 않고 기다리면 돌아온 후에 두 개를 주겠다고 말하고 자리를 비웁니다. 아이들은 과연 어떻게 행동했을까요? 대부분의 아이들은 실험 진행자가 돌아올 때까지 기다리지 못하고 자기 눈앞에 있는 마시멜로를 먹었습니다. 눈앞에 보이는 유혹을 쉽게 참지 못했죠. 그런데 일부 아이들이 있는 방에는 마시멜로를 봉지에 넣은 채로 그릇 위에 올려두었습니다. 기다리는 동안 마시멜로가 눈에 보이지 않도록 조건을 달리했죠. 이 경우 아이들이 더 오랜 시간을 기다릴 수 있었습니다. 욕망의 대상이 눈에 보이지 않으면 유혹을 더 잘 참아낼 수 있음을 뜻합니다. 이렇듯 욕망은 그 대상이 눈앞에 생생하게 보일 때 강해지고, 당장 보이지 않거나 생생하게 묘사되지 않으면 사그라듭니다.

문제는 쇼핑 앱의 장바구니가 제품들에 대한 욕망을 쉽게 사라지지 않게 만든다는 점입니다. 오히려 욕망을 끝도 없이 퍼 올리게 하는, 마르지 않는 샘과도 같죠. 쇼핑 앱에 접속해서 장바구니를 클릭할 때는 종종 전에 넣어두었던 제품들을 봅니다. 앱에 접속하는 순간 첫 화면에 나타나거나 혹은 연관 제품 검색 중에 해당 제품의 광고를 보게 되기도 합니다. 다른 앱이나 웹사이트를 방문하더라도 배너 광고 형태로 그 제품을 다시 접할 때가 많습니다. 해당 제품의 광고를 SNS 메시지나 이메일로 받아볼 때도 있습니다. 이처럼 한번 장바구니에 담아놓은 제품들은 사라지지 않고 사람들을 계속 따라다닙니다. 그래서 장바구니에 넣어놓은 제품들을 향한 욕망은 쉽사리 사그라들지 않습니다. 자주 보면 볼수록 오히려 욕망은 강해집니다. 더구나 장바구니에 담긴 제품의 재고가 얼마 남지 않았다는 것을 알게 되거나 약간의 할인 소식이라도 접하면 제품 구입에 대한 유혹을 떨쳐내기가 어렵습니다. 이런 점에서 쇼핑 앱의 장바구니는 쇼핑을 위한 도구가 아니라 욕망을 담고 키워내는 욕망의 바구니라고 할 수 있습니다.

사라진 지출의 고통

교통범칙금을 내본 경험이 있으신가요? 저도 몇 해 전 실선 차선 위반으로 범칙금을 낸 적이 있습니다. 차선이 실선인지 아닌지를 확인하지 않은 제 잘못이지만 범칙금을 내는 것은 고통스러운 일이죠. 그런데 이런 범칙금이 아니라 자신이 원하는 제품을 구입하기 위해 그 가격을 지불할 때도 마찬가지로 사람의 뇌는 고통을 느낍니다. 자기 재산이나 소유의 일부를 포기하는 순간 뇌는 스트레스를 받는 것이죠.

이와 관련된 재미있는 연구가 있습니다. 켄터키대학교^{University of} Kentucky에서 실시한 심리학 실험인데요, 여기에서는 참가자들을 두 그룹으로 나누고, 한 그룹에는 진통제 한 알을 먹게 하고, 다른 그룹에는 플라시보(가짜 약)를 먹게 했습니다. 그러고 나서 모든 참가자에게 머그컵을 선물로 주고는 이 컵을 다른 사람에게 판다면 얼마에 팔고 싶은지 물었습니다. 결과를 비교해보니, 진통제를 먹은 참가자들은 플라시보를 먹은 참가자들보다 더 낮은 가격에 컵을 팔겠다고 응답했습니다. 즉 진통제를 먹으면 고통을 느끼지 못하기 때문에 자신이 가진 소유물을 더 쉽게 포기하는 것입니다.[5]

돈은 사람의 소유물입니다. 그래서 돈을 쓸 때 뇌는 고통을 느낍니다. 특히 자신이 힘들게 노력해서 번 돈일수록 그것을 쓸 때 더 큰 고통을 느낍니다. 소비할 때 고통을 느끼는 일은 소비자에게는 긍정적 신호입니다. 소비하기 전에 자신이 쓰는 돈의 가치를 한 번 더 고민하게 만드니까요. 지출의 고통 덕분에 사람들은 좀 더 합리적으로 소비하고 절약할 수 있습니다. 하지만 기업은 소비자가 이런 과정을 겪지 않기를 원하겠죠. 기업 입장에서는 소비자들이 돈을 쓸 때 아무런 고통도 느끼지 않길 바랍니다. 그래야 돈을 쉽게 쓰니까요.

사람들이 지출의 고통을 느끼지 못하게 하는 데 큰 역할을 하는 것이 신용카드입니다. 현금으로 돈을 주고받을 때는 자신이 얼마를 벌었고 얼마를 쓰는지가 눈에 명확하게 보입니다. 그래서 돈을 쓸 때 큰 고통을 느낍니다. 제가 대학생이었던 시절 오랜 기간 모은 돈으로 용산 전자상가에서 수동 카메라를 구입한 일이 있습니다. 당시 저는 1만 원짜리 80장을 흰 봉투에 넣어서 용산 전자상가에 갔습니다. 봉투에서 돈뭉치를 꺼내는 순간 가슴이 떨리고 아파왔습니다. 제가 힘들게 모은 돈이 사라지는 것을 제 눈으로 보는 일은 확실히 고통스러웠죠.

하지만 이제 사람들은 이런 고통을 느낄 일이 없습니다. 신용카드 때문이죠. 신용카드로 결제할 때는 돈이 들어오고 나가는 것이 보이지 않습니다. 소비자와 사업자의 은행 사이에서 돈이 왔다 갔다 할 뿐 실제로 돈을 주고받지는 않습니다. 그래서 돈을 쓴다는 느낌이 들지 않습니다. 당연히 사람의 뇌는 지출의 고통을 적게 느낄 수밖에 없죠. 이것이 신용카드가 소비를 촉진하는 중요한 이유입니다. 그런데 최근 플랫폼에서 간편하게 이용할 수 있는 전자결제 서비스는 신용카드를 쓸 때보다도 더 돈을 쓴다는 느낌이 들지 않습니다. 신용카드로 대금을 지불하기 위해서는 최소한 지갑을 찾고 지갑에서 신용카드를 빼서 신용카드를 '긁는' 행위가 필요합니다. 전자결제에서는 이 모든 것이 생략되어 있습니다. 비밀번호를 입력하거나 엄지손가락으로 지문을 인식하는 것만으로 결제가 완료됩니다. 그래서 사람들은 돈을 쓰고 있지만 정작 뇌는 자신이 돈을 쓴다고 생각하지 못합니다.

쇼핑 플랫폼이 제공하는 다양한 포인트들도 지출의 고통을 없애주는 역할을 합니다. 포인트는 사실 돈이지만 우리가 통상적으로 사용하는 화폐 단위(가령, 원이나 달러)가 사용되지 않기 때문에 돈처럼 느껴지지 않습니다. 그래서 포인트는 사람들이 현실 세계에서 일해서 번 돈보다 더 쉽게 쓰입니다. 쇼핑 플랫폼이 환불을 해주거나 마케팅 활동을 할 때 사람들에게 돈 대신 포인트를 주는 이유가 이것입니다.

게임 속에서 사용되는 가상화폐도 동일한 역할을 합니다. 게임 머니는 돈과 동일하지만 우리가 사용하는 돈에 붙이는 화폐 단위 (가령, 원이나 달러)가 사용되지 않습니다. 로블록스^{Roblox}에서는 로벅스, 리그 오브 레전드^{League of Legends}에서는 RP(라이엇 포인트), 포트나이트에서는 브이 벅스^{V-bucks}라는 화폐 단위가 사용됩니다. 이처럼 새로운 화폐 단위가 사용되면 좀처럼 돈으로 느껴지지 않습니다. 게다가 돈과의 교환 비율도 쉽게 계산하기 어렵습니다. 예를 들어, 400로벅스의 구입 가격은 4달러가 아니라 4.99달러이고, 800로벅스의 가격은 9.99달러입니다. 이처럼 게임 머니의 교환 비율을 쉽게 계산하기 어렵다면 게임 머니는 더욱 돈처럼 여겨지지 않습니다.

사람이 느끼는 고통은 생존에 도움을 주는 중요한 정보입니다. 뜨거운 불에 가까이 다가가면 피부에서 고통이 느껴집니다. 피부가 느끼는 고통은 사람이 화상을 입지 않도록 지켜주는 중요한 역할을 하죠. 지출이 주는 고통도 마찬가지입니다. 돈을 쓸 때 느껴지는 고통은 신중하게 소비하는 데 중요한 역할을 합니다. 하지만 쇼핑 플랫폼의 전자결제나 게임에서 사용되는 게임 머니는 사람들에게 별다른 고통을 주지 않습니다. 그래서 현실에서의 돈보다 훨씬 무분별하게 사용될 수밖에 없습니다. 따라서 쇼핑 앱이나 게임 앱에서 많은 시간을 보내고 많은 욕구를 가진 사람일수록 지출도 커집니다. 중독이 쉽게 소비로 이어지는 시스템이죠. 더 이상 지출이 고통스럽지 않은 시대, 이것이 중독경제의 중요한 특징 가운데 하나입니다.

쉽게 사고 금방 버린다

하버드비즈니스스쿨Harvard Business School의 마이클 노튼icheal Norton 교수는 2012년 '이케아 효과IKEA effect'라는 제목의 논문을 발표합니다.[6] 그는 실험 참가자들을 두 그룹으로 나누고, 한 그룹에는 아직 조립되지 않은 이케아 보관함을 주고 스스로 조립하게 했습니다. 다른 그룹에는 이미 조립된 상태의 이케아 보관함을 주고 보관함을 검사하게 했습니다. 두 그룹의 차이는 이케아 보관함을 자신이 직접 조립하는지 아닌지뿐이었고 다른 모든 조건은 동일했습니다. 그 후 참가자들에게 보관함을 얼마에 구입할 것인지, 보관함이 얼마나 마음에 드는지 등을 조사했습니다. 그 결과, 자신이 직접 보관함을 조립한 참가자들은 보관함을 더 높은 가격에 구입하고자 했으며, 보관함도 더 마음에 들어 했습니다. 이케아 효과가 보여주는 것은 간단합니다. 사람들은 자신의 노력이 들어간 물건을 더 좋아하고 가치도 더 높게 인식한다는 것이죠. 이런 경험은 모두 있을 것입니다. 사람은 모두 자기 노력이 들어간 물건에 강한 애착을 가집니다. 그런데 자신이 만든 물건만 가치를 높게 생각하는 것은 아닙니다. 이미 완성된 것이더라도 그것을 구입하기 위해 많은 노력이 들어간 제품이라면 더 가치 있게 느껴집니다. 사람들은 자신이 오랫동안 돈을 모아서 구입한 제품, 멀리 있는 매장을 힘들게 찾아가서 구입한 제품, 구입 전에 오랜 기간 고민했던 세품에 큰 애착을 갖습니다. 음식의 경우에도 멀리 있는 식당을 찾아가서 먹은 음식이 훨씬 맛있게 느껴집니다. 이런 점에서 '노력'은 자신이 구입한 제품의 가치를 더 높게 인식하게 하고, 제품의 만족도를 높이는 데 중요한 요소라고 할 수 있습니다.

중독경제 시대의 문제점 중 하나는 제품을 구입하는 데 필요한 노력이 점점 사라지고 있다는 점에 있습니다. 오랜 시간을 들여 제품 정보를 모을 필요도 없습니다. 쇼핑 플랫폼에 가면 구매 결정을 내리기에 이미 충분한 정보들이 있습니다. 제품을 구입하기 위해서 멀리 있는 매장까지 가야 할 필요도 없죠. 스마트폰으로 버튼 한 번만 누르면 구매가 끝납니다. 예전처럼 온라인에서 주문한 제품을 오랫동안 기다릴 필요도 없습니다. 오늘 주문한 물건이 오늘

밤이나 내일 새벽이면 문 앞에 놓여 있습니다. 제품을 반품하거나 교환하기 위해서 매장이나 우체국에 가야 할 필요도 없습니다. 문 밖에 놓아두면 누군가가 와서 수거해갑니다.

하지만 편리한 것이 꼭 좋은 것만은 아닙니다. 별다른 노력 없이 쉽게 얻은 것들은 가치 있게 느껴지지 않습니다. 그래서 덜 만족하고, 덜 아끼고, 쉽게 버립니다. 제가 이 글을 쓰는 데 사용하는 노트북은 얼마 전에 새로 장만한 것입니다. 전에 쓰던 노트북이 느려지고 갑자기 멈추는 일이 자주 생겨서 새로 마련했습니다. 노트북을 사기 위해 일단 쇼핑 앱에 들어갔습니다. 검색 창에 'XX 노트북' 다섯 글자를 입력하고, 검색 결과 가운데 첫 번째에 나와 있는 노트북을 주문했습니다. 노트북에 대한 정보를 얻기 위해 앱에 접속하고 구매 버튼을 누를 때까지 걸린 시간은 5분이 채 되지 않았습니다. 그리고 다음 날 아침 문 앞에 놓인 노트북을 발견했습니다. 그래서 그런지 이 노트북에 아무런 애착이 생기질 않습니다. 그냥 쓰던 연필을 새것으로 바꾼 것처럼 무덤덤합니다. 전에는 새 노트북을 받으면 흥분되고 기쁘기도 했는데 그런 기분이 전혀 들지 않습니다. 이 노트북을 정성껏 돌봐주고 싶은 생각도 들지 않습니다. 앞으로 이 노트북이 느려지거나 고장 나면 별다른 아쉬움 없이 새 제품으로 대체하겠죠. 쉽게 돈을 쓰고, 쉽게 제품을 구입하고, 쉽게 제품을 버리는 시대, 이 역시 중독경제 시대의 한 단면입니다.

7

뉴스 비즈니스
: 온종일 뉴스를 새로고침하는 사람들

눈뜨는 순간부터 시작되는 뉴스 클릭

　여러분은 하루에 스마트폰을 몇 번이나 사용하나요? 스마트폰을 클릭하는 횟수는 몇 번이나 되나요? 저는 제가 하루에 스마트폰을 30번 정도 사용하고, 대략 200~300번 정도 클릭한다고 생각합니다. 하지만 사람들은 자신의 스마트폰 사용 횟수를 실제보다 적게 생각하는 경향이 있기 때문에, 실제 사용 횟수는 자신이 생각하는 것보다 훨씬 많을 수 있습니다. 2016년 한 리서치 회사는 94명의 참가자들의 스마트폰에 추적 장치를 설치해서 5일 동안 스마트폰으로 하는 모든 행동을 분석한 적이 있습니다.[1] 이 연구에 따르면 참가자들은 평균적으로 하루에 76번 스마트폰을 사용했으며, 스마트폰을 클릭한 횟수는 2617번에 달한다고 합니다. 스마트폰을 많이 사용하는 사람들(상위 10%)의 사용 횟수는 평균 132회였고, 클릭 횟수는 5427번이었습니다. 보다 최근에 진행된 다른 조사에서는 사람들의 스마트폰 사용 횟수가 평균 96회에 이르는 것으로 나오기도 했습니다. 잠자는 시간 8시간을 제외하면, 10분마다 스마트폰을 사용하는 것이죠.[2] 그런데 이 연구에서 확인된 한 가지 흥미로운 사실은 사람들의 스마트폰 클릭 횟수가 하루 중에 서서히 증가하거나 감소하는 것이 아니라 오전 7시를 기점으로 폭발적으로 증가해서 동일한 수준이 온종일 유지된다는 사실입니다. 즉 사람들은 아침에 눈을 뜨는 순간부터 스마트폰을 열심히 클릭하는 것이죠. 왠지 남의 이야기 같지 않을 겁니다. 저도 아침에 일어나면 스마트폰으로 새로운 뉴스부터 확인하고는 합니다.

아침에 일어나서 뉴스를 확인하는 것이 잘못된 일은 아닙니다. 뉴스를 통해서 그날 꼭 알아야 할 정보도 얻을 수 있고 사람들과의 얘깃거리도 찾을 수 있으니까요. 아침에 일어나서 뉴스를 확인하는 것은 조간신문을 보던 시절부터 많은 사람이 해오던 일입니다. 그런데 문제는 뉴스 확인이 아침으로 끝나지 않고, 온종일 수십 차례 반복된다는 것이죠.

저 역시 한동안 시도 때도 없이 스마트폰을 켜고 뉴스를 확인하고는 했습니다. 사실 저는 대부분의 일을 노트북 컴퓨터로 하기 때문에 제가 업무를 하는 데 스마트폰이 필요하지는 않습니다. 전화나 문자가 올 때를 제외하고는 스마트폰을 사용할 필요가 없는 것입니다. 하지만 전화나 문자가 오지 않을 때에도 저도 모르게 스마트폰을 켜고 뉴스를 확인하는 일이 많았습니다. 일하는 중간중간에도, 밥을 먹을 때에도, 화장실에 앉아서도, 누군가를 기다릴 때에도 뉴스를 확인했습니다. 그리고 잠자기 전에도 꼭 뉴스를 확인하곤 했습니다.

제가 직업적인 이유로 이처럼 자주 뉴스를 확인해야 하는 것도 아닙니다. 제가 꼭 알아야 할 경제, 경영 관련 뉴스는 사실 하루에 몇 건 되지 않습니다. 하루 한 번 10분 정도 확인하는 것으로 업무에 필요한 정보는 모두 얻을 수 있습니다. 제가 매일 수십 차례 확인하는 뉴스들은 사실 제 삶과 아무런 관계가 없는 소식들입니다. 먼 나라에서 벌어진 이색적인 결혼식에 대한 이야기, 독특한 직업을 가진 사람의 성공 스토리, 숲에서 나와 주택가에 출현한 야생 동물의 이야기, 그리고 별 관심도 없던 연예인이나 유튜버가 새로 구입한 자동차나 해외로 이주한 뒤의 외국 생활 등 알아도 그만, 몰라도 그만인 이야기들을 온종일 확인하는 것입니다. 사실상 뉴스 중독이었죠. 어느 날 제 스마트폰에 저장된 기록을 통해서 뉴스 포털에서 사용하는 시간이 매일 수 시간에 이른다는 사실을 깨달은 이후로 하루 뉴스 확인 시간을 15분으로 제한해놓았고 지금은 뉴스 중독에서 벗어난 상태입니다.

그런데 뉴스 중독에 걸린 사람이 저만은 아닌 듯합니다. 최근 외국 언론에서는 뉴스 중독에 대한 기사들이 종종 나오고 있습니다. 세계적으로 영향력 있는 주간지 《타임》에서도 건강 섹션에서 2020년 5월 뉴스 중독과 이로 인한 문제들에 대해서 다루었고,[3] 《텔레그래프The Telegraph》,[4] 《포춘Fortune》,[5] 《와이어드Wired》,[6] 《USA 투데이》,[7] 《패스트컴퍼니Fast Company》[8] 와 같은 다양한 주요 언론에서도 뉴스 중독 문제를 다루고 있습니다. '뉴스 중독'이라는 말을 언론사에서 얼마나 껄끄러워할지를 짐작해보면, 뉴스 중독에 관한 기사가 쏟아지는 현상은 그만큼 중독된 사람이 많다는 의미라고 볼 수 있습니다.

그렇다면 사람들은 왜 뉴스에 중독되는 걸까요? 가장 중요한 이유는 새로운 소식을 듣는 것 자체가 사람의 뇌에 보상으로 인식되기 때문입니다. 뇌가 음식이나 돈을 좋아하듯, 새로운 소식도 좋아하는 것이죠. 여기에 더해 부정성 편향Negativity Bias도 큰 역할을 합니다. 사람의 뇌는 긍정적 정보보다 부정적 정보에 강하게 반응합니다. 뇌가 부정적 정보를 사람의 생존에 중요한 정보라고 인식하는 것이죠. 그래서 뉴스 포털이나 소셜 네트워크 앱에서 보게 되는 부정적인 뉴스에 뇌는 본능적으로 관심을 갖습니다.

돈처럼 느껴지는 새로운 정보

버클리대학교^{UC Berkeley}의 경영대학에는 밍 슈 ^{Ming Hsu}라는 신경경제학자가 있습니다. 뉴로 이코노믹스^{neuroeconomics}라고 하는 신경경제학은 MRI를 사용해서 경제학 이론을 연구하는 새로운 분야입니다. 밍 슈 교수에 따르면 뇌의 보상회로는 새로운 소식도 보상으로 인식한다고 합니다. 사람의 뇌가 새로운 정보 자체를 보상으로 인식하기 때문에 그 정보가 사람들에게 유용하건 그렇지 않건 정보에 대한 욕구가 생기는 것이죠.

밍 슈 교수는 2019년 《미국국립과학원회보^{Proceedings of the National Academy of Sciences}》에 발표한 논문에서 이런 사실을 학계에서 최초로 제시했는데요, 그는 MRI 기계 안의 실험 참가자들에게 확률 게임을 제안합니다.[9] 확률 게임이란 게임의 상금이 확률적으로 주어지는 것을 말합니다. 그는 참가자들에게 게임 전에 상금을 획득할 확률이 정확히 얼마인지에 대한 정보를 구입할 수 있는 기회를 주고 이 정보를 얼마에 구입할 것인지를 물었습니다. 그리고 이 과정에서 발생하는 뇌 활동을 측정했습니다.

밍 슈 교수는 참가자들이 해당 확률 정보를 구입할 때 뇌의 보상회로가 강하게 자극된다는 사실을 발견합니다. 뇌의 보상회로는 음식이나 달콤한 초콜릿, 칭찬과 같은 보상에 반응하는 영역입니다. 그런데 정보 자체에도 반응한다는 사실을 확인한 것이죠. 더욱 중요한 발견은 정보가 가치 있을 때(즉 정보를 얻어서 받을 수 있는 상금이 큰 경우)뿐만 아니라 그렇지 않을 때(즉 상금이 아주 작은 경우)에도 뇌의 보상회로가 자극된다는 사실입니다. 쉽게 설명하자면, 사람의 뇌는 정보가 의사결정에 도움이 되기 때문에 정보를 원하는 것이 아니라, 도움이 되든 안 되든 정보를 얻는 것 자체에 대한 욕망을 갖습니다.

이 연구는 왜 사람들이 수시로 뉴스를 찾아보는지를 설명해줍니다. 사람들이 하루 동안 접하는 뉴스들 가운데 사람들의 삶에 직접적으로 도움이 되는 정보는 사실 많지 않습니다. 대부분의 뉴스는 자신의 삶과 직접 관련이 없는 자잘한 소식들입니다. 이런 소식들은 모르고 살아도 삶에 아무런 지장이 생기지 않습니다. 그런데도 사람의 뇌는 이런 소식들을 보상으로 인식합니다. 그래서 사람들이 지속해서 새로운 소식을 찾아 헤매게 합니다.

습관적으로 자주 뉴스를 확인하다 보면 가끔 아주 큰 즐거움을 주는 소식을 접하기도 합니다. 이런 소식은 불규칙적으로 제공되는 보상과 같습니다. 뉴스를 찾아볼 때마다 도파민이 분비되면서 점차 뉴스에 중독되는 것이죠. 지금 생각해보면 저도 뉴스에 중독되던 시점에 해외 토픽 섹션에서 가끔씩 세계 여러 나라 사람들에 관한 흥미로운 소식이 나올 때마다 재밌게 보았던 것 같습니다. 그러면서 저도 모르게 하루에도 수십 번씩 뉴스를 확인하게 되었죠. 도박, 게임, 쇼핑 등에 사람을 중독시키는 불규칙적 보상의 힘은 뉴스 중독에서도 여전히 그 힘을 발휘합니다.

부정성 편향의 함정

여러분이 일상적으로 보는 뉴스에는 긍정적 소식이 더 많을까요, 부정적 소식이 더 많을까요? 당연히 부정적 소식이 더 많습니다. 특히 코로나19 관련 기사 중 91%가 부정적 기사라는 연구 결과도 존재합니다.[10] 미디어에서 원래부터 부정적 기사를 더 많이 내보내던 것은 아닙니다. 한 데이터 연구자는 1945년부터 2005년까지 《뉴욕타임스》에 게재된 기사들의 정서적 톤을 분석했는데, 그에 따르면 1970년대 무렵부터 《뉴욕타임스》에 부정적 기사들이 증가했습니다.[11] 즉 시간이 지나면서 부정적 기사가 늘어난 것입니다. 언론은 왜 부정적 기사를 많이 내보내게 된 것일까요? 여기에는 부정성 편향이라는 심리 법칙이 숨겨져 있습니다.

사람은 본능적으로 긍정적 정보보다 부정적 정보에 관심을 가집니다. 부정적 자극을 보게 되면 심박수가 증가하고 생리적 긴장 상태가 유발되며,[12] 뇌의 대뇌피질에 강한 전기 반응이 나타납니다.[13] 이는 뇌가 사람의 모든 감각과 사고를 부정적 정보에 집중시킨다는 것을 의미합니다. 뇌가 이런 반응을 보이는 이유는 사람을 각종 위험에서 보호하기 위해서입니다. 부정적 정보에는 사람에게 위협이 될 내용이 담겨 있을 수 있기에, 뇌는 위험을 피하기 위해 부정적 정보에 집중하게 되죠. 그래서 사람들은 부정적 내용을 담고 있는 기사 제목을 보게 되면 자기도 모르게 기사를 클릭하고 집중해서 읽습니다.

그런데 문제는 일상에서 듣는 부정적 정보와 스마트폰에서 보는 부정적 정보는 성격이 전혀 다르다는 점입니다. 살아가면서 주변 사람들이 전해주는 부정적 소식들, 가령, 이웃 사람이 강도를 당하거나 아는 사람이 갑자기 죽었다는 소식은 자신에게도 위험이 될 수 있는 중요한 정보를 담고 있는 경우가 많습니다. 그래서 주변 환경에서 발생하는 부정적 정보에 관심을 갖는 것은 생존에 도움이 되는 일입니다.

반면 뉴스 포털사이트나 소셜 네트워크 앱에서 보는 부정적 소식들은 사실 내 삶과는 직접 관련이 없는 소식이 많습니다. 예컨대 미국의 어느 시골 마을에서 일어난 엽기적인 살인 사건에 관한 뉴스는 한국에서 살아가는 나의 생존과 아무런 상관이 없습니다. 하지만 뇌는 이런 차이를 구분하지 않습니다. 뇌는 모든 부정적 정보를 생존에 중요한 정보라고 판단해서 우리의 온 관심을 그것에만 집중시킵니다.

언론 기사들이 점점 더 부정적으로 변해온 이유는 이러한 부정성 편향을 이용하기 때문입니다. 언론으로서는 많은 구독자를 확보하고 광고 수입을 늘리기 위해서 부정적 내용의 기사를 늘리게 되는 것이죠. [자료4]에서 볼 수 있듯, 실제 신문 판매 부수를 분석한 연구 결과에 따르면, 신문의 헤드라인이 긍정적인 경우보다 부정적인 경우에 신문 판매 부수가 30%나 증가한다고 합니다.[14] 온라인 기사에 대한 클릭 비율을 분석한 연구에서는 헤드라인에 '절대' '나쁜' '최악'과 같은 부정적 단어가 포함됐을 때 기사에 대한 클릭 비율이 63%나 증가함을 확인하기도 했습니다.[15]

그런데 스마트폰에서 보게 되는 부정적 기사들은 과거 신문에서 보던 부정적 기사들과는 차원이 다릅니다. 과거 신문 기사들은 문자를 통해서만 기사를 전달했지만, 온라인 미디어들은 기사 내용을 동영상으로 생생하게 보여주기 때문입니다. 게다가 과거 텔레비전 뉴스와는 다르게 최근에 볼 수 있는 동영상 기사들은 사람들이 일상에서 쉽게 보지 못하는 충격적 장면을 담고 있는 경우가 많습니다. 과거에는 방송사에서만 동영상을 촬영했지만, 이제는 누구나 자신이 가지고 있는 스마트폰으로 언제 어디서든 촬영을 할 수가 있습니다. 그래서 방송사가 담아내지 못하는 사건의 발생 순간이나 피해 상황을 이제는 쉽게 볼 수 있게 되었습니다. 동영상 뉴스가 보여주는 생생한 정보들은 뇌에 강렬하게 각인됩니다. 마치 자기 자신에게 직접 일어나는 일처럼 느껴지기 때문에 뇌는 사람을 보호하기 위해서 강한 반응을 일으킵니다. 그래서 뉴스 기사를 보다가 온몸이 긴장되고 전율이 느껴지는 경험을 자주 합니다.

사람이 살아가는 데 자신의 삶에 위험을 끼칠 만한 중요한 정보

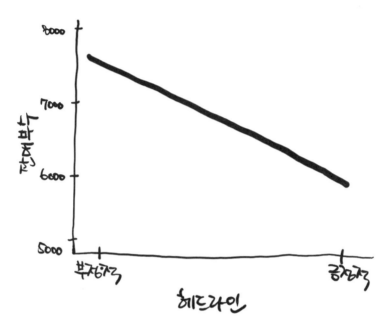

[자료4] 신문의 헤드라인이 부정적일수록 신문의 판매 부수는 증가한다.
출처: Soroka(2014). Negativity in Democratic Politics: Causes and Consequences.

의 양은 사실 그렇게 많지 않습니다. 하지만 스마트폰으로 뉴스를 확인할 때마다 사람의 뇌는 자신이 큰 위험에 빠졌다고 착각합니다. 그래서 우리는 수시로 새로운 뉴스를 확인하고, 뉴스에 담긴 정보를 수집하듯 읽어내립니다. 이것이 요즘 많은 사람이 뉴스 중독에 빠지는 이유입니다.

스마트폰에서 접하는 부정적 뉴스는 그 뉴스를 읽는 순간에만 우리에게 영향을 미치는 것이 아닙니다. 한번 부정적 기사를 읽고 나면 온종일 그 기사에 대한 생각이 자꾸 떠오르고 그래서 기분도 나빠집니다. 부정적 기사를 보고 나면 가슴속 근심이 더 깊어지기도 합니다. 한 연구에서는 오전 10시에 3분짜리 긍정적 또는 부정적 뉴스를 보여준 후, 6시간 후에 행복도를 측정했는데, 부정적 뉴스를 본 참가자들이 자신의 하루가 행복하지 못하다고 응답하는 비율이 긍정적 뉴스를 본 참가자들에 비해 27%나 높았다고 합니다.[16] 한번 부정적 뉴스를 보고 나면 온종일 기분이 우울해지고 행복감이 낮아지는 것입니다.

스마트폰에서 보는 기사들은 점점 더 부정적이고 자극적인 내용으로 채워집니다. 이 역시 중독경제 시대의 중요한 특징입니다. 뉴스 기사들을 한곳에 모아서 보여주는 거대 플랫폼이 등장하면서 신문을 구독하거나 개별 미디어의 웹사이트를 방문해서 기사를 보는 사람들은 크게 줄어들었습니다. 사업 운영을 위해서 광고 수입이 필요한 미디어 회사 입장에서는 사람들의 주목도가 높은 기사를 내보낼 수밖에 없습니다. 그래서 부정적 내용의 기사가 늘어날 수밖에 없고, 기사 제목에도 자극적인 단어가 많이 사용됩니다. '단독'이나 '특종'처럼 사람들의 주의를 끄는 단어도 많이 사용될 수밖에 없습니다. 거대 플랫폼 안에서 살아남으려는 미디어들 사이의 생존 경쟁이 치열해질수록 기사의 자극성은 더 심화될 것이고 이에 따라서 뉴스에 중독되는 사람도 늘어날 수밖에 없습니다. 중독경제가 뉴스 기사의 부정성과 자극성을 심화시키는 것입니다.

8
게임 비즈니스
: 생일 선물로
가상화폐를 원하는 아이들

생일 선물이 된 로벅스

저는 초등학생인 제 아이에게 두 가지 게임만을 허락하고 있습니다. 하나는 마인크래프트^{Minecraft}입니다. 마인크래프트의 다양한 게임 모드 중에는 서바이벌 모드와 크리에이티브 모드가 있는데, 서바이벌 모드에서는 말 그대로 끝까지 생존해서 최종 보스인 엔더 드래곤$^{Ender Dragon}$과 싸워 이기는 것이 플레이어의 목표가 됩니다. 반면 크리에이티브 모드에서는 모든 아이템을 이용해서 집을 비롯한 다양한 건축물을 자신이 원하는 대로 만드는 일을 합니다. 이 과정에서 아이들은 사물과 공간의 구조, 디자인, 코딩 등을 자연스럽게 배웁니다. 미국 초등학교에서는 방과 후 수업으로 마인크래프트를 가르칠 정도로 교육 효과를 인정받는 게임입니다. 게임 중간에 추가로 구매해야 하는 아이템도 전혀 없습니다. 부모 입장에서는 가장 안심이 되는 게임이죠. 그래서 저는 주말마다 제 아이와 마인크래프트를 몇 시간씩 하기도 했습니다.

다른 하나는 로블록스라는 게임입니다. 로블록스는 하나의 독립된 게임이 아니라 많은 사람이 자신이 만든 게임을 올리는 플랫폼입니다. 현재 열풍인 메타버스 산업의 대표 주자로 여겨지고 있죠. 로블록스는 플랫폼을 제공하는 대신에 게임 아바타의 표정이나 옷을 판매해서 수익을 창출합니다. 게임을 만드는 사람들은 게임에 필요한 아이템이나 특정 공간에 대한 접근성을 유료화해서 돈을 법니다. 거래는 로벅스Robux라는 로블록스 화폐를 통해 이뤄집니다. 그런데 게임에 유료 아이템이 있다면 중독 가능성이 높다고 봐도 과언이 아닙니다. 게임 개발사 입장에서는 유료 아이템을 통해 돈을 벌어야 하기 때문에 중독성이 강한 게임을 만들 수밖에 없기 때문이죠.

처음에 저는 아이가 로블록스 게임을 하지 못하게 했습니다. 일단 한번 게임을 하게 되면 유료 아이템 구입과 게임 중독으로 이어지는 악순환이 시작될지 모른다는 우려 때문이었습니다. 하지만 제가 해외 출장으로 아이와 떨어져서 지내야 했던 몇 개월간, 아이와 놀기 위해서 로블록스 게임을 허락했습니다. 단, 유료 아이템을 절대 구입하지 않는 조건이었습니다. 아이와 저는 실제로는 만나지 못했지만 로블록스가 만든 가상 공간에서 매일 만났습니다. 어떤 게임에서는 함께 춤을 추기도 했고, 어떤 게임에서는 함께 모험을 떠나기도 했습니다. 가상 공간에서 함께 어울려 놀다 보니 아이는 곁에 아빠가 없다는 사실에 별다른 불편을 느끼지 못했습니다. 저도 아이에 대한 그리움과 미안함을 어느 정도 해소할 수 있었습니다. 가상 공간이 현실 세계의 모자람을 채워줬던 것입니다. 여기까지는 게임 덕분에 행복했던 스토리입니다.

어느덧 시간이 흘러, 저와 아이는 현실 세계에서 다시 함께 지내게 되었습니다. 그 뒤로 저는 로블록스를 하고 싶은 생각이 사라졌습니다. 하지만 아이는 여전히 로블록스의 가상 공간에서 친구들을 만나 몇 시간씩 게임을 했습니다. 그리고 아이가 로블록스를 시작한 지 1년쯤 지났을 때, 이렇게 말하더군요.

"아빠, 이번 생일에 생일 선물로 4000로벅스만 사주면 안 돼?"

예전 같았으면 생일선물로 장난감을 원했을 아이들이 이제는 게임에서 사용할 수 있는 가상화폐를 생일 선물로 받기를 원하는 시대가 되었습니다.

미국 대형 마트에서 판매되는 로벅스 상품권.
백화점 상품권이나 스타벅스 상품권처럼 게임 머니 상품권이
이제 대형 마트에서 판매되고 있다.

달라진 게임들

아이들이 게임을 하는 것 자체가 문제는 아닙니다. 저도 어린 시절 게임을 좋아했습니다. 학교가 끝나면 집에 가는 길에 친구들과 늘 오락실에 들렀습니다. '갤러거' '너구리' '제비우스' '보글보글' '원더보이'는 제 어린 시절을 함께한 게임들입니다. 가정용 비디오 게임기를 가지고도 많은 시간을 보냈습니다. 초등학교 시절에는 카트리지를 꽂는 개인용 컴퓨터인 MSX와 가정용 게임 콘솔인 '재믹스'로 많은 게임을 했습니다. 제 자신이 어린 시절부터 게임을 좋아했기에 아이들이 게임을 하는 것 자체는 전혀 부정석으로 보고 있지 않으며 아이가 게임을 하는 것을 막지도 않습니다. 하지만 아이가 어떤 게임을 하는지에 대해서는 무척 까다로운 편입니다. 디지털 시대의 게임들은 세련되고 발전된 기술로 무장해 중독성이 너무 강하기 때문입니다.

우선 모바일 게임에는 시간적·공간적 제약이 존재하지 않습니다. 오락실 게임의 경우 오락실에 가야만 게임을 할 수 있고, 콘솔(컴퓨터를 제어하기 위해 모니터와 키보드 등이 조합된 장치) 게임의 경우에도 게임 콘솔이 있어야만 할 수 있습니다. 초등학교 시절 저는 매일 오락실에 들렀지만, 오락실은 학교에서 집에 오는 길에 있었기 때문에 오락실에서 머무르는 시간은 30분, 길어도 1시간 정도였습니다. 게임을 하기 위해서는 오락실이라는 물리적 공간을 직접 방문해야 했기 때문에, 오락실이 게임 중독을 막는 제동 장치 역할을 했던 것이죠. 게다가 오락실에서는 게임을 한 번 할 때마다 동전을 꺼내 기계에 집어넣는 등 직접 돈을 지불하는 행위가 뒤따릅니다. 이런 과정은 사람들에게 심리적 고통을 주기 때문에 게임 활동을 억제시키는 효과가 있습니다.

그 후 간식과 식사를 제공해주는 장기체류형 시간제 오락실인 'PC방'이 등장하면서 이런 제약이 대부분 사라집니다. 동시에 게임 중독 문제가 중요한 사회 문제로 인식되었죠. 하지만 PC방도 사람들이 직접 그곳을 방문해서 머물러야 한다는 제약이 분명 존재하기 때문에 사람들에게 게임에 대한 노출과 중독을 억제시키는 효과가 있습니다. 하지만 모바일 게임 시대가 시작되면서 사실상 모든 제약이 사라졌습니다. 언제 어디서든 게임을 할 수가 있기 때문에 게임에 대한 노출과 중독을 막을 수 있는 제동 장치가 완전히 사라진 것입니다. 예전과 비교할 수 없을 정도로 많은 사람이 쉽게 게임에 중독되는 이유입니다.

디지털 게임이 강한 중독성을 가지는 더 큰 이유는 게임 세계 안에 끝이 존재하지 않는다는 점입니다. 과거에 개발된 게임들은 하나의 게임이 담아낼 수 있는 데이터의 한계 때문에 끝이 존재할 수밖에 없습니다. 게임을 적당히 어렵게 만들어서 각 스테이지를 정복하는 데 충분한 시간과 노력을 들이게 하지만, 결국에는 끝에 도달합니다. 그리고 일단 끝에 도달한 후에는 사람들이 게임에 흥미를 잃어버립니다. 제가 즐겨 하던 콘솔 게임의 경우 아무리 게임이 재미있어도 1주에서 2주 정도 플레이를 하면 게임의 결말을 볼 수 있었고, 그 후에는 같은 게임을 다시 하지 않았습니다. 1, 2주 동안은 게임에 중독되지만, 한번 엔딩을 보고 난 후에는 중독에서 완전히 해방되는 것이죠. 하지만 지금 개발되는 게임에는 끝이 없습니다. 게임을 할 때마다 새로운 스토리와 새로운 배경이 만들어지고 새로운 사람들을 만납니다. 게임의 구조와 아이템도 지속해서 업데이트됩니다. 사실상 영원히 즐길 수 있는 게임이 계속 개발되고 있는 것입니다.

게임의 수익 구조가 달라졌다는 점도 중요합니다. 예전에는 게임이 하나의 완결된 상품이었습니다. 전자제품처럼 소비자에게 '게임'이라는 상품을 판매하고, 일단 판매된 상품에 대해서는 사람들이 아무리 오랜 시간을 사용하건, 중고로 재판매를 하건 상관없이 게임 회사는 추가적인 수익을 얻을 수가 없었습니다. 게임에 엔딩이 존재할 수밖에 없는 이유도 이런 수익 구조와 관련됩니다. 게임의 끝에 도달해서 그 게임에 대한 흥미를 잃어야 새로운 게임을 구입하게 되니까요.

하지만 디지털 게임에서는 수익 구조가 다양합니다. 게임을 판매해서 판매 수익을 얻는 동시에, 사용자들에게 다양한 아이템이나 접근 권한 등을 판매해서 추가 수익을 얻을 수 있습니다. 더 많은 사람이 쉽게 게임을 접하도록 아예 무료로 제공되는 게임들도 많습니다. 사람들의 게임 사용 시간과 몰입도가 증가할수록 게임에 추가적으로 지출하는 금액도 많아지기 때문에, 디지털 게임에서는 사람들을 게임에 중독시키는 것이 가장 핵심적인 비즈니스 모델이 될 수밖에 없습니다.

슬롯머신을 닮아가는 게임들

요즘 나오는 많은 게임은 카지노의 슬롯머신과 상당히 흡사합니다. 미국 라스베이거스의 카지노 호텔에 가면 1층이 슬롯머신으로 가득 들어차 있습니다. '카지노' 하면 '포커' '블랙잭' '바카라'와 같은 카드 게임을 떠올립니다. 드라마 〈올인〉에서 배우 이병헌이 마지막에 '올인'이라고 외치며 자신이 가진 모든 칩을 판돈으로 거는 장면도 생각이 납니다. 하지만 카지노의 캐시카우는 슬롯머신입니다. 카지노 수입의 70~80%가 슬롯머신에서 나올 정도로 슬롯머신은 카지노에 많은 돈을 벌어다줍니다. 실제로 라스베이거스 카지노 호텔에서는 온종일 슬롯머신 앞에 앉아 있는 사람들을 많이 볼 수 있습니다.

슬롯머신의 화면에서는 그림이 그려진 원통이 빠르게 회전을 하다가 멈춥니다. 화면에 보이는 페이 라인^{pay line}(상금선)에 같은 그림들이 걸치게 되면 상금을 받게 되는 간단한 게임입니다. 요즘 나오는 비디오 게임들과 비교하면 게임 규칙도 너무 단순하고 화면도 조악해서 왜 사람들이 온종일 이런 재미없는 게임을 하고 있는지 의문이 생기기도 합니다. 하지만 슬롯머신 안에는 사람들을 게임에 중독시키는 다양한 요소들이 숨겨져 있습니다. 한번 빠지면 헤어나기 어려운 중독 기계가 바로 슬롯머신입니다.

슬롯머신이 중독성을 가지는 이유는 불규칙적 보상에 있습니다. 앞서 설명한 것처럼 사람의 뇌는 불규칙적 보상에 큰 쾌감을 느낍니다. 슬롯머신에 돈을 넣고 버튼을 누르면 사람들은 가끔씩 상금을 얻습니다. 그런데 자신이 언제 상금을 받을지는 알 수 없습니다. 보상이 불규칙적으로 제공되는 것이죠. 그러면 뇌의 보상회로는 슬롯머신 버튼을 계속 누르도록 명령합니다. 슬롯머신의 불규칙적 보상이 슬롯머신에 대한 중독을 불러오는 것입니다.

슬롯머신이 사람들을 중독시키는 또 하나의 중요한 장치는 '보상을 각인시키는 신호'입니다. 슬롯머신에서 페이 라인에 같은 그림이 걸치면 슬롯머신은 "딩동, 딩동, 딩동" 하는 경쾌한 소리를 냅니다. 이 소리는 사람의 귀에 가장 즐겁게 느껴지는 C 코드 음으로 되어 있습니다. 상금이 작건 크건 상관없이 슬롯머신은 같은 소리를 들려줍니다. 상금을 받을 때마다 이같이 경쾌한 소리를 듣게 되면 사람의 뇌는 자신이 보상을 받았다는 사실을 강하게 인식합니다. 그래서 상금이 작아도 사람을 기분 좋게 하고, 계속 보상을 받고 싶다는 강한 욕구를 만들어냅니다.

물론 소리만 이런 역할을 하는 것이 아닙니다. 강렬한 시각 자극 역시 보상에 대한 욕구를 강화합니다. 캐나다의 신경과학자들은 쥐들을 위한 슬롯머신 장치를 만들고, 작은 상금(쥐들에게는 돈이 아니라 설탕)이 걸린 게임에서 상금을 받을 때 강렬한 불빛이 반짝거리도록 했습니다.[1] 이렇게 했더니 쥐들이 큰 상금이 걸린 게임이 아니라 불빛과 함께 제공되는 작은 상금을 더 원하는 모습이 관찰되었습니다. 보상을 각인시키는 불빛이 보상에 대한 욕구를 강화시킨다는 것이 실험을 통해 확인된 것이죠. 슬롯머신에서 상금을 받을 때는 경쾌한 소리와 함께 화려한 불빛이 번쩍거립니다. 그러면 사람의 뇌는 자신이 보상을 받았다는 사실을 강하게 인식하게 되고 계속해서 보상을 받고 싶다는 욕구를 갖습니다. 사람의 오감을 자극하는 감각 신호들이 슬롯머신에 대한 중독성을 높여주는 것이죠.

'불규칙적 보상'과 '보상을 각인시키는 감각 신호', 이 두 가지 요소가 슬롯머신이 많은 사람을 중독에 빠지게 만드는 숨겨진 장치들입니다. 그런데 모바일 게임이나 PC 게임을 즐겨 하는 사람이라면 이 두 가지 요소가 전혀 낯설지 않을 것입니다. 요즘 나오는 대부분의 게임에 핵심적으로 사용되고 있으니까요. 모바일 게임이나 PC 게임에서는 게임 도중에 보상을 얻을 때가 많습니다. 적을 물리치거나 어떤 장소에 도착하면 아이템을 얻습니다. 일정 시간마다 공짜 아이템이 제공되기도 합니다.

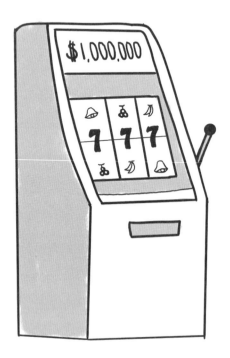

슬롯머신에서 상금을 받을 때는 "딩동, 딩동, 딩동"하는
듣기 좋은 소리와 화려한 불빛이 함께 나타난다.
이런 감각적 신호들이 사람의 뇌에 보상을 받았다는 사실을
강하게 각인시킨다.

그런데 예전의 게임들과 중요한 차이가 있습니다. 자신이 어떤 아이템을 얻게 될지 모른다는 점입니다. 어떤 때는 아주 귀한 아이템이 선물로 주어지고, 어떤 때는 이미 가지고 있거나 가치가 낮은 아이템이 선물로 주어집니다. 심지어 자신이 돈을 주고 구매한 아이템일지라도 어떤 아이템을 받게 될지 모르는 경우도 있습니다. 이것이 최근 문제가 되고 있는 '확률형 아이템'입니다. 이런 불규칙적 보상 때문에 사람들은 보상회로를 강하게 자극받고 지속해서 게임을 하죠.

여기에 더해 사람들이 게임 중 아이템을 받을 때 뇌에 보상을 강하게 각인시키는 감각 신호들이 사용됩니다. 아이템이 공개될 때 사람의 귀를 즐겁게 하는 소리가 나오고 눈을 자극하는 화려한 그래픽이 사용됩니다. 이 감각 신호들은 사람의 뇌에 쾌감을 주고 '자신이 선물을 받았다는 것'을 눈과 귀를 통해 분명하게 인식시킵니다. 그리고 계속해서 이 보상을 받고 싶다는 욕구를 갖게 합니다. 즐거운 소리와 화려한 그래픽이 우리 뇌를 게임 속 보상에 중독되게 하죠.

일그러진 사회의 축소판이 되어가는 게임들

전 세계적으로 가장 인기 있는 게임 가운데 리그 오브 레전드라는 게임이 있습니다. 일명 '롤LoL(League of Legend의 줄임말)'이라고 불리는 게임입니다. 2021년 3월 기준으로 월 사용자 수가 1억 1500만 명이라고 합니다.[2] 다중플레이어 온라인 전투장Multiplayer online battle arena, 즉 MOBA라는 장르(한국에서는 AOS라는 용어가 더 많이 사용됩니다)에 속하는 게임으로 5명이 한 팀을 이루어 5:5 전쟁을 하는 게임입니다. 지금 전 세계적으로 가장 인기 있는 게임 가운데 하나지만 부모 입장에서 제가 가장 두려워하는 게임이기도 합니다. 그 이유는 이런 게임들이 사람이 가진 사회적 욕구를 강하게 자극하기 때문입니다.

최근에 등장하는 많은 게임은 가상 세계 속에서 다양한 사회 활동을 펼치게 하여 사용자의 사회성에 영향을 미치는 특성이 있습니다. 게임 안에서 다양한 사람을 만날 수 있고, 이들과 함께 게임을 할 수 있습니다. 이런 점이 언뜻 좋은 것처럼 들리지만, 여기에는 인간의 본성을 고려할 때 위험한 점도 존재합니다. 사람은 다른 사람들과 섞여 있을 때 자신이 이들보다 높은 지위를 가진 존재라고 느끼고 싶어 합니다. 이를 지위에 대한 욕구need for status라고 부릅니다. 또한 다른 사람들에게 인정받고 사랑받기를 원합니다. 이를 소속에 대한 욕구need to belong라고 합니다. 다양한 심리학 연구가 이 두 가지 욕구를 인간이 가진 가장 근원적 욕구라고 보고 있습니다. 모든 사람이 가지고 있으며, 제대로 충족이 되지 않으면 정신적·신체적 고통이 발생합니다.

사회성과 연관이 있는 게임을 하면, 사람들은 그 안에서 지위에 대한 욕구와 소속에 대한 욕구를 만족시키고 싶어집니다. 지위에 대한 욕구는 게임에서 부여하는 레벨이나 계급에 의해 만족시킬 수 있습니다. 게임 속에서 자신의 지위를 올리기 위해서는 게임을 하는 데 많은 시간을 할애해 갖가지 활동을 수행해야 합니다. 그래서 아무리 단순한 게임이더라도 게임 시간과 활동에 따라 계급이 올라가는 구조를 만들면 사람들은 그 게임에 중독됩니다. 가령, 로블록스 인기 게임 중에는 주스를 많이 마시거나 아령을 많이 들었다 놓으면 계급이 올라가는 게임이 있습니다. 플레이어가 하는 일은 오로지 버튼을 최대한 많이 누르는 것뿐입니다. 버튼을 많이 누를수록 계급이 올라갑니다.

이런 단순한 게임이 예전에 오락실에 나왔다면 사람들에게 외면받았을 것입니다. 하지만 지금은 그렇지 않습니다. 게임 속 다른 사람들의 존재가 우리 내면의 지위에 대한 욕구를 자극하기 때문입니다. 사람들은 자신보다 계급이 낮은 사람들을 보면 자신에 대한 만족감이 높아집니다. 이 만족감을 얻기 위해서 사람들은 몇 시간씩 버튼을 누릅니다.

전투형 게임에서는 전투에서 많은 승리를 거둬야 자신의 계급이 올라갑니다. 그래서 지위에 대한 욕구를 만족시키기 위해서는 많은 전투를 해야 하고, 전투에서 승리하기 위해 온갖 수단을 써야 합니다. 만약 계급을 쉽게 올릴 수 있는 방법을 돈을 받고 판매하면, 지위에 대한 욕구를 만족시키고 싶어 하는 사람들은 자신의 지위를 빨리 높이기 위해서 쉽게 큰돈을 씁니다.

소속에 대한 욕구는 다른 사람들에게 받아들여지고 사랑받고 싶어 하는 욕구를 말합니다. 게임 속에서 소속에 대한 욕구를 만족시키는 방법은 자신의 외모를 멋지게 바꾸는 것입니다. 사회에서 멋진 옷을 입거나 비싼 자동차를 타는 사람들이 다른 사람들의 관심과 부러움을 받듯이 게임 속에서도 멋지거나 희귀한 옷과 아이템을 가진 사람들은 다른 사람들의 관심과 부러움의 대상이 됩니다. 이런 옷과 아이템을 가진 사람은 자신이 다른 사람들에게 사랑받는 존재라고 느낍니다. 자신에게 필요하지 않은 아이템을 다른 사람들에게 공짜로 나눠주는 '기부 행동'을 하게 되면 그 사람의 인기는 폭발적으로 증가합니다.

사람들이 가진 사회적 욕구를 자극하는 게임을 만드는 규칙은 사실 아주 간단합니다. 게임 속에 사람들 간의 계급을 만들고, 서로 대화가 가능하게 합니다. 그리고 계급과 외모를 바꿀 수 있는 아주 쉬운 방법을 제공합니다. 이는 시간 투자(가령, 같은 버튼을 반복적으로 누르는 행동)일 수도 있고, 유료 아이템 구매일 수도 있습니다. 핵심은 남녀노소 누구나 쉽게 이용할 수 있는 방법이어야 한다는 점입니다. 그러면 사람들은 스스로 알아서 게임 속에서 긴 시간을 보내고, 갖가지 유료 아이템을 구입합니다.

그런데 게임을 통해 지위에 대한 욕구와 소속에 대한 욕구를 만족시키는 것이 나쁜 일이라고 볼 수는 없습니다. 실제 삶에서는 높은 지위를 얻는 것도, 다른 사람에게 받아들여지는 것도 어려운 일입니다. 지나치지만 않는다면 게임을 통해서라도 이런 욕구를 만족시키는 것에는 분명 긍정적인 효과가 있습니다.

하지만 리그 오브 레전드와 같은 MOBA형 게임에서 보이는 사회성은 완전히 차원이 다른 이야기입니다. 이런 게임들에서는 게임 속에서 단순히 다른 사람들의 존재를 보는 것을 넘어서, 자신과 팀을 이룬 사람들과 직접적으로 의사소통을 합니다. 자신이 전투를 잘했을 때는 이들에게 인정과 칭찬을 받지만, 전투를 잘하지 못했을 때는 많은 비난을 받고, 심지어 욕설을 듣는 일도 흔합니다.

그런데 사람의 뇌는 자신에게 일어나는 상황이 현실에서의 상황인지, 게임에서의 상황인지 구분하지 못합니다. 그래서 게임 속에서 팀원들에게 칭찬받으면, 현실 세계에서 다른 사람들에게 칭찬받는 것처럼 희열을 느끼고, 게임 속에서 팀원들에게 비난을 받으면, 현실 속에서 친구들이나 직장 동료들에게 비난을 받을 때 큰 괴로움을 느끼는 것처럼 뇌는 커다란 절망과 괴로움을 느낍니다. 자존감이 무너지면 자신의 지위와 명성을 회복하기 위해서 모든 노력을 다하게 합니다. 한마디로 뇌에 '빨간불'이 들어오게 되는 것이죠.

현실에서는 다른 사람들에게 직접 칭찬을 받는 일이 잘 생기지 않습니다. 다른 사람들에게 큰 비난을 받거나 욕설을 듣게 되는 일도 자주 일어나지 않습니다. 하지만 게임에서는 이 두 가지 모두 매우 빈번하게 일어납니다. 그리고 뇌는 이것이 현실인지 게임인지 전혀 구분하지 못합니다. 이런 상황을 만든 후에, 더 많은 칭찬을 받을 수 있거나 비난을 피할 수 있는 손쉬운 도구를 제공해준다면 어떤 일이 생기게 될까요? 당연히 사람의 뇌는 이 도구 자체에 대한 강하고 지속적인 욕구를 불러일으킵니다. 게임에 중독시키고, 게임에 많은 돈을 쓰도록 만드는 것이죠. 물론 성인이 된 사람이 스스로 선택해 이런 게임을 즐기는 것은 아무런 상관이 없습니다. 하지만 아직 자기조절력이 없는 어린이나 청소년이 어린 나이에 이런 상황에 노출되는 것은 우려스러운 일입니다.

앞서 말했듯, 제 아이가 생일 선물로 로벅스를 원했지만, 결국 저는 아이에게 로벅스를 사주지 않았습니다. 단지 돈 때문만은 아닙니다. 아이가 원한 4000로벅스는 6만 원 정도이고, 아이의 생일 선물로 6만 원 정도를 지출할 수는 있습니다. 로벅스를 사주지 않은 이유는 아이가 이 게임 화폐를 다른 사람들의 관심과 칭찬을 받는 데 사용하고 싶어 했기 때문입니다. 로블록스의 게임은 무료이기 때문에 게임을 하는 데 추가적인 돈이 필요하지 않습니다.

하지만 아이는 로벅스로 자신의 아바타를 멋지게 꾸며서 친구들에게 자랑하고 그들의 관심을 받고 싶었던 것이죠. 자신의 노력을 통해서 얻어야 할 것들을 쉽게 돈으로 사려고 했던 것입니다. 물론 이미 인간은 돈을 써서 다른 사람들의 관심을 얻고 자신의 지위를 자랑하며 살아가는 데 익숙합니다. 성인의 경우에는 이렇게 사는 것이 개인의 삶의 방식이며 자신의 선택이라고 볼 수 있습니다. 하지만 아직 자신을 보호할 능력을 갖추지 못한 아이들이 게임을 하는 과정에서 다른 사람들의 관심과 칭찬을 돈으로 살 수 있다는 것을 자연스럽게 학습하는 점은 걱정스럽습니다.

중독경제 시대의 거대한 축

모바일 게임, PC 게임, 콘솔 게임, 휴대용 게임기 게임, 아케이드 게임 등을 합쳐서 비디오 게임이라고 부릅니다. 지난 10년간 비디오 게임 산업은 폭발적인 성장세를 기록하고 있습니다. 비디오 게임 산업의 매출은 2021년 기준 2000억 달러(약 240조 원) 규모로 영화 산업과 스포츠 산업 모두를 합친 것보다 크다고 합니다.[3] 다양한 비디오 게임들 가운데서도 특히 모바일 게임의 성장세가 빠릅니다. 모바일 게임의 매출은 이미 비디오 게임 산업 매출의 50%를 차지하고 있으며 계속 늘어나는 추세입니다.[4]

게임 산업을 이야기할 때 한국을 빼고 이야기할 수는 없습니다.

한국은 e스포츠의 성지라고 불릴 정도로 온라인 게임의 발전과 게임 스포츠 문화의 정착을 이끌어온 나라입니다. 제 수업을 들었던 외국 교환 학생들 가운데 유럽에서 온 학생들은 모두 게임 때문에 한국에 왔다고 말할 정도입니다. 한국의 게임 산업은 경상수지에도 크게 기여하고 있습니다. 2019년 기준으로 한국 무역수지 흑자의 16%를 차지할 정도로 게임 산업은 한국의 효자 산업입니다.[5] 취업 유발 효과도 26만 명에 이른다고 합니다.[6] 최근에 알게 된 이웃이나 아이 친구들의 부모 가운데 게임 산업에서 일하는 사람들이 많다는 사실에서 한국의 게임 산업이 얼마나 크고 중요한지를 실감하고 있습니다.

게임 산업에 종사하는 사람들은 제가 게임의 중독성을 말하는 것이 불편하게 느껴질 수도 있습니다. 다만 앞서 이야기한 것처럼 저는 제 자신이 게임을 좋아하고, 지금도 제 아이와 오랜 시간 함께 게임을 합니다. 한참 화제에 오른 영화나 드라마를 찾아보듯이, 최근 인기가 많은 게임도 손수 해보고 있습니다. 게임은 인간에게 반드시 필요한 유희 가운데 하나이며, 게이미피케이션gamification(게임의 요소를 교육이나 업무 등에 활용하는 것)이 중요한 기능을 한다는 점을 잘 알고 있기 때문입니다.

하지만 분명한 것은 중독경제의 시대의 구조적 특성상 시간이 지날수록 게임의 중독성과 사회성이 강해질 수밖에 없다는 점입니다. 그리고 많은 아이들이 게임 속 규칙을 통해서 세상을 사는 방법에 대해서 배우게 될 것입니다.

그 결과 공부나 일, 관계 맺기 등 어떤 행위의 본래적 의미를 이해하거나 거기서 오는 다양한 감정을 직접 겪는 대신, 게임이 주는 단순한 성취감 때문에 그 행위를 하거나 그 행위의 의미를 그저 게임의 보상 정도로만 받아들이게 될 수 있습니다. 물론 이것마저 개인의 선택이라고 말할 수는 있지만, 저는 제 아이가 게임으로 세상을 배우게 하고 싶지는 않습니다. 게임은 훌륭한 유희 수단이지만 현실 세계 자체를 대체할 수는 없으니까요.

3 부

중독경제의 시대,
휩쓸리지 말고 파도를 타라

—

빅테크 기업을 이기는
비즈니스 전략

중독경제에서 '독점적' 위치를 차지하는 소수의 빅테크 기업은 다른 어떤 사업자보다도 많은 고객 데이터를 수집하고, 무수한 실험을 진행하면서 알고리즘을 더욱 정교화해나갑니다. 오늘날 빅테크 기업의 시장 지배력이 이토록 커지고 거기에 중독되는 사람이 많아진 것은 아마 당연한 결과겠죠.

여기서 또 한 가지 중요한 시사점은 바로 빅테크 기업의 본질이 '시장 정복'에 있다는 사실입니다. 이들과의 경쟁에서 기존 사업자나 스타트업이 살아남기란 결코 쉽지 않습니다. 그래서 전략이 필요합니다. 우리가 이미 알고 있는 사업 전략은 더 이상 유효하지 않을 수 있습니다. 빅테크 기업이 하지 못하거나 놓치고 있는 부분에서 자신만의 차별화된 강점을 찾아 새로운 생존 전략을 세워야 합니다.

3부에서 제시하는 전략은 크게 두 방향입니다. 하나는 빅테크 기업과 경쟁할 수 있는 자신만의 중독경제를 만드는 것입니다(마이크로 어딕션 전략). 다른 하나는 사람들을 디지털 중독에서 벗어나게 해줌으로써 자신만의 사업 영역을 만들어내는 것입니다(어딕션 프리 전략). 그런데 이들 전략을 실행하기 위해서는 먼저 빅테크 기업이 어떻게 성공적으로 디지털 중독을 디자인하고 데이터를 활용하는지를 파악해야 합니다. 지금부터는 중독 디자인의 법칙과 데이터 전략에 이어서 중독경제 시대에 빅테크 기업과 맞서는 6가지 비즈니스 전략을 살펴보겠습니다.

9
빅테크 기업에서 찾은
중독 디자인의 법칙

중독 디자인의 4가지 법칙

디지털 기기의 일상화는 오늘날 기업이 돈을 벌 수 있는 새로운 방법을 제공합니다. 그리고 그 핵심에는 중독이 있습니다. 특히 빅테크 기업은 소셜미디어, 콘텐츠, 쇼핑, 뉴스, 게임에 사람들을 중독시켜 큰 이익을 냅니다. 이들이 바로 중독경제의 핵심 비즈니스 모델이죠. 이번에는 빅테크 기업의 성공 공식을 알고 거기서 비즈니스 전략을 얻기 위해 빅테크 기업이 중독을 디자인하는 법칙을 설명하고자 합니다.

앞서 설명한 것처럼 이 책에서 말하는 '중독'은 정신의학에서 진단명으로 사용하는 정신질환을 의미하지는 않습니다. 보다 넓은 의미로 어떤 대상에 대한 '지속적 욕구'를 갖는 상태를 중독이라고 지칭합니다. 중독경제 시대의 테크 기업은 사람들이 자신의 앱이나 상품에 대한 지속적 욕구를 갖도록 치밀한 전략을 세웁니다. 이 작업에 성공한 기업은 큰 이익을 내고, 그렇지 못한 기업은 시장에서 밀려납니다.

스마트폰 앱에 대한 욕구를 지속시키려면 우선 사람들의 호기심을 유발하고 작은 즐거움을 먼저 맛보게 해줘야 합니다. 이를 시핑sipping이라고 부릅니다. 하지만 코카인 같은 마약과는 다르게 작은 즐거움을 맛본다고 해서 곧바로 지속적이고 강한 욕구가 발생하지는 않습니다. 그래서 다음 단계가 중요합니다. 뇌가 가진 생존 본능을 일깨워서 대상에 대해 강한 욕구를 갖게 해줘야 합니다. 이를 후킹hooking이라고 부릅니다. 일단 사람들이 욕구를 갖게 되면, 이들에게 자신의 욕구를 만족시킬 수 있는 수단을 제공해줘야 합니다. 그러면 사람들은 현실에서 벗어나 디지털 세계에 빠져듭니다. 이를 소킹soaking이라고 합니다. 그리고 마지막 단계는 현실로 빠져나온 사람들을 다시 디지털 세계로 불러오는 것입니다. 이것을 인터셉팅intercepting이라고 합니다. 즉 중독 디자인은 '시핑-후킹-소킹-인터셉팅'의 네 단계로 이루어집니다. 지금부터 이들을 차례대로 살펴보겠습니다.

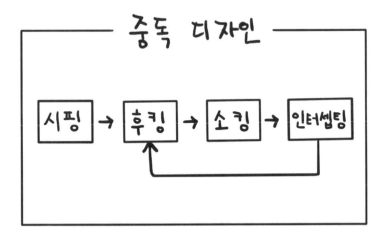

테크 기업의 중독 디자인은 작은 즐거움을 맛보는 시핑, 강한 욕구를 갖게 하는 후킹, 욕구를
만족시킬 수단을 제공해주는 소킹, 현실로 빠져나온 사람들을 다시 디지털 세계로 불러오는
인터셉팅의 네 단계로 이루어진다.

시핑

———

Sip /sɪp / : 음료를 입술로 아주 조금씩 마시다

'시핑(맛보기)'이란 음료를 조금 맛보는 행동을 말합니다. 사람들은 처음 마셔보는 음료나 음식을 먹기 전에 살짝 맛을 봅니다. 일단 조금 맛을 본 후에 마음에 들면 본격적으로 먹거나 마시기 시작하고, 마음에 들지 않거나 상태가 좋지 않으면 더 이상 먹지 않죠. 즉 시핑이란 사람들에게 다음 단계로 가기 위한 테스트 단계와도 같습니다. 테크 기업이 제공하는 디지털 서비스에도 시핑이 필요합니다. 사람들 마음속에 지속적 욕구를 불러일으키기 위해서는 그 전에 자신의 서비스를 조금 맛볼 기회를 제공해줘야 합니다.

시핑 단계에서 중요한 목표는 시도율을 높이는 것, 즉 보다 많은 사람이 시핑을 해보도록 만드는 것이죠. 어떻게 해야 더 많은 사람이 시핑을 하도록 유도할 수 있을까요? 우선 가장 중요한 것은 경제적 비용입니다. 사람들은 자신이 좋아하게 될지 아닐지 모르는 서비스에 돈을 쓰려고 하지 않습니다. 그래서 시핑 단계에서는 서비스를 무료로 제공해야 합니다. 쇼핑 플랫폼이 일시적으로 사람들에게 무료 배송을 해주고, 배달앱이 신규 고객에게 할인 쿠폰을 제공하고, 게임이나 유틸리티 앱이 일정한 무료 사용 기간을 제공하는 것 등이 모두 시도율을 높이기 위한 것이죠.

시핑에 대한 시도율을 높이기 위해서는 사람들이 기대하는 수준

이상의 경제적 혜택이 주어져야 합니다. 모든 기업이 하는 것과 동일한 수준으로 경제적 혜택을 제공하는 것만으로는 사람들의 관심을 이끌어내기 어렵습니다. 다른 기업이 10% 할인 쿠폰을 제공할 때 자신은 10% 이상의 할인 쿠폰을 제공해야 하고, 다른 서비스가 일주일의 무료 체험 기간을 제공할 때 자신은 일주일 이상의 무료 체험 기간을 제공해야 시도율이 높아집니다.

리그 오브 레전드라는 게임이 출시되자마자 사용자를 빠르게 모을 수 있었던 이유도 경쟁자들보다 월등하게 큰 경제적 혜택을 제공했기 때문입니다. 리그 오브 레전드가 미국에 출시되던 2009년 당시 소비자들은 이런 게임을 하기 위해서는 우선 돈을 주고 게임을 구입해야 했습니다. 하지만 리그 오브 레전드는 게임 자체를 완전히 무료로 제공했습니다. 지금은 이런 방식이 일반적이지만, 당시에는 무료 게임이 많은 사람에게 큰 혜택으로 여겨졌기에 리그 오브 레전드를 체험하려는 사람들을 모으는 데 큰 효과를 낼 수 있었습니다.

남들보다 더 많은 경제적 혜택을 제공하는 것은 기업 입장에서는 큰 손실이 생기는 일입니다. 무작정 할인율을 높이고 무료 체험 기간을 늘릴 수는 없는 일이죠. 하지만 사용자가 일정 수준을 넘어서게 되면 네트워크 효과(기존 사용자가 신규 사용자를 끌어들이는 현상)에 따라 자발적으로 시핑을 하려는 사람들이 크게 늘어납니다. 그래서 강한 네트워크 효과가 발생할 가능성이 있고 기업에 여유 자금이 있다면 초기의 경제적 혜택이 많을수록 시핑에 도움이 됩니다.

사람들의 시간적 비용에 대한 걱정을 줄여주는 것도 중요합니다. 드라마나 영화와 같은 콘텐츠의 경우에는 한번 시청하기 시작하면 오랜 시간을 투자해야 합니다. 가령, 드라마 한 편을 보기 위해서는 30분에서 50분이라는 긴 시간을 써야 하죠. 그런데 자신이 선택하고 시청을 완료한 콘텐츠가 만족스럽지 못한 경우라면 사람들은 자신이 쓴 시간을 아까워합니다. 그래서 콘텐츠의 길이가 길수록 사람들은 잘못된 선택에 대한 두려움 때문에 콘텐츠 시청 자체를 주저합니다. 이럴 때는 사람들이 콘텐츠를 선택하는 시점에 콘텐츠의 일부분을 미리 보여주거나 콘텐츠의 분량 자체를 짧게 만드는 것이 시핑에 도움이 됩니다. 선택 시점에서 사람들이 가질 수 있는 두려움을 없애주는 것이죠. 이것이 요즘 유튜브나 넷플릭스에서 사람들이 콘텐츠를 선택하는 순간에 콘텐츠의 일부를 보여주거나 콘텐츠의 분량 자체를 아예 짧게 제작하는 이유입니다. 사람들이 시간 비용에 대한 걱정 없이 시핑을 하게 만드는 것입니다.

시핑 단계에서 중요한 또 한 가지는 사람들의 경계심을 없애는 것입니다. 시핑은 본격적인 소비를 시작하기 전에 사람들이 서비스를 테스트해보는 단계입니다. 이 단계에서 사람들은 아직 경계심을 갖고 서비스를 대합니다. 아직 마음을 열지 않은 상태인 것이죠. 음식을 살짝 맛보았을 때 무엇인가 미심쩍은 것이 느껴지면 더 이상 먹지 않듯이, 시핑 단계에서 뭔가 의심스러운 것이 발견되면 시핑은 소비로 이어지지 않습니다.

사람들이 가진 경계심과 의구심을 없애기 위해서는 자신이 원하면 언제든지 쉽게 서비스 이용을 멈출 수 있다고 생각하게 해줘야 합니다. 자신에게 서비스 이용을 그만둘 자유가 보장되어 있고, 그만두는 방법도 쉽다고 인식해야 사람들은 시핑 단계에서 경계심을 가지지 않습니다. 기업이 가진 상업적 의도도 드러내서는 안 됩니다. 무료로 제공되는 서비스가 궁극적으로 자신에게 서비스를 판매하기 위한 목적을 가진 것이라고 생각하면 사람들은 경계심을 풀지 않습니다. 무료로 제공되는 서비스가 말 그대로 '소비자들을 위한 서비스'라고 생각하게 해주는 것이 중요합니다. 기업이 큰 손해를 보면서 진심으로 사람들을 위해서 하는 일이라고 생각하게 해야 사람들은 경계심을 풀고 서비스를 적극적으로 이용합니다.

후킹

Hook / hʊk / : 갈고리로 물고기를 낚다

시핑은 중독을 만들기 위한 사전 준비 단계에 불과합니다. 시핑 작업을 통해 많은 사용자를 모으면 이제는 사람들의 마음속에 '지속적 욕구'를 심어줘야 합니다. 이를 '후킹(낚아채기)'이라고 부릅니다. 낚싯대의 갈고리로 물고기를 낚듯이, 사람의 마음을 낚는 작업입니다. 후킹 작업의 핵심은 뇌의 생존 본능을 일깨우는 것입니다. 사람의 뇌는 생존을 최우선으로 여기도록 진화해왔습니다. 사람의 뇌가 음식과 돈을 좋아하고, 사회적 지위를 바라며, 부정적 정보에 관심을 갖는 것도 이들이 생존에 큰 도움이 되기 때문이죠. 후킹은 뇌의 이런 특징을 이용하는 것입니다. 실제로는 사람들의 생존과 별 상관이 없지만, 마치 지금 상황이 생존에 중요한 것처럼 우리 뇌를 착각하게 만드는 것입니다. 그러면 뇌에는 빨간 불이 켜지면서, 대상에 대해 강렬하고 지속적인 욕구를 갖습니다.

예상하지 못한 보상 제공하기

사람들이 대상에 대해 지속적 욕구를 갖도록 설계하는 가장 확실한 방법은 보상회로를 강하게 자극하는 것입니다. 사람의 보상회로는 음식과 물, 돈, 사랑과 같은 보상에 반응하고 갖가지 욕구를 갖게 하는 역할을 합니다. 사람이 살아가는 데 필요한 열량이나 물, 영양분이 부족하던 환경에서는 사람을 살아 있게 해주는 중요한 생존 장치이지만, 모든 것이 풍족한 지금 시대에 보상회로는 생존에 꼭 필요하지도 않은 것들을 소비하게 만드는 역할을 합니다. 보상회로가 강하게 자극될수록 사람들의 소비 욕구도 강해집니다.

코카인과 같은 중독성 물질들은 보상회로를 강렬하게 자극해서 일시적으로 많은 도파민을 분출시킵니다. 그래서 마약은 한번 접하는 것으로 쉽게 중독을 일으킵니다. 반면 기업이 사람들에게 제공하는 서비스나 할인과 같은 것들은 마약 수준으로 보상회로를 자극하지는 못합니다. 그래서 같은 보상이더라도 더 강하게 보상회로를 자극시킬 수 있는 추가 장치가 필요합니다. 그 방법은 간단합니다. 언제 보상이 주어질지 모르게 만드는 것이죠.

뇌의 보상회로는 언제 보상이 주어질지 모를 때 훨씬 더 강하게 반응합니다. 라스베이거스를 방문한 사람들이 너무 단순해서 지루하게만 보이는 슬롯머신에 쉽게 중독되는 이유도 자신이 언제 보상을 얻게 될지 모르기 때문입니다. 자신이 기대하지 않았던 보상을 받게 되면 사람의 뇌는 큰 즐거움을 느끼고 앞으로 받게 될 보상에 대한 '지속적 욕구'를 만들어냅니다. 그 결과 사람들은 언제 어디서나 보상에 대해 생각하고 보상을 얻고자 노력합니다.

기업이 예상치 못한 보상을 제공하는 방법에는 세 가지가 있습니다. 첫째는 확률적 보상입니다. 사람들이 동일한 행동을 했을 때, 어떤 때는 큰 보상을 주고, 어떤 때는 작은 보상을 주거나 아예 보상을 주지 않으면 사람들은 보상을 얻으려는 강한 욕구를 가집니다. 주로 게임에서 많이 사용되는 방식이죠.

두 번째는 깜짝 선물입니다. 예상치 못한 순간에 사람들이 좋아할 만한 선물이나 할인을 선사해주면 사람들은 큰 기쁨을 느끼고 뇌의 보상회로가 강하게 자극됩니다. 다시 이런 선물을 받고 싶다는 마음에 자기도 모르게 수시로 앱을 켜고 그 안에서 많은 활동을 합니다.

세 번째는 보물찾기입니다. 서비스나 콘텐츠에 새로운 기능이나 선물을 숨겨놓고 우연히 찾게 하는 방식이죠. 이 보물들이 꼭 높은 경제적 가치를 지닐 필요는 없습니다. 숨겨진 것을 찾는 행위 자체에서 이미 큰 쾌감을 느끼기 때문입니다. 애플의 제품들이나 테슬라의 전기자동차 속에 숨겨져 있는 다양한 기능들, 개발자가 자기가 개발한 게임에 재미로 숨겨놓은 아이템들(이스터에그easter egg)이 이런 역할을 합니다. 숨겨놓은 것이 설령 별다른 가치가 있는 것이 아닐지라도 사람들은 발견 자체에서 큰 기쁨을 느끼고, 이런 기쁨을 계속 느끼고 싶다는 욕구를 가집니다.

사람들에게 예상치 못한 보상을 줄 때는 그 순간에 보상을 뇌에 강하게 각인시키는 감각적 신호를 제공하는 것도 중요합니다. 앞서 쥐들이 보상을 받을 때 경쾌한 소리나 강렬한 불빛이 중독을 강화시킨다는 연구 결과를 소개한 적이 있습니다. 슬롯머신이 중독을 일으키는 중요한 이유도 상금을 받을 때마다 '딩딩딩딩' 하는 기분 좋은 소리와 함께 화려한 불빛이 나오기 때문입니다. 마찬가지로 사람들이 보상을 받을 때는 시각적·청각적으로 보상받는 순간이 뇌 속에 강하게 각인되게 만드는 장치가 필요합니다. 그래야 사람의 뇌는 자신이 보상을 받는다는 것을 보다 확실하게 인식합니다.

사회적 욕구 자극하기

사람들은 주변에 다른 사람이 있을 때와 없을 때 다르게 행동합니다. 다른 사람의 존재를 인식하게 되면 지위에 대한 욕구와 사랑에 대한 욕구가 강하게 일어나서 생각과 행동이 변화합니다. 이 역시 다른 사람들 속에서 살아남고자 하는 뇌의 생존 반응이라고 볼 수 있습니다. 사회성을 가진 게임을 하는 사람들이 자기 아바타의 외모를 멋지게 해주는 아이템이나 능력을 강화시켜주는 아이템에 많은 돈을 쓰게 되는 이유는 이들 게임이 사람들이 가진 사회적 욕구를 자극하기 때문이죠.

페이스북이나 인스타그램과 같은 소셜 네트워크 앱은 사람들의 사회적 욕구를 이용합니다. 사람들은 해당 앱에서 다른 사람들의 모습을 봅니다. 자기보다 멋진 외모를 가지고 있거나 멋진 삶을 사는 것처럼 보이는 사람들의 게시물을 접하면 사람의 뇌는 긴장합니다. 자신에 대한 자존감이 낮아지면서 이 상황에서 벗어나고 싶게 만들죠. 그래서 자기도 멋진 옷을 입고, 멋진 곳에 가서 사진을 찍어서 올리게 합니다. 그리고 다른 사람들의 인정과 칭찬을 바라게 합니다. 이런 순간에 자신이 올린 게시물에 '좋아요'나 '하트' 숫자가 많이 올라간 것을 보면 사람의 뇌는 큰 쾌감을 느낍니다. 뇌의 보상회로가 강하게 자극되고 도파민이 분출됩니다. 그러면 사람들은 지속해서 사진을 올리고 '좋아요'를 기다리게 됩니다.

쇼핑 앱이나 검색 엔진의 리뷰 시스템도 인간의 사회적 욕구를 이용합니다. 미국의 사용자 리뷰 앱으로 옐프Yelp라는 것이 있습니다. 옐프는 지역별로 해당 지역 안의 다양한 사업체에 대한 사용자 리뷰를 제공합니다. 옐프가 서비스를 시작한 것은 2004년이었는데, 당시 시장에는 이미 시티서치CitySearch, 야후로컬Yahoo Local 등 비슷한 서비스가 많이 존재하고 있었습니다. 하지만 옐프는 경쟁자들을 물리치고 3년 만에 1650만 명의 사용자를 모으며 큰 성공을 거둡니다. 후발 주자인 옐프가 성공할 수 있었던 가장 중요한 이유는 리뷰어들의 사회적 욕구를 강하게 자극했기 때문입니다. 옐프는 당시 다른 리뷰 서비스들과 다르게 이용자들이 직접 리뷰어를 평가하게 했고, 리뷰에 대한 투표 시스템을 도입했습니다. 표를 많이 받은 리뷰는 '오늘의 리뷰'로 선정해서 첫 화면에 보이게 배치했습니다. 리뷰어들이 타인의 인정과 칭찬을 갈망하고 그것을 충족하는 방편까지 마련한 것이죠. 이런 시스템 덕분에 옐프에 양질의 리뷰가 더 많이 올라오기 시작했습니다.

그런데 사회적 욕구를 자극할 때 중요하게 고려해야 하는 것이 있습니다. 디지털 공간에서 다른 사람들의 모습에 노출되어도 자신의 존재가 철저히 숨겨져 있다면 자신의 존재감에 대해 큰 위기감을 느끼지 못할 수도 있습니다. 사람들이 가진 사회적 욕구를 더욱 강하게 자극하기 위해서는 다른 사람들의 모습을 보여주는 동시에 자신과 직접적으로 비교되는 상황을 만들어야 합니다.

로블록스를 예로 들어보겠습니다. 로블록스 게임을 하다 보면 멋진 의상이나 표정, 아이템을 가진 아바타들을 만납니다. 단지 이런 아바타들을 보는 것 자체는 사람들의 소비 욕구를 자극하지 못합니다. 하지만 문제는 이런 아바타들 사이에 아무런 치장을 하지 못한 자신의 아바타가 섞여 있다는 것이죠. 단지 다른 사람들이 가진 멋진 아바타를 보게 되는 정도가 아니라 자신의 아바타와 비교할 수밖에 없는 상황에 놓입니다. 이런 비교가 사회적 욕구를 강하게 자극해서 사람들의 소비 욕구를 유발합니다. 소셜 네트워크 앱도 자신의 계정을 가지고 있지 않은 사람에게는 다른 사람들의 존재가 사회적 욕구를 크게 자극하지 않을 수 있습니다. 그래서 소셜 네트워크 앱은 대체로 자기 계정을 갖고 있지 않으면 아예 앱을 이용하지 못하게 해놓습니다. 자신의 계정이 존재하고 다른 사람들이 자신을 볼 수 있어야만, 사람들은 자신의 존재를 의식하게 되고 자신과 다른 사람을 비교하게 되기 때문입니다.

위험과 휴식을 적절히 배치시키기

뇌는 본능적으로 사람을 위험에서 보호하기 위해 노력합니다. 그래서 부정적 정보나 자극적 영상을 보게 되면 사람의 뇌에는 빨간불이 들어오면서 이들에 집중합니다. 사람들이 부정적 내용을 담은 뉴스나 자극적인 유튜브 동영상에 중독되는 이유입니다. 이런 뇌의 특성 때문에 뉴스, 동영상 콘텐츠, 게임은 자극성이 점점 강해질 수밖에 없습니다. 의도적으로 지금이 위험한 상황이라고 착각하게 해서 뇌가 주의를 쏟도록 유도하는 것이죠. 이런 방식의 후킹은 바람직한 방식이라고 보기 어렵습니다. 하지만 중독경제의 특성상 위험을 통해 사람들을 후킹하려는 사업자들이 많아질 수밖에 없습니다.

그런데 위험을 통해 중독을 일으키는 데에도 규칙이 있습니다. 위험한 정보나 자극적 동영상에 노출되면 사람의 뇌는 위험을 피할 준비를 합니다. 그래서 뇌의 정보 처리량이 증가하고, 사람의 뇌는 언제든지 도망갈 수 있도록 긴장 상태에 있게 됩니다. 그래서 위험에 노출된 사람들은 큰 피로감을 느낍니다. 아무리 중독성이 강한 콘텐츠라고 하더라도 피로가 심해지면 사람들은 위험한 정보를 보거나 자극적인 동영상을 보는 것을 멈춥니다.

그래서 중독 디자인에서 중요한 것이 위험 중간중간에 휴식을 제공하는 것입니다. 가령, 자극적인 동영상들 사이에 자극적이지 않은 동영상을 간단히 섞어서 보여주는 것이죠. 하나의 콘텐츠 안에서도 중간이나 후반에 잠시 쉬어갈 수 있는 요소들을 넣어줍니다. 그러면 콘텐츠에 대한 중독을 훨씬 오랜 시간 지속시킬 수 있습니다.

소킹

Soak /souk / : 물속에 담그다

    너태샤 다우 스퀼^{Natasha Dow Schüll}은 도박에 관해 연구하는 인류학자입니다. 그녀는 15년 동안 라스베이거스에서 슬롯머신에 중독된 사람들에 관해 연구했습니다. 그녀가 슬롯머신에 중독된 사람들에게서 가장 자주 듣는 말은 '자신이 존^{zone}(구역)에 들어가 있다'라는 표현이라고 합니다.[1] '존에 들어간다'는 것은 자신이 하고 있는 일에 완전하게 몰입되어 시간, 공간, 현실에 대한 개념을 완전히 상실하는 상태를 나타내는 표현입니다. 심리학에서는 이것을 '플로^{flow}(흐름) 상태'라고 부릅니다.[2] 운동이나 악기 연주, 그림 그리기 등에 심취해 있을 때 사람들은 플로 상태를 경험하고는 합니다. 그런데 라스베이거스에서 슬롯머신에 중독된 사람들도 일종의 플로 상태에 있는 것입니다.

    사람이 플로 상태에 들어가면 현실에 대한 감각이 사라집니다. 시간이 얼마나 흘렀는지도 잊게 되고, 자신이 어디에 있는지도 모르게 됩니다. 돈에 대한 개념도 사라지고, 몸이 피곤하다는 느낌도 전혀 들지 않습니다. 자신이 하는 일 외의 모든 생각이 차단되어 그 일에 온전히 집중하게 되는 것이죠. 스마트폰 사용 중에도 종종 이런 상태에 이르게 됩니다. 게임을 하거나 유튜브로 동영상을 보거나 소셜 네트워크 사이트를 구경할 때 사람들은 현실의 모든 일을 완전히 잊어버리고 자신이 보고 있는 것에 완전히 몰입하는 경험을 합니다. 외부와 단절된 채로 스마트폰 속 무한의 디지털 공간의 어딘가로 침잠해 들어간 상태, 즉 소킹(담그기)에 이르는 것입니다. 중독을 디자인하기 위해서는 이러한 소킹 상태를 이끌어내는 것이 중요합니다.

어떻게 하면 소킹을 유도할 수 있을까요? 라스베이거스의 슬롯머신에서 힌트를 얻을 수 있습니다. 슬롯머신을 떠올리면 커다란 레버를 손으로 힘들게 당겨서 릴(레버로 조작할 수 있는 기호가 그려진 원통)을 회전시키는 것을 상상하기 쉽습니다. 하지만 요즘 라스베이거스의 슬롯머신은 대부분 전자식입니다. 손가락으로 버튼을 한 번 누르기만 하면 화면 속의 릴이 회전하기 시작합니다. 즉 최소한의 동작만으로 게임을 진행할 수 있는 것이죠. 게임을 하는 데 별다른 노력이 필요하지 않기 때문에 사람들은 게임에 더 쉽게 빠져듭니다.

마찬가지로 스마트폰 앱이 소킹을 유도하기 위해서는 사람들이 어떠한 불편도 경험해서는 안 됩니다. 최소한의 동작만으로 사람들이 원하는 것을 할 수 있게 해줘야 합니다. 가장 이상적인 것은 유튜브의 자동 재생 시스템입니다. 아무런 동작을 하지 않아도 동영상을 계속 볼 수 있으니까요. 하지만 콘텐츠 플랫폼을 제외하면 이런 자동 재생 시스템을 사용하기는 어렵습니다. 그래도 최소한의 동작만으로 사람들이 원하는 것을 할 수 있게 해줘야 합니다. 쇼핑 앱은 제품을 최대한 쉽고 편리하게 검색하게 해줘야 하고, 소셜 네트워크 앱은 다른 사람들의 게시물을 구경하거나 자신의 사진을 올리는 데 어떤 불편도 느끼지 않게 해줘야 합니다. 사람들이 스마트폰 앱을 실행시키는 순간부터 어떤 고통이나 어려움도 느끼지 못하게 해줘야 사람들은 앱에 몰입합니다.

라스베이거스의 슬롯머신은 자기가 돈을 쓴다는 느낌을 주지 않습니다. 사람의 뇌는 돈을 쓸 때 고통을 느낍니다. 만약 사람들이 돈을 쓸 때마다 자신이 돈을 쓰고 있다는 사실을 분명하게 인식하면 플로 상태에서 벗어나 현실로 돌아옵니다. 라스베이거스의 전자식 슬롯머신은 동전이 아니라 카드 방식으로 돈을 넣습니다. 카드에 미리 일정 금액을 넣은 후, 슬롯머신에 카드를 갖다 대면 돈이 카드에서 슬롯머신으로 옮겨갑니다. 게임을 할 때마다 돈을 넣는 것이 아니고 미리 일정 금액을 슬롯머신에 넣고 게임을 하기 때문에 사람들은 게임을 할 때 돈이 나간다는 느낌을 받지 못합니다. 뇌가 지출의 고통을 느끼지 못하는 것이죠.

게임 앱이나 쇼핑 앱에서도 마찬가지로 지출의 고통을 없애는 것이 중요합니다. 제품이나 아이템을 결제하는 순간에 돈을 쓴다는 느낌을 주지 않아야 합니다. 동작도 최소한으로 줄이고, 돈의 단위도 현실의 단위가 아니라 가상의 단위로 바꿔야 합니다. 그래야 사람들을 소킹 상태에 계속 가둬둘 수 있습니다.

마지막으로 연속성이 중요합니다. 아무리 재미있는 활동도 끝이 정해져 있으면 사람들은 소킹에서 벗어나기 쉽습니다. 동영상 콘텐츠는 영원히 이어져야 하고, 소셜 네트워크 앱은 무한히 많은 사진을 보여줄 수 있어야 합니다. 비디오 게임도 끝에 도달했다는 느낌을 줘서는 안 됩니다. 끝이 분명한 서비스는 사람들을 계속 잡아둘 수가 없습니다. 여행을 예로 들어보겠습니다. 일주일 여정으로 여행을 할 때, 처음 며칠은 여행에 몰입하면서 큰 즐거움을 느낍니다. 하지만 여행 후반부로 갈수록 사람들은 여행의 끝에 대해서 의식합니다. 이미 마음은 여행에서 돌아온 후 처리해야 할 업무에 대해 생각하기 시작합니다. 끝을 인식하는 순간 여행에 완전히 몰입하는 것은 힘들어집니다.

스마트폰 앱도 마찬가지입니다. 끝이 느껴지는 순간 사람들은 더 이상 몰입할 수 없게 됩니다. 소킹을 위해서는 사람들에게 언제까지나 여행이 계속될 것 같은 느낌을 줘야 합니다. 이 여행이 영원하리라는 느낌을 줘야 사람들은 앱 속에 완전히 젖어듭니다.

인터셉팅

Intercept /ˌɪntərˈsept/: 한 곳에 있는 것을 다른 곳으로 데려오다

아무리 후킹과 소킹에 성공하더라도, 결국 사람들은 현실로 돌아올 수밖에 없습니다. 학생들은 수업을 들어야 하고, 직장인들은

업무를 해야 합니다. 현실에서의 의무가 사람들을 디지털 세계에서 강제로 현실 세계로 데려옵니다. 물론 현실로 돌아오는 것에 애를 먹는 사람들도 있지만, 대부분의 사람은 어쩔 수 없이 현실로 돌아올 수밖에 없습니다. 이럴 때는 사람들을 다시 디지털 세계로 불러들여야겠죠. 즉 인터셉팅(가로채기) 하는 것입니다.

심리학에는 조건 형성이라는 용어가 있습니다. 파블로프의 개 실험이 바로 조건 형성 과정을 보여줍니다. 개들은 음식을 보면 자동적으로 침을 흘립니다. 반면 메트로놈 소리에는 아무런 반응을 하지 않습니다. 하지만 개들에게 음식을 줄 때마다 메트로놈 소리를 함께 들려주는 일을 반복하게 되면, 어느 순간부터 개들이 메트로놈 소리만 들어도 침을 흘립니다. 메트로놈 소리에 대한 조건 반응이 형성되었기 때문입니다. 파블로프의 실험이 유명해진 이유는 이런 조건 형성이 사람의 행동 역시 잘 설명해주기 때문입니다.

지금 책을 쓰는 순간에 저는 글쓰기에 몰입된 상태입니다. 그런데 갑자기 스마트폰에서 알림 소리가 울리면 제 뇌는 활동을 멈추고 모든 관심을 스마트폰으로 돌립니다. 제 뇌가 스마트폰 알림에 대해서 조건 형성이 되어 있기 때문입니다. 사람들은 평소 스마트폰을 통해서 중요한 전화와 메시지를 받습니다. 그리고 이럴 때마다 특정한 소리나 진동을 듣습니다. 이들 소리나 진동은 본래 우리에게 별다른 반응을 불러일으키지 않는 것들입니다. 파블로프 개 실험의 메트로놈 소리와 같은 것이죠. 하지만 중요한 전화와 메시지를 받을 때마다 동일한 소리나 진동을 듣게 되기 때문에 어느 순간부터 우리의 뇌는 스마트폰의 알림 소리나 진동 소리만 들어도 중요한 메시지가 도착했다고 착각하게 됩니다.

현실로 돌아간 사람들을 다시 앱으로 불러들이는 가장 손쉬운 방법은 조건 형성된 알림을 이용하는 것입니다. 알림이 오면 사람들은 스스로 미처 알아차리기도 전에 현실의 일을 뒤로하고 앱에 들어가 메시지를 주의 깊게 확인합니다. 그리고 여기에 사람들을 후킹할 만한 장치들을 집어넣습니다. 예상치 못한 보상이나 깜짝 선물과 같은 것들을 넣는 것이죠. 그러면 현실로 돌아간 사람들을 다시 디지털 세상으로 후킹해오는 것이 가능합니다.

*

지금까지 빅테크 기업이 중독을 디자인하는 방법을 분석했습니다. 우선 최대한 많은 사람에게 시핑 기회를 주고, 시핑을 경험한 사람들을 후킹합니다. 그리고 이들이 완전히 소킹할 수 있는 여건을 마련해줍니다. 그리고 마지막으로 현실 세계로 돌아온 사람들을 다시 인터셉팅해서 후킹 단계로 돌아오게 합니다. 이런 식으로 사람들 마음속에 '지속적 욕구'가 일어나도록, 즉 중독에 빠지게 하는 것이죠. 간단해 보이지만 제대로 실행되면 강한 중독을 만들어낼 수 있습니다.

빅테크 기업에 대항해서 자신만의 중독 비즈니스 모델을 만들고 싶은 사업자라면 이 4가지 법칙을 잘 이해하고 자신의 사업에 맞게 적용해야 합니다. 반대로 중독경제에서 벗어나고 싶은 사람이라면 이 법칙을 통해서 기업이 어떻게 자신을 중독시키는지 그리고 자신이 왜 스마트폰 앱에 중독되는지를 이해할 수 있습니다.

그런데 이 4가지 법칙이 효율적으로 작동하기 위해 필요한 것이 있습니다. 바로 데이터입니다. 그래서 다음 장에서는 데이터에 대해서 이야기하려고 합니다.

10
빅테크 기업의 성공 비밀, 데이터 전략

구글이 안드로이드 OS를 무료로 제공하는 이유

모든 산업에는 그 산업에서 가장 중요한 핵심 자원이 존재합니다. 가구 회사에 가장 중요한 자원은 목재이고, 의류 회사에 가장 중요한 자원은 섬유입니다. 마찬가지로 중독경제에서도 핵심 자원이 있습니다. 바로 사용자 데이터입니다. 사용자에 대한 데이터가 있어서 이들이 지속해서 욕구를 가질 만한 콘텐츠나 제품을 추천해줄 수가 있습니다. 또한 사용자 데이터를 기반으로 이들이 관심을 가질 광고를 보여줄 수도 있죠.

빅테크 기업이 디지털 중독을 만들어내고 그것을 이익으로 전환하는 데 가장 필수적인 자원이 바로 사용자 데이터입니다. 중독경제 시대에 기업들은 사용자에 대한 보다 많은 데이터를 얻기 위해서 경쟁합니다. 데이터 확보 경쟁에서 승리하는 기업은 많은 사람을 자신에게 중독시켜서 시장을 이끌고, 데이터를 확보하지 못하는 기업은 밀려납니다. 그래서 중독경제의 빅테크 기업들은 사용자 데이터를 얻어낼 수 있는 다양한 방법을 고안하는 데 비용을 아끼지 않습니다. 검색 엔진 구글이 안드로이드 OS^{operating system}(운영체제)를 무료로 제공하는 이유도 사실 안드로이드 기반의 스마트폰 사용자들에 대한 데이터를 얻기 위함입니다.

전 세계 스마트폰 OS 시장에서 구글 안드로이드의 점유율은 86%에 달합니다.[1] 애플의 점유율은 13.9%밖에 되질 않죠. 미국에서만 애플의 점유율이 50%를 넘습니다.[2] 구글은 스마트폰 제조사에 안드로이드 OS를 무료로 제공합니다. 대신 구글은 OS를 통해 스마트폰 사용자들이 어떤 앱을 얼마나 오래 사용하고, 지금 어디에 있으며, 어디로 가고 있는지를 추적합니다. 하지만 앱 사용에 대해 아무리 많은 데이터를 얻을 수 있어도 그 사람이 어떤 사람인지 모르면 데이터는 높은 가치를 갖지 못합니다. 사용자에 대한 '개인정보'와 앱 사용 행동 데이터가 결합되어야 데이터는 가치를 가집니다. 이런 역할을 하는 것이 바로 구글이 만든 앱들입니다.

스마트폰 제조사들은 안드로이드 OS를 그냥 무료로 제공받는 것이 아닙니다. 조건이 있습니다. 구글이 만든 앱을 미리 설치해야 하고 이 앱들을 사용자에게 가장 잘 보이는 곳에 위치시켜야 합니다.[3] 구글은 스마트폰 제조사들이 미리 탑재해야 하는 앱을 계속 늘려나가고 있습니다. 유럽진행위원회European Commssion, EC의 조사에 따르면 구글이 선탑재를 요구하는 앱의 개수가 2009년 12개에서 2014년 30개로 크게 늘었다고 합니다.[4] 스마트폰에 미리 설치해야 하는 구글 앱이 많다 보니 스마트폰 제조사들이 설치할 수 있는 앱의 숫자에도 제한이 생깁니다. 여기에 더해 구글은 자신과 경쟁 관계에 있는 앱은 미리 설치하는 것을 금지하고 있습니다.[5] 가령, 빙Bing이나 야후와 같은 경쟁 검색 엔진뿐만 아니라 스마트폰 제조사가 자체적으로 만든 검색 엔진도 스마트폰에 탑재할 수 없게 강제합니다.

안드로이드 OS에 구글의 많은 앱이 미리 설치되어 있고, 이들이 좋은 자리를 차지하고 있으면 사람들은 자연히 구글의 앱을 사용합니다. 인터넷은 크롬을 이용하고, 검색은 구글 검색을 사용하고, 이메일은 지메일을 사용하며, 동영상 콘텐츠는 유튜브를 통해 봅니다. 사람들은 구글의 앱을 사용할 때 구글 계정으로 로그인을 합니다. 이렇게 해서 구글은 구글 계정에 포함된 개인 정보, 사람들이 구글의 앱을 사용할 때 얻은 데이터, 그리고 안드로이드 OS에 설치된 모든 앱을 사용할 때 얻는 데이터를 모두 하나로 통합합니다. 안드로이드 기반 스마트폰을 사용하는 사람에 대한 모든 데이터를 구글이 얻는 것이죠. 구글은 이 데이터를 기반으로 구글 검색 광고 시스템과 구글 플레이 스토어(이용자가 원하는 앱, 게임, 영화, 도서 등의 콘텐츠를 찾고 구매할 수 있는 온라인 스토어)를 운영합니다. 그리고 광고와 앱 판매를 통해서 엄청난 수익을 거둬들입니다. 즉 구글은 안드로이드 OS를 무료로 제공하는 대신에 사용자 한 명 한 명에 대한 거의 완벽한 데이터를 손에 넣어서 그 데이터를 이익으로 전환시키는 것입니다. 이런 점에서 구글은 중독경제 시대에 가장 완벽한 사업가라고 볼 수 있습니다.

애플과 페이스북의 데이터 전쟁

2021년 1월 애플은 아이폰의 OS인 iOS 14.4를 배포하면서 사용자의 프라이버시와 관련된 중요한 업데이트를 포함시킵니다. 바로 앱 트랙(추적) 투명성App Tracking Transparency, APT이라는 업데이트입니다. 지금까지 많은 스마트폰 앱은 사용자들이 해당 앱을 사용할 때뿐만 아니라 스마트폰에 설치된 다른 앱을 사용할 때의 데이터까지 트랙해왔습니다. 가령, 페이스북 앱은 사람들이 페이스북에서 무엇을 하는지뿐만 아니라 다른 앱에서 어떤 제품을 구경하고 구입하는지, 어떤 콘텐츠를 보는지까지 트랙하는 것이죠. 소셜미디어 앱이나 쇼핑 앱뿐만 아니라 제 스마트폰에 설치되어 있는 미세먼지 앱이나 택배 회사 앱조차도 제가 다른 앱을 사용하는 동안의 행동 데이터를 추적합니다. 게다가 일부 앱의 경우에는 사용자의 카메라와 마이크까지도 데이터를 수집하는 데 이용합니다. 앱이 켜져 있는 동안 스마트폰 마이크를 통해 들려오는 모든 소리를 녹음할 수도 있는 것이죠.

빅테크 기업이 이처럼 스마트폰 사용자가 사용하는 모든 앱에서 얻어지는 데이터를 추적하는 이유는 사용자 개개인에 맞춤화된 광고를 제공하고, 광고의 효과성을 측정하기 위해서입니다. 예를 들어 제가 쿠팡 앱에서 어떤 제품을 구경하면 페이스북은 이 제품에 대한 광고를 페이스북에서 보여주고, 다시 제가 쿠팡이나 다른 쇼핑 앱에서 실제로 이 제품을 구입하는지 추적하는 것이죠. 테크 기업들의 이런 관행은 사용자 약관 어딘가에는 나와 있겠지만 사용자의 대부분은 이런 일이 일어난다는 사실조차 모르고 있습니다.

애플은 2020년 9월 iOS 14를 발표하면서, 설정 메뉴에 어떤 앱이 지금 자신의 행동, 카메라, 마이크를 트랙하고 있는지를 한눈에 볼 수 있게 해주는 기능을 추가하고, 원하는 경우 앱이 트랙하지 못하도록 설정하게 해주었습니다. 하지만 스마트폰의 설정에 들어가서 앱의 추적 여부를 일일이 확인하는 사람은 거의 없습니다. 그래서 이런 기능을 도입한 후에도 아이폰 사용자의 70%는 여전히 앱들이 자신의 모든 행동을 추적하는 것을 모르거나 그냥 놔둔 채로 스마트폰을 사용할 뿐이었습니다.[6] 그러자 2021년 1월 iOS를 14.4로 업데이트하면서 애플은 사람들이 앱을 사용할 때 화면에 다음과 같은 경고 메시지를 보여주기 시작합니다.

"다른 회사의 앱 및 웹사이트에 걸친 사용자의 활동을
추적하도록 허용하겠습니까?"

그리고 경고 메시지 아래에 사용자가 직접 '앱에 추적 금지 요청' 또는 '허용' 버튼을 누를 수 있게 했습니다. 그전에는 사용자들이 직접 스마트폰의 보안 설정에 들어가보지 않는 한 몰랐을 사실을 쉽게 알게 해주는 동시에 이용자를 대상으로 실행되는 앱의 추적 행동에 대한 선택권이 그들 자신에게 있음을 분명하게 보여준 것이죠. 이러한 변화 때문에 앱의 추적을 허용하는 사람들은 70%에서 10~15% 수준으로 크게 떨어질 것으로 예상됩니다.[7]

애플이 iOS에 이런 기능을 추가하자 당시 페이스북의 CEO인 마크 저커버그는 iOS의 변화가 디지털 광고에 의존하는 작은 비즈니스를 대거 죽이게 될 것이라며 애플을 공개적으로 비난합니다. 저커버그는 애플의 이런 시도가 개인 정보를 존중하고 보호함으로써 사람들을 돕는 것으로 보이지만, 사실은 자신들의 이익을 위한 행동일 뿐이며, 페이스북을 비롯한 많은 사업자가 머지않은 시기에 애플의 이런 변화에 반기를 들 것이라고까지 말했습니다.[8] 이 정도면 페이스북이 애플에 전쟁을 선포한 것과 다름없습니다.

애플이 iOS의 업데이트를 통해서 사람들에게 앱 추적에 대한 선택권을 준 것은 표면적으로는 애플이 사용자의 권리를 보호하기 위해 최선의 노력을 다하는 것처럼 보입니다. 그래서 저커버그의 이런 반응이 언뜻 잘 이해되지 않기도 합니다. 애플이 하는 일이 윤리적으로 바람직한 것인데 거기에 반기를 드는 모습이니까요. 하지만 애플과 페이스북의 경쟁 관계를 보면 상황이 그렇게 단순하지 않다는 것을 이해할 수 있습니다.

중독경제 시대에 테크 기업에 가장 많은 이익을 가져다주는 사업은 디지털 광고 사업입니다. 특히, 구글과 페이스북은 현재 디지털 광고 시장의 50%를 차지할 정도로 광고를 통해 많은 돈을 벌고 있습니다. 애플도 자체적으로 광고 서비스를 운영하고 있지만 애플의 광고 매출은 구글, 페이스북, 아마존과 비교하면 아주 미미한 수준입니다. 그런데 애플이 아이폰에 설치된 앱들이 사용자 데이터를 추적하지 못하게 하면 페이스북의 광고 매출에는 큰 타격이 생깁니다. 디지털 광고의 효과성은 사용자 데이터에 기반하니까요. 반면 아이폰 사용자들에게 광고를 하려는 사업자들은 페이스북의 광고 서비스보다는 애플의 서비스를 이용할 가능성이 높아집니다. 이는 곧 애플의 광고 매출로 이어지겠지요.

바로 이런 점 때문에 애플의 프라이버시 강화 정책은 디지털 광고 시장을 놓고 벌이는 애플과 페이스북의 데이터 전쟁의 일면인 것입니다. 그들은 전쟁에서 승리하는 데 가장 중요한 자원인 데이터를 두고 싸운 것이죠. 이것이 저커버그가 애플의 프라이버시 강화 정책을 공개적으로 비난한 이유입니다. 애플과 페이스북 사이의 공개적인 설전도 중독경제 시대의 한 단면을 보여주는 좋은 사례입니다. 데이터가 중독경제의 핵심 자원이기 때문에, 테크 기업은 사용자 데이터를 놓고 전쟁을 하게 될 수밖에 없습니다.

데이터 스캔들: 케임브리지 애널리티카

중독경제 시대에 테크 기업은 사용자들의 데이터를 어떻게 이익으로 전환시킬까요? 크게 세 가지 방법이 있습니다. 첫째는 알고리즘의 재료로 사용하는 것입니다. 알고리즘은 간단히 설명하자면 사용자들의 과거 데이터에 기반해서 사용자의 미래 행동을 예측하게 해주는 수학 모형입니다. 가령 어떤 사용자가 콘텐츠 플랫폼에서 A, B, C, D, E라는 동영상을 시청했으면, 이에 기반해서 다음에 시청할 가능성이 가장 높은 동영상을 F라고 예측하는 것이죠. 만약 이 사용자가 실제로 F를 시청하면 알고리즘은 자신의 계산 방식을 유지하고, 사용자가 F를 시청하지 않으면 계산 방식을 변경해서 다음에는 다른 동영상을 추천합니다. 알고리즘은 사용자의 데이터를 기반으로 계속 업데이트되기 때문에 사용자에 대한 데이터가 많을수록 알고리즘의 예측력은 높아집니다. 그리고 테크 기업은 이 알고리즘을 사용해서 제품, 서비스, 콘텐츠를 추천합니다.

페이스북 사용자의 개인 정보를 무단으로 수집하고 정치 선동에 이용하는 데 페이스북이 일정 역할을 한 사실이 폭로되었다.
출처: The Rush Limbaugh Show(rushlimbaugh.com)

두 번째는 마켓 인텔리전스market intelligence를 얻기 위해서 사용하는 것입니다. 구글, 페이스북, 애플과 같은 빅테크 기업은 끊임없이 새로운 경쟁자들과 마주칩니다. 디지털 시대에는 등장한 지 얼마 안 된 앱이 순식간에 사람들에게 가장 인기 있는 앱이 되기도 합니다. 기존 빅테크 기업의 입장에서는 더 이상 손을 쓸 수 없을 정도로 빠르게 성장하는 앱의 출현을 막기 위해 실시간으로 지금 어떤 앱이 등장하고, 이 중에서 어떤 앱이 많이 다운로드되며, 사람들이 이 앱의 어떤 점을 좋아하는지를 파악해야 합니다. 앱의 출시 단계부터 잠재적 경쟁자들을 파악해야 하는 것이죠. 이를 위해서는 디지털 앱 시장 전체에서 무슨 일이 일어나는지를 알아야 합니다. 시장 전체의 변화와 흐름을 꿰뚫어볼 수 있는 능력, 즉 마켓 인텔리전스가 필요하죠. 빅테크 기업은 많은 사용자의 데이터를 모아서 자신의 마켓 인텔리전스를 높이고, 이를 기반으로 잠재적 경쟁자를 제거하거나 이들을 초기에 인수하는 전략을 사용합니다.

세 번째는 사람들 개개인에 대한 프로파일링을 위해서 사용하는 것입니다. 마케팅에는 '세그먼테이션segmentation'이라는 개념이 있습니다. 소비자들을 몇 가지의 고객 집단으로 나누는 작업을 의미합니다. 기존의 세그먼테이션 방법론에서는 소비자들을 크게 5~6가지 정도의 집단으로 구분합니다. 아무리 많이 세분화해도 수십 개 수준에 불과합니다. 하지만 이제는 사람들을 수천에서 수만 유형의 프로파일profile로 구분하는 것이 가능합니다. 현실적으로 큰 의미는 없지만 사람의 수만큼이나 다양한 프로파일을 만드는 것도 가능합니다. 가령 1000명의 사용자를 1000개의 프로파일로 분류하는 것이죠. 그리고 프로파일에 따라서 이들에게 맞춤화된 광고를 보여줌으로써 광고의 효과성을 크게 높일 수 있습니다.

데이터가 프로파일링에 사용되는 구체적인 모습을 보여주는 사례가 케임브리지 애널리티카Cambridge Analytica 데이터 스캔들입니다. 2016년 미국 대선 당시 트럼프 측에서는 케임브리지 애널리티카라는 영국의 데이터 분석 업체를 선거 캠페인을 위해 고용합니다. 케임브리지 애널리티카는 특정 사람들에 대한 데이터를 기반으로 타깃 광고를 수행하는 회사입니다. 케임브리지 애널리티카는 미국 유권자들에 대한 데이터를 얻기 위해서, 케임브리지대학교의 심리학 연구자와 그 팀에 의뢰하여 페이스북에 간단한 설문조사 앱을 올려놓습니다. 간단한 설문조사에 참가하고 돈을 받을 수 있었기 때문에 이 설문에 참가한 사람들은 무려 27만 명이나 되었습니다. 그런데 이 설문조사는 설문에 참가한 사람들의 개인 정보뿐만 아니라 이들의 페이스북 친구들의 개인 정보까지도 모두 추적했고, 결국 8700만 명에 이르는 페이스북 사용자의 데이터를 확보했습니다. 케임브리지 애널리티카는 이 데이터를 분석해서 미국 유권자들의 특성을 파악하고 그들을 다양한 프로파일로 분류합니다. 그리고 이들이 트럼프에게 투표를 하도록 프로파일별로 맞춤화된 트럼프 홍보 광고를 보여주었죠.

케임브리지 애널리티카 데이터 스캔들이 세상에 알려지고 난 후 미국인뿐만 아니라 세계의 많은 사람이 큰 충격을 받았습니다. 자신의 데이터가 자신의 (분명한) 동의 없이 무단으로 사용되었을 뿐만 아니라, 자신의 생각과 행동에 영향을 미치기 위한 의도로 사용되고 있다는 사실을 처음 알게 된 것입니다. 미국연방거래위원회 Federal Trade Commission 도 데이터 관리 책임을 물어서 페이스북에 50억 달러나 되는 벌금을 부과했습니다. 그런데 이런 프로파일링과 타깃 마케팅은 지금도 많은 곳에서 일상적으로 이뤄지고 있습니다. 사람들은 지금 보고 있는 광고가 자신의 연령, 성향, 관심사 등의 데이터를 기반으로 맞춤화된 마케팅이라는 사실을 알아채기 어렵습니다. 게다가 누군가에게 언제든 악용될 소지가 있지만 이를 방지하거나 해결하기가 어렵습니다. 케임브리지 애널리티카 데이터 스캔들은 그 내막이 상세하게 알려졌을 뿐이지, 데이터 프로파일링과 개인 맞춤형 마케팅은 중독경제 시대의 일상과도 같습니다.

페이스북의 은밀한 대규모 심리 실험

모바일 앱 서비스를 만들기 위해서는 앱의 디자인과 운영에 관해 많은 결정을 내려야 합니다. 광고를 어떤 크기로 어디에 놓아야 할지, 글자의 크기와 색은 어떤 것으로 할지, 제품의 검색 결과는 어떻게 보여줄지, 어떤 제품을 판매할지, 제품의 판매 가격이나 적립금은 얼마나 할지 등 수많은 의사결정을 해야 하죠. 이런 결정들까지 알고리즘이 해주지는 않습니다. 모두 사람이 직접 해야 하는 일이죠. 그렇다면 빅테크 기업은 어떤 방식으로 플랫폼의 디자인과 운영에 관한 결정을 할까요? 바로 'A/B 테스트'라고 불리는 기법을 사용합니다.

A/B 테스트는 간단히 이야기하면 웹사이트상의 어떤 장치가 사람들의 마음이나 행동에 어떤 결과를 가져오는지를 알아보는 실험입니다. 제약 회사가 기억력이 좋아지는 약을 개발하는 경우를 생각해보겠습니다. 제약 회사는 새로 개발한 약이 기억력 향상에 실제로 효과가 있다는 것을 증명하기 위해서 임상시험을 거칩니다. 우선 참가자들을 모집합니다. 그다음 참가자들을 두 집단으로 나눕니다. 여기서 사람들을 무작위 기준으로 나누는 것이 중요합니다. 그래야 두 집단의 기억력 수준이 서로 유사해집니다. 무작위 기준을 사용하지 않을 경우, 한 집단에 기억력이 좋은 사람들이 몰려있을 수 있고, 그러면 결과가 왜곡되겠죠. 그래서 사람들을 무작위로 나눈 후, 한 집단에는 새로 개발한 약을 주고, 다른 집단에는 가짜 약을 줍니다. 가짜 약을 주는 경우에도 진짜 약이라고 말해줘야 합니다. 즉 두 집단 모두 기억력 향상에 도움이 되는 약을 먹는다고 생각하게 유도하는 것이죠. 그래야 약 성분 자체가 기억력 향상에 효과가 있는지를 알 수 있습니다. 참가자들이 약을 먹은 후에는 이

들의 기억력을 테스트할 수 있는 과제를 내줍니다. 이 과제에서 얻은 결과를 통계 기법을 사용해서 분석하면 해당 약이 효과가 있다고 판단할 수 있습니다.

이렇듯 사람들을 무작위 추출에 의해 두 집단으로 나눈 뒤 각 집단에 서로 다른 제품을 주는 것이 모든 실험의 공통된 원리입니다. 의학 실험, 심리학 실험, 마케팅 실험도 모두 동일한 방식으로 이뤄집니다. 빅테크 기업이 사용하는 A/B 테스트도 바로 이와 같은 방식을 따릅니다. 한 모바일 앱이 광고에 표시하는 '광고'라는 글자를 녹색으로 할지 회색으로 할지 결정하는 상황을 가정해보겠습니다. 예전이라면 심리학이나 마케팅 이론에 근거해서 의사결정을 했겠죠. 지금은 이론의 도움을 받을 필요가 전혀 없습니다. 앱에 접속하는 소비자를 무작위로 나눈 후에, 절반의 소비자에게는 녹색으로 표시된 '광고' 글자를 보여주고, 나머지 절반에게는 회색으로 표시된 글자를 보여줍니다. 짧으면 몇 시간, 길면 몇 주 동안 이런 방식으로 앱을 운영한 후에 소비자들이 광고를 클릭한 횟수를 비교합니다. 그리고 둘 중에서 더 많은 소비자의 클릭을 유도한 글자 색을 선택하면 됩니다. 소비자의 심리나 의사결정에 대해서 제대로 이해할 필요가 전혀 없습니다. 간단한 실험을 수행하는 것만으로 자신의 이익에 더 도움이 되는 것이 무엇인지 쉽게 파악할 수 있습니다. 그래서 요즘은 빅테크 기업뿐만 아니라 많은 기업이 모바일 앱을 디자인할 때 A/B 테스트를 사용합니다.

A/B 테스트는 지금 많은 기업에서 흔하게 사용되고 있습니다. 사용자만 모를 뿐이지, 우리가 지금 보고 있는 스마트폰 화면도 A 또는 B 가운데 하나일 수 있습니다. A/B 테스트는 기업 내부적으로 은밀하게 진행되기 때문에 언제, 누구를 대상으로, 어떤 실험이 이뤄지는지 알 방법은 없습니다. 그런데 2014년 한 논문이 발표되면서 페이스북이 진행한 대규모 실험이 세상에 알려진 적이 있습니다.[9] 당시 페이스북 데이터 분석 팀의 애덤 크레이머Adam Kramer 는 코넬대학교 교수 두 명과 함께 페이스북 뉴스 피드(친구들이 올린 글을 자동으로 추천해주는 것)에 대한 실험을 진행했습니다. 페이스북 사용자 약 70만 명을 대상으로 진행된 대규모 실험이었는데, 이들은 사용자들에게 긍정적(A) 또는 부정적(B) 뉴스 피드를 보여주고서, 이후 며칠간 이들이 페이스북에 어떤 글을 올리는지를 분석했습니다. 실험 결과, 긍정적 뉴스 피드를 본 사람들은 그 후 며칠 동안 긍정적 글을 많이 적었고, 부정적인 뉴스 피드를 본 사람들은 부정적 글을 많이 썼습니다. 즉 자신이 접한 뉴스 피드가 그 후 며칠간의 삶에 큰 영향을 미친 것이죠.

이 실험은 학문적으로는 중요한 가치를 가집니다. 소셜미디어가 보여주는 정보가 사람들의 삶에 얼마나 큰 영향을 미치는지를 잘 보여주기 때문입니다. 하지만 윤리적 측면에서는 큰 문제가 있습니다. 70만 명의 사용자들이 자신의 의지와 상관없이 부정적 뉴스 피드에 강제적으로 노출되었으며, 이로 인해서 며칠 동안 자신의 기분과 행동에 변화가 생겼지만, 자신이 실험 대상이 되었다는 사실 자체를 전혀 몰랐기 때문입니다. 단지 이 실험만 논문으로 작성되면서 세상에 공개되었을 뿐이지, 지금도 이와 유사한 실험은 끊임없이 이뤄지고 있습니다.

이렇듯 은밀하게 진행되는 대규모 실험 역시 중독경제 시대의 단면을 보여주는 예입니다. 오늘 갑자기 기분이 안 좋아지거나 불행하게 느껴진다면 자기도 모르게 A/B 테스트에 노출된 것일 수도 있습니다. 언제 어디서든 상관없이 테크 기업의 실험 대상이 될 수 있다는 것이 중독경제를 살아가는 사람들의 일상적인 모습입니다.

데이터의 양보다 깊이가 중요하다

지금까지 설명한 것처럼 빅테크 기업이 중독경제를 만드는 데 가장 핵심이 되는 자원은 막대한 양의 사용자 데이터입니다. 그리고 이들은 더 많은 데이터를 차지하기 위해 지금 치열한 전쟁을 치르고 있습니다. 이들에 맞서길 원하는 사업자라면 당연히 자신만의 데이터를 만들어내야 합니다. 하지만 빅테크 기업이 아닌 이상 대규모의 데이터를 수집할 수는 없습니다. 그렇다고 무조건 규모가 클 필요는 없습니다. 거창한 알고리즘을 가질 필요도 없습니다. 양이나 기술보다 중요한 것은 고객에 대한 이해도입니다.

빅테크 기업이 1만 명의 사용자에 대한 데이터를 갖고 있고, 이들 각각이 어떤 사람인지를 30% 수준으로 이해하고 있다고 가정해보겠습니다. 이들 기업과 맞서려면 당연히 30%보다는 훨씬 높은 수준으로 자신의 고객을 이해해야 합니다. 예를 들어 빅테크 기업이 그들의 사용자가 지금 어떤 단어를 검색하는지를 알고 있다면, 더 나아가 사용자가 어떤 이유로 이 단어를 검색했고, 검색한 결과에 어떤 감정을 느끼는지까지 알아야 합니다. 비록 빅테크 기업이 보유한 사용자의 1000분의 1에 불과한 10명의 사용자를 보유한 기업이라도 이들 각각에 대해 더 자세히 이해한다면 이들을 자신의 고객으로 만들고 자신만의 중독경제를 만들어낼 수 있습니다.

작은 규모의 사업자가 빅테크 기업처럼 손쉽게 데이터를 얻기는 어렵습니다. 하지만 손쉽게 얻는 데이터가 반드시 더 나은 데이터는 아닙니다. 고객에 대한 데이터를 얻는 방법이 정해져 있는 것도 아닙니다. 스마트폰 앱을 통해서 사용자의 활동을 추적할 수도 있지만, 매장에서 고객들의 행동을 직접 관찰하거나 이들과 직접 대화하면서 정보를 얻어낼 수도 있습니다. 온라인 공간에서 고객들과 소통할 수도 있습니다. 중요한 것은 고객을 깊게 이해하고, 이를 기반으로 사업을 운영하는 것입니다.

미국의 슈퍼마켓 가운데 트레이더 조$^{Trader Joe's}$라는 곳이 있습니다. 매장 크기는 대형 슈퍼마켓의 3분의 1 규모에 불과하고, 판매 품목도 10분의 1에 미치지 못합니다. 온라인 판매나 배송도 하지 않습니다. 그래서 아마존이 지배하는 세상에서는 금세 사라질 것 같은 곳입니다. 하지만 트레이더 조는 미국에서 팬덤이 가장 강한 슈퍼마켓으로 유명합니다. 아마존이 누구도 넘볼 수 없는 시장 지배력을 행사하고 있지만 트레이더 조는 여전히 자신만의 팬들을 기반으로 자기 자리를 굳건히 지켜나가고 있습니다. 이런 트레이더 조가 가장 잘하는 것이 고객을 면밀히 이해하는 것입니다.

트레이더 조는 사실 빅데이터 분석과 같은 거창한 마케팅을 전혀 하지 않습니다. 다른 여타의 대형 마트에서 흔히 사용하는 고객 카드조차 만들지 않기 때문에 고객에 대한 계량화된 데이터 자체를 아예 수집하지 않습니다. 대신 이들은 신제품을 출시하기 전에 매장에 무료 샘플을 최대한 많이 배치해서 고객들의 반응을 일일이 직접 관찰하고, 이에 기반해서 그 제품을 출시할지를 결정합니다. 트레이더 조의 마케팅 비용 가운데 가장 큰 비중을 차지하는 것이 바로 이 무료 샘플을 제공하는 비용일 정도로 고객의 반응을 가까이서 직접 관찰하는 데 많은 노력을 기울입니다. 그래서 이들은 고객이 무엇을 좋아하고 싫어하는지를 정확하게 이해하고, 이를 기반으로 제품을 개발하고 매장을 운영합니다. 빅테크 기업처럼 거창한 기술이나 빅데이터 분석에 의지하지 않고서도 고객의 속마음을 제대로 이해한다면 아마존에 맞설 수 있다는 것을 몸소 보여주고 있죠.

트레이더 조뿐만이 아닙니다. 최근 미국에서 짧은 기간에 크게

트레이더 조는 곳곳에 지역의 특색을 반영한 개성 있는 매장을 운영한다.
출처: 트레이더 조

성공한 스타트업들의 공통점이 바로 고객에 대한 이해 수준이 높다는 점입니다. 이들 스타트업 중에는 창업자 혹은 CEO가 매일같이 직접 고객이 올린 글을 모두 읽고, 이를 기반으로 사업 계획을 수립하는 경우가 많습니다. 아무리 빅테크 기업이 고객에 대해 많은 데이터를 가지고 있더라도 이들이 고객 한 명, 한 명을 깊게 이해할 수는 없습니다. 그렇기 때문에 자신의 고객들을 깊게 이해하는 것이 중독경제 시대에 가장 중요한 경쟁력이 될 수밖에 없습니다. 데이터에서 양보다 중요한 것은 깊이입니다.

목적 없이 무작정 수집한 데이터에는 분석에 방해가 되는 정보도 많고, 그것을 걸러내는 데 비용도 많이 듭니다. 그러니 데이터를 분석할 수 있는 기술도 중요하지만 수집한 데이터가 비즈니스적 가치를 낼 수 있는지 판단하는 정성과 관심을 먼저 기울여야 합니다. 나아가 고객 데이터를 통해 분석한 정보는 고객에게 유용하면서도 고객의 불편을 해결해주는 고객 이익으로 돌려줘야 합니다. 이는 곧 해당 비즈니스의 이익으로 이어집니다. 자신의 고객 한 명, 한 명을 제대로 이해하는 것만이 빅테크 기업이 지배하는 중독경제에서 자신만의 영역을 확보하는 최고의, 그리고 어쩌면 유일한 방법임을 명심해야 합니다.

11
중독경제의 생존 전략을 찾아라

마이크로 어딕션 전략

중독경제 시대에 사업자의 경쟁력은 데이터와 알고리즘에서 나옵니다. 그래서 비교할 수 없이 엄청난 양의 데이터와 고도화된 알고리즘을 가진 빅테크 기업에 절대적으로 유리한 시대입니다. 중독경제 시대에 신규 사업자나 중소 사업자들은 어떻게 빅테크 기업과 경쟁할 수 있을까요?

한 가지 방법은 작은 규모로 자신만의 중독 모델을 만들어내는 것입니다. 구글, 페이스북, 아마존의 가장 큰 장점은 스케일이 크다는 점입니다. 이들은 수억에서 수십억 명에 달하는 사람들을 고객으로 합니다. 그런데 스케일이 크다는 것은 장점인 동시에 단점이 될 수도 있습니다. 수많은 고객들 중에 이들이 제공하는 서비스와 상품에 만족하지 못하는 사람이 생겨날 수 있기 때문입니다. 그래서 기존 빅테크의 서비스에 만족하지 못하는 사람들을 대상으로 비교적 작은 스케일의 중독 모델을 만들어내면 이들과 대항할 수 있습니다. 이를 마이크로 어딕션micro-addiction 전략이라고 부릅니다. 시작은 작은 스케일이지만 그렇다고 해서 언제까지나 작은 스케일에만 머무르는 것은 아닙니다. 디지털 세계에는 네트워크 효과가 작동합니다. 일단 고객을 어느 정도 모으는 데 성공하면, 기존 고객이 새로운 고객을 끌어들이면서 큰 스케일로 성장하는 것이 가능해집니다. 즉 마이크로 어딕션 전략은 중독경제에 침투하기 위한 전략입니다.

중독경제에서 사업자들에게 가장 중요한 것은 단순히 많은 가입자를 모집하는 것이 아닙니다. 이보다 중요한 것은 스케일이 작더라도 강한 영향력으로 중독을 만들어내는 것입니다. 자신만의 작은 중독경제를 창출해낼 수만 있다면 이를 기반으로 사용자를 크게 늘릴 수 있습니다. 그렇다면 어떻게 마이크로 어딕션을 설계할 수 있을까요? 세 가지 방법을 소개합니다. 첫째는 중독을 만들어내는 새로운 규칙이나 방법, 즉 새로운 메커닉을 찾아내는 것입니다. 이를 뉴메커닉new mechanic 전략이라고 합니다(12. 뉴메커닉 전략). 빅테크 기업이 아직 찾아내지 못한 새로운 규칙을 찾아낸다면 자신만의 중독 비즈니스 모델을 창출할 수 있습니다.

두 번째는 기존 사용자들이 아니라 새로운 세대를 공략하는 것입니다. 기존 사용자들은 이미 빅테크 기업이 만들어낸 중독경제 속에서 살아가기 때문에 이들을 새로운 플랫폼으로 불러오는 것은 어려울 수 있습니다. 그렇다면 아직 빅테크 기업의 중독경제에 들어가지 않은 사람들이나 세대를 타깃으로 자신만의 중독경제를 만들 수 있습니다. 이것이 뉴에그$^{new-egg}$ 전략입니다(13. 뉴에그 전략).

세 번째로는 빅테크 기업의 빈틈을 공략하는 전략입니다. 빅테크 기업의 가장 큰 장점은 제공하는 상품의 종류가 많다는 것이죠. 하지만 사람들 중에는 상품의 종류가 적더라도 자신만을 위한 서비스처럼 느껴지는 곳을 선호하는 사람도 있습니다. 이런 사람을 위해 작은 규모의 중독경제를 만들어낼 수 있습니다. 이를 위해서는 큐레이팅^{curating} 능력이 중요합니다. 이를 엔터테인먼트와 합쳐서 큐레이테인먼트^{curatainment} 전략이라고 부릅니다(14. 큐레이테인먼트 전략).

어딕션 프리 전략

중독경제의 핵심은 중독에 있습니다. 사람들은 자의 반, 타의 반으로 스마트폰 앱에 중독된 삶을 살아갑니다. 이런 중독경제를 편리하게만 생각하는 사람도 있지만, 디지털 중독에 대해 반감을 갖고 이에 저항하려는 사람도 분명 존재합니다. 그리고 중독경제가 심화될수록 중독에서 벗어나려는 사람들은 많아질 수밖에 없습니다. 따라서 사람들을 중독에서 벗어나게 해주는 사업도 중독경제 시대의 중요한 생존 전략이 될 수 있습니다. 바로 어딕션 프리addiction-free 전략이 중독경제의 대안 전략이 되는 것이죠.

중독에 빠진 사람들을 중독경제에서 구해내는 방법에는 여러 가지가 있습니다. 그중 가장 효과적인 것은 사람들에게 인간적인 관계를 맺을 수 있는 기회를 제공하는 것입니다. 소셜 네트워크 앱과 사회성을 가진 게임은 사람들이 가진 사회적 욕구를 자극시킵니다. 하지만 그렇다고 해서 이런 것들이 인간의 사회적 욕구를 완전히 만족시켜주는 것은 아닙니다. 아무리 온라인 공간에서 새로운 사람들을 만나더라도 현실 속에서 친한 사람들을 실제로 만나서 이들과 교류하고 장기적인 관계를 맺는 것과는 다릅니다. 사람의 사회적 욕구가 제대로 충족되기 위해서는 사람들과의 실제적인 만남이 중요합니다. 그래서 다른 사람과 인간적인 관계를 형성할 수 있게 도와주는 비즈니스는 중독경제 시대에도 여전히 큰 매력을 가집니다(15. 휴머니스틱 브랜드 전략).

또 하나의 방법은 사람들의 자기조절을 도와주는 것입니다. 중독경제 시대에 사람들은 끊임없이 광고와 마케팅에 노출됩니다. 그래서 자신의 감정과 욕구를 조절하고 원하는 목표를 달성하기 위해 노력하는 일이 쉽지 않습니다. 수시로 알림을 보내는 디지털 기기의 방해 속에 한 가지 일에 집중하는 것도 어렵습니다. 그래서 중독경제를 살아가는 사람들에게는 자신의 자기조절력을 높여주고 계획한 목표를 향해 나아가는 데 도움을 주는 서비스에 대해 큰 니즈가 발생합니다. 중독경제 시대에는 사람들이 자기조절을 통해 성과를 내도록 의지를 다잡아주는 것 자체가 앞으로 중요한 사업 전략이 될 것입니다(16. 디지털 셀프컨트롤 전략).

어딕션 프리 전략의 마지막은 디지털 중독에 지친 사람들의 몸과 마음을 정화해주는 것입니다. 장기적으로 볼 때, 소비자를 중독시키려는 기업 간 경쟁이 치열해질수록 디지털 중독으로 직접 피해를 입거나 혹은 중독에서 빠져나오고 싶어 하는 사람도 많아질 수밖에 없습니다. 하지만 그렇다고 디지털 기기를 버리고 아날로그적 삶으로 돌아가는 것도 불가능합니다. 업무를 처리하고 일상 생활을 영위하기 위해서는 이미 우리 생활에 깊이 뿌리내린 디지털 기기를 사용하지 않을 수 없으니까요. 보다 현실적인 방법은 가끔씩 디지털 기기에서 벗어나 자신에게 몰입할 수 있는 시간을 갖거나 잊고 있던 아날로그적 삶의 가치를 깨닫는 시간을 갖는 것입니다. 이런 서비스를 제공해주는 곳은 중독경제 시대에 많은 사람에게 큰 매력으로 다가올 것입니다(17. 디지털 디톡싱 전략).

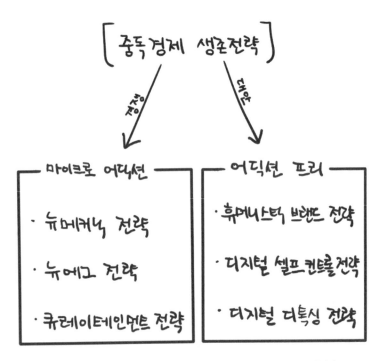

중독경제 생존전략

적응 → 마이크로 어딕션
- 뉴메커니 전략
- 뉴에고 전략
- 큐레이테인먼트 전략

대안 → 어딕션 프리
- 휴머니스틱 브랜드 전략
- 디지털 셀프 컨트롤 전략
- 디지털 디톡싱 전략

중독경제에서 살아남는 전략은 크게 빅테크 기업과 더 나은 중독 모델을 놓고 경쟁하는 방향과 중독경제의 대안을 제시하며 해독의 니즈를 충족하게 해주는 방향의 두 가지로 나눌 수 있다.

12
뉴메커닉 전략
: 새로운 중독의 열쇠를 찾아라

저커버그는 왜 인스타그램을 인수했을까

2012년 페이스북은 10억 달러(약 1조 1400억 원)라는 거금을 내고 당시 소셜 네트워크 분야의 떠오르는 별, 인스타그램을 인수합니다. 페이스북 내부에서 인스타그램에 대한 인수를 논의할 때 저커버그는 당시 페이스북 최고재무관리자Chief Financial Officer, CFO였던 데이비드 에버스만David Ebersman에게 다음과 같은 말을 합니다.

"소셜 서비스에는 네트워크 효과가 작동하고, 사람이 발명할 수 있는 소셜 메커닉에는 한계가 있어요. 누군가가 하나의 메커닉을 차지하면 다른 사람은 아예 다른 방식을 도입하지 않는 한 그 메커닉을 이기기가 어려워요. 누군가 인스타그램보다 더 나은 서비스를 만든다면 인스타그램의 사용자를 뺏어올 수 있겠지만, 인스타그램이 계속 운영되는 한 이런 일은 일어나기 어렵겠죠."[1]

저커버그가 말한 '소셜 메커닉'이란 플랫폼의 작동 방식을 말합니다. 당시 페이스북은 텍스트 중심의 소셜 네트워크 서비스였고, 이런 방식을 가진 플랫폼 가운데 독보적인 위치의 사업자였죠. 그런데 어느 날 갑자기 인스타그램이라는 새로운 사업자가 사진 기반의 새로운 메커닉을 들고 나오면서 가입자를 빠르게 늘려나갔던 것입니다. 인스타그램 서비스가 시작된 것은 2010년의 일인데 불과 두 달 만에 이용자 수가 100만 명을 넘어섰고, 1년 후에는 1000만 명을 넘어섰습니다. 아무리 페이스북이 많은 이용자를 보유하고 있어도 사진 기반의 플랫폼 분야에서는 인스타그램이 가장 강력한 플랫폼으로 성장할 것이기 때문에 저커버그는 늦기 전에 페이스북이 인스타그램을 인수해야 한다고 내부 경영진을 설득한 것이죠.

당시 페이스북 내부에서는 10억 달러나 되는 거금을 주고 인스타그램을 인수하는 것에 회의적 목소리가 많았습니다. 하지만 10년이 지난 지금 시점에서 돌이켜보면 저커버그의 판단은 옳았다고 볼 수 있겠죠. 페이스북은 페이스북대로 계속 성장을 하고 있고, 동시에 인스타그램은 사진 기반의 플랫폼 가운데 최강자로 자리 잡았으니까요. 그리고 소셜 메커닉과 관련된 저커버그의 발언은 플랫폼 비즈니스의 본질을 꿰뚫는 탁월한 통찰이라고 할 수 있습니다.

플랫폼에는 강력한 네트워크 효과가 작동합니다. 하나의 플랫폼이 티핑 포인트를 넘어 시장에서 지배적 위치에 오르게 되면 새로운 사업자들은 그 사업자와 동일한 서비스로는 직접 경쟁하기가 어렵습니다. 검색 엔진 분야의 구글, 쇼핑 플랫폼 분야의 아마존, 소셜 네트워크 분야의 페이스북과 인스타그램의 시장 지배력이 시간이 지날수록 오히려 강해지는 것을 보면 이를 잘 알 수 있습니다. 한국에서도 메신저 분야의 카카오톡, 정보 포털 분야의 네이버, 가격비교 서비스 분야의 네이버쇼핑, 배달음식 분야의 배달의민족이 이 경우에 해당합니다. 새로운 사업자는 기존의 서비스와 동일한 메커닉을 가지고는 성공하기 어렵습니다. 중독경제 시대에 시장에 성공적으로 진입하고 빅테크 기업과 경쟁하기 위해서는 기존에 존재하지 않았던 새로운 메커닉을 찾아내야 합니다.

틱톡: 15초가 만드는 강한 중독

2021년 6월 12일 미국 마이애미에 있는 하드록 스타디움에서는 "플랫폼의 전투: 유튜버 vs. 틱톡커Battle of the Platforms: Youtuber vs.

Tiktokers"라는 권투 시합 이벤트가 개최되었습니다. 7명의 인기 유튜버와 7명의 인기 틱톡커(틱톡에서 활동하는 인플루언서)가 대형 스타디움에서 정식으로 권투 시합을 벌인 것이죠. 이 경기에 참가한 유튜버와 틱톡커는 한국에는 잘 알려져 있지 않지만 미국에서는 큰 인기를 얻은 사람들입니다. 가령, 유튜버 대표 중 한 명인 오스틴 맥브룸Austin McBroom은 구독자 수가 무려 1800만 명이고, 틱톡 대표 중의 한 명인 브라이스 홀Bryce Hall은 틱톡 팔로어가 2000만 명이나 됩니다. 이 경기는 라이브X라이브LIVEXLIVE라는 스트리밍 업체에 의해 생방송으로 진행되었고, 많은 사람이 49.99달러, 약 6만 원이나 되는 돈을 내고 이 경기를 시청했습니다.

예전 같았으면 인기 권투 선수들의 타이틀 매치와 같은 규모의 경기를 지금은 유튜버와 틱톡커들이 하는 것이죠. 현재 엔터테인먼트 산업에서 이들이 얼마나 큰 영향력을 가지고 있는지, 그리고 지금 동영상 플랫폼 분야에서 틱톡의 위상이 어느 정도인지를 실감할 수 있습니다. 2010년대 중반까지만 해도 유튜브는 동영상 플랫폼으로서 독보적 위치를 차지하고 있었습니다. 어떤 경쟁자가 나타나도 유튜브의 지위는 전혀 흔들리지 않을 것 같았죠. 유튜브와 유사한 동영상 플랫폼들이 무수히 많이 만들어지고 있었지만 유튜브의 지배력은 오히려 더욱 공고해지고 있었습니다. 그래서 유튜브와 대항하려는 사업자들은 유튜브와 싸우기 위해서 전에 없던 새로운 메커닉을 내세워 시장에 진입합니다. 바로 짧은 길이의 동영상 플랫폼, 즉 숏폼 동영상 플랫폼입니다. 2013년에 미국의 스타트업 바인Vine이 6초 숏폼 동영상 플랫폼을 출시했고, 2017년에는 중국의 바이트댄스Bytedance가 틱톡이라는 15초 숏폼 플랫폼을 출시합니다. 그리고 이들 중에서 지금 틱톡이 숏폼 동영상이라는 새로운 메커닉의 승자가 되어 이제는 유튜브의 가장 강력한 경쟁자로 인식되고 있습니다.

틱톡이 등장할 당시 유튜브와 같은 기존 동영상 플랫폼에서는 사람들이 올릴 수 있는 동영상에 시간 제한이 없었습니다. 하지만 틱톡은 동영상의 길이를 15초로 제한하고, 사람들이 손쉽게 동영상을 제작할 수 있는 도구를 제공했습니다. 그런데 새로운 메커닉을 찾아낸다고 해서 반드시 성공이 따라오는 것은 아닙니다. 새로 찾아낸 메커닉이 기존의 메커닉보다 강한 중독성을 가져야만 시장에 침투할 수 있습니다. 그리고 여기에 틱톡의 성공 비결이 있죠.

앞서 '시핑' 부분에서 설명한 것처럼 동영상 콘텐츠의 내용이 길면 사람들은 시청 자체를 주저합니다. 잘못된 선택을 했을 때 버리게 될 시간 비용에 대한 걱정 때문입니다. 15초라는 짧은 시간은 이러한 걱정을 없애줍니다. 즉 중독을 만드는 첫 단계인 '시핑'을 쉽게 해주는 역할을 합니다. 그런데 시핑만 유도한다고 해서 사람들이 중독되지는 않습니다. 더 중요한 것은 시핑을 한 후에 경험하게 되는 보상입니다. 이 부분에서 '15초'라는 제한이 역시 큰 역할을 합니다. 동영상을 만드는 크리에이터 입장에서는 15초 안에 사람들의 관심을 끌고 그들을 즐겁게 해줘야 합니다. 15초는 엄청나게 짧은 시간입니다. 지금 자신 앞에 앉아 있는 상대방을 15초 안에 즐겁게 만드는 일은 거의 불가능에 가까운 일일 것입니다. 그렇다면 어떻게 해야 15초 동영상으로 사람들의 관심을 끌고 즐거움을 줄 수 있을까요? 바로 흥미성과 자극성을 극대화하는 것입니다. 사람들에게 도움이 되는 유익한 정보나 마음을 평온하게 해주는 콘텐츠보다는 짧은 시간에 사람들을 즐겁게 할 수 있는 자극적이고 흥미로운 콘텐츠, 가령 재미있는 영상이나 사람을 깜짝 놀라게 만드는 영상을 만들어야겠죠. 이것이 틱톡에 흥미롭고 자극적인 동영상이 많은 이유입니다. 15초마다 뇌의 보상회로가 자극되는 것이기에 한번 틱톡 동영상을 시청하기 시작하면 한두 시간을 계속 시청하게 됩니다.

15초라는 제약은 크리에이터들이 동영상을 틱톡에 자주 올리게 만드는 장치이기도 합니다. 소셜미디어가 사람들을 중독시키는 중요한 요인은 '좋아요'라는 칭찬입니다. 이런 칭찬은 뇌에 불규칙적 보상으로 작용하기 때문에 사람들이 지속해서 칭찬을 갈구하게 하죠. 그런데 다른 소셜미디어 플랫폼과 비교하여 틱톡은 '좋아요' 반응이 올라가는 속도가 더 빠릅니다. 15초면 동영상 시청이 완료되기 때문에, 사람들이 좋아할 만한 동영상에는 매우 빠른 속도로 하트(틱톡에서 사용되는 '좋아요' 버튼) 개수가 늘어납니다. 동영상을 올린 사람 입장에서는 빠른 속도로 다른 사람들의 칭찬을 받을 수 있

'짧고 굵은' 숏폼 콘텐츠의 트렌드를 이끈 틱톡
출처: 틱톡

기에 그만큼 중독성이 강합니다.

틱톡은 15초 동영상이라는 새로운 메커닉을 통해서 동영상 플랫폼 시장에 빠르게 침투했고 지금 큰 성공을 거두고 있습니다. 그렇다면 이제 시장에 진입하려는 사업자는 어떤 새로운 메커닉을 찾아내야 할까요? 동영상을 더 짧게 만들어야 할까요? 그렇지는 않습니다. 틱톡이 성공한 것은 동영상이 짧아서가 아니라 기존의 동영상보다 짧은 분량이 더 강한 중독성을 만들어내기 때문입니다. 하지만 동영상을 15초보다 더 짧게 만들면 담을 수 있는 내용이 한정되기 때문에 지금보다 중독성이 오히려 약해질 수도 있겠죠. 실제로 바인이 선보인 6초 동영상 플랫폼은 틱톡만큼 큰 성공을 거두지는 못했습니다. 중요한 것은 동영상의 길이가 아니라 새로운 메커닉이 얼마나 큰 중독을 만들어내는지입니다. 중독성이 강한 메커닉을 찾아내기만 한다면 유튜브, 틱톡을 잇는 새로운 플랫폼이 탄생할 수 있습니다. 중독의 새로운 메커닉을 찾아내는 것이 바로 중독경제에서 가장 중요한 성공 요인인 것이죠.

레딧: 내가 드러나지 않는 플랫폼

주식에 관심 있는 사람이라면 2020년 말과 2021년 초에 걸쳐서 진행된 헤지펀드^{Hedge Fund}와 개인 투자자들 사이의 게임스

톱GameStop 주가 전쟁에 대해서 알고 있을 것입니다. 당시 헤지펀드는 게임스톱의 주가가 하락할 것을 예상하고 게임스톱 총 주식 수보다 더 많은 주식을 공매도했고, 개인 투자자들은 이런 헤지펀드의 공매도 관행에 반발하여 게임스톱의 주식을 사들이면서 주가를 상승시켰죠. 당시 개인 투자자들의 집결지로 알려지면서 언론에 자주 등장한 플랫폼이 있습니다. 바로 레딧Reddit이라는 곳입니다.

레딧은 영어 텍스트 기반의 플랫폼이기 때문에 한국에서는 많이 사용되고 있지 않지만, 전 세계적으로는 월간 사용자 수가 5000만 명이 넘는 인기 플랫폼입니다.[2] 페이스북, 인스타그램, 트위터와 같은 거대 플랫폼과 비교하면 작은 규모지만, 지난 몇 년간의 사용자 수 증가율은 이들을 크게 앞서고 있습니다. 최근에 가장 빠르게 성장하는 플랫폼 가운데 하나입니다.

레딧을 처음 접해본 분들은 이런 인기가 잘 이해되지 않을 수 있습니다. 동영상 중심의 다른 플랫폼들과 다르게 레딧은 텍스트 기반이기 때문입니다. 일단 텍스트로 된 게시물에 다른 사용자들이 텍스트로 댓글을 다는 방식이어서 구식 플랫폼처럼 느껴집니다. 그리고 이런 텍스트 방식의 플랫폼은 레딧 외에도 이미 수없이 존재하죠. 그런데 왜 레딧만 이처럼 큰 인기를 얻는 것일까요? 그것은 레딧이 일반적인 텍스트 방식이면서도 동시에 중독성을 잘 디자인해냈기 때문입니다.

레딧은 서브레딧이라고 불리는 하위 커뮤니티들로 구성됩니다.

서브레딧은 주제별로 만들어지는데 2021년 5월 기준으로 레딧에 존재하는 서브레딧의 수는 280만 개가 넘습니다.[3] 이 정도 숫자면 사실상 생각해낼 수 있는 모든 주제에 대해서 서브레딧이 있다고 해도 무방할 정도입니다. 서브레딧 중에는 다양한 새의 이미지에 사람의 손 이미지를 포토숍으로 합성한 기괴하고도 유머러스한 사진들을 공유하는 곳도 있고(r/birdswitharms), 물속에 잠겨 있는 의자 사진을 공유하는 곳도 있습니다(r/chairsunderwater). 친구들이나 가족을 골탕 먹이기 위한 계략을 공유하는 곳도 있습니다(r/myevilplan). 이처럼 다양한 주제의 서브레딧에서 사람들은 게시물을 올리고 코멘트를 작성합니다. 여기까지는 기존에 존재하는 온라인 포럼과 유사합니다. 하지만 포럼과의 중요한 차이점은 페이스북처럼 게시물에 '좋아요'(업보트[Upvote]라고 부름)를 표시할 수 있게 해준다는 점입니다. 그리고 이런 반응에 기초해서 게시물의 노출 순서를 정하고 게시자에게 명성 점수를 부여합니다. 업보트 숫자가 많을수록 게시물이 더 많은 사람에게 노출되고, 게시자의 명성 점수 역시 올라가는 것이죠. 게시물에 다는 코멘트에 대해서도 동일한 방식을 적용합니다. 좋은 코멘트를 많이 작성하면 작성자의 명성이 올라가는 것입니다. 이런 보상 장치들 때문에 사람들은 레딧에 더 많은 게시물과 코멘트를 올리고, 업보트 숫자가 올라가기를 기대하게 되죠.

그런데 유사한 보상 시스템을 사용하는 페이스북, 인스타그램,

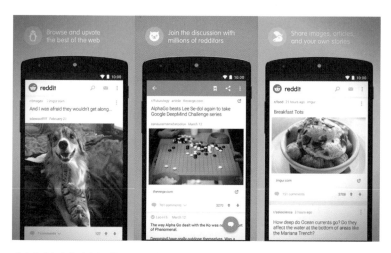

레딧의 이용자인 레디터Redditor는 280만 개 이상의 서브레딧에서
다양한 게시물을 올린다.
출처: 레딧

트위터 등과는 중요한 차이점이 있습니다. 바로 사람들의 개인적인 정보가 전혀 공개되지 않는다는 점입니다. 페이스북과 같은 소셜미디어 앱에서는 가입과 동시에 자신의 페이지를 만듭니다. 거기에 자신과 관련된 사진과 글을 올림으로써 다른 사람들에게 자신에 관한 정보를 제공하는 역할을 합니다. 그런데 이렇게 플랫폼상에 자신이 노출되는 구조이기 때문에 해당 플랫폼 사용자들은 자동적으로 자신과 다른 사람들을 끊임없이 비교하게 됩니다. 반면 레딧에서는 가입자 개인의 페이지를 만들지 않습니다. 자기 정보가 다른 사람들에게 공개되지 않으니, 남들과 자신을 굳이 비교할 필요도 없습니다. 익명성이 완전히 보장된 플랫폼인 것이죠.

정리하자면, 레딧은 페이스북이나 인스타그램이 가진 중독성을 가지고 있으면서도, 이들과는 다른 메커닉, 즉 익명성이라는 메커닉을 갖추고 있습니다. 소셜 네트워크 공간에서 자신을 드러내고 다른 사람들에게서 찬사나 칭찬을 받고 싶은 사람들에게는 그다지 매력적이지 않을 수 있는 플랫폼입니다. 하지만 자기를 드러내지 않은 채, 오로지 다른 사람들과의 정보 교환만을 원하는 사람들에게는 페이스북이나 인스타그램에 대한 완벽한 대안이 되는 것이 바로 레딧입니다.

인사이트
: 제2의 '좋아요' 버튼은 무엇일까

중독경제 시대에는 사람들의 중독을 유도하고 이를 유지하는 사업자가 큰 이익을 냅니다. 문제는 구글, 페이스북, 아마존과 같은 소수의 빅테크 기업이 이미 많은 사용자를 중독시켜 시장 전체를 지배하고 있다는 점이죠. 빅테크 기업이 독주하는 시장에 새로운 사업자가 성공적으로 진입하기 위해서는 이들과는 차별화된 중독 메커닉을 찾아내야 합니다. 고도화된 AI 알고리즘이나 강력한 네트워크 효과를 보유한 빅테크 기업과 동일한 방식으로 경쟁하려는 것은 의미가 없습니다. 앞서 보았듯 틱톡은 15초 동영상으로, 레딧은 익명성이 보장된 커뮤니티 방식으로 자신들만의 중독 메커닉을 찾아냈기에 성공을 거두고 있습니다.

그런데 새로운 중독 메커닉을 찾아낸다고 해서 성공이 보장되는 것은 아닙니다. 빅테크 기업들은 지금도 어떤 메커닉이 새롭게 등장하는지 실시간으로 감시하고 있습니다. 그리고 자신의 존재를 위협할 만한 새로운 메커닉이 발견되면 이를 자신의 서비스에 빠르게 탑재시키고 있습니다. 가령, 틱톡이 성공하자 유튜브와 페이스북도 비슷한 서비스를 제공했고, 클럽하우스와 같은 음성 기반의 서비스가 주목받았을 때도 이와 유사한 음성 기반의 서비스를 내놓았습니다. 이렇듯 자신이 힘들게 찾아낸 새로운 메커닉을 빅테크 기업들에 뺏기지 않기 위해서 필요한 것은 빠른 시간 안에 강한 중독을 만들어내는 것입니다.

　아무리 빅테크 기업이라고 하더라도 새로운 메커닉을 자신의 서비스에 탑재하기 위해서는 어느 정도의 시간이 필요합니다. 저커버그가 인스타그램을 인수한 이유도 잠재적 경쟁자를 자기 것으로 만들기 위한 데도 있긴 했지만, 페이스북이 인스타그램의 메커닉을 자체적으로 개발할 시간을 벌기 위한 데도 있었습니다. 페이스북 내부 회의 자료에 따르면, 저커버그는 인스타그램에 대해 다음과 같이 말했다고 합니다.

> "지금 인스타그램을 인수하면 인스타그램과 같은 경쟁자가 나타나기 전까지 인스타그램의 방식을 우리 것으로 만들 수 있는 시간을 일 년 혹은 그 이상 벌어다줄 수 있어요. 그 기간 동안 인스타그램이 사용하는 소셜 메커닉을 페이스북에 탑재시키면 우리는 이미 큰 규모로 이 메커닉을 운영하고 있기 때문에 새로운 사업자들은 사용자를 모으기가 힘들 거예요."[4]

　중독경제 시대의 새로운 사업자들은 빅테크 기업이 자신들이 찾아낸 새로운 메커닉을 모방해서 사용하기 전에 가능한 한 많은 사용자를 모아야 합니다. 그리고 빅테크 기업이 비슷한 서비스를 출시해도 그들이 떠나지 않게 해야 합니다. 그러기 위해 가장 중요한 것은 중독의 강도입니다. 사용자들이 서비스에 강하게 중독되어 있으면, 빅테크 기업이 자신을 모방한 서비스를 출시해도 고객 이탈을 막을 수 있습니다. 빠르게 자신만의 새로운 중독을 만들어내는 것이 중독경제 시대의 성공 전략인 것입니다.

이때 우리 뇌의 보상회로에서 답을 찾는 방법이 유용합니다. 보상회로는 자신을 자극하는 대상에 대해 중독을 만들어냅니다. 페이스북이 '좋아요'라는 칭찬 버튼을 찾아내서 사람들의 보상회로를 강력하게 자극할 수 있었던 것처럼, 보상회로를 자극하는 제2의 '좋아요' 버튼을 찾아내야 합니다. 사람의 뇌 속에 답이 숨겨져 있는 것이죠. 다행히 오늘날 뇌과학 분야의 활발한 연구 덕분에 뇌의 보상회로에 관한 의미 있는 사실들이 매번 새롭게 밝혀지고 있습니다. 뇌의 특성에 관심을 갖고 중독의 원리를 발견한다면, 달리 말해 인간의 심리와 행동을 정확하고 깊게 이해한다면 빅테크 기업을 이기는 새로운 중독 버튼이 무엇인지 그 힌트를 반드시 얻을 수 있을 것입니다.

다만 앞으로 중독을 둘러싼 경쟁이 첨예해지며 보상회로를 무작정 강하게 자극해서 소비자에게 고통을 주는 기업은 오히려 반감을 불러올 수도 있습니다. 기존에 없던 새로운 방식으로 보상회로를 자극하면서도 사람들에게 만족감과 행복감을 선사하는 것, 즉 건강한 중독 메커닉을 찾아내는 것이 성공의 중요한 열쇠가 될 것입니다.

13
뉴에그 전략
: 새로운 세대를 공략하라

네트워크 효과에도 역전의 틈은 있다

플랫폼에는 네트워크 효과가 작동합니다. 페이스북과 같은 소셜 네트워크 플랫폼의 경우, 사용자는 자신의 친구들이나 지인들이 많이 사용하는 플랫폼을 선택합니다. 유튜버나 틱톡커와 같은 크리에이터들은 사람이 많은 플랫폼에서 활동을 해야 더 많은 구독자를 확보할 수 있습니다. 아마존이나 쿠팡과 같은 쇼핑 플랫폼의 경우에는 사람이 많이 모여 있는 곳일수록 플랫폼이 제공하는 혜택이 많고 판매하는 제품과 서비스의 가격이 낮아집니다. 그래서 이미 많은 사용자를 확보한 플랫폼이 더욱 빠르고 크게 성장하는 현상이 나타납니다. 애플, 구글, 아마존, 페이스북은 바로 이 네트워크 효과를 바탕으로 시장을 선점하여 현재까지 절대 강자로 군림하고 있습니다.

그런데 네트워크 효과를 자세히 들여다보면 수평적 확산과 수직적 확산에 차이가 있는 경우가 많습니다. 수평적 확산이란 비슷한 연령대나 직업, 라이프스타일을 가진 사람들 안에서의 확산입니다. 반면 수직적 확산은 서로 다른 연령대나 직업, 라이프스타일을 가진 사람들 간의 확산을 말합니다. 거대 플랫폼에서 수평적 확산은 빠르게 나타나지만, 수직적 확산은 상대적으로 느리게 나타나는 경향이 있습니다. 이 점을 잘 활용하면 기존의 빅테크 기업과 경쟁할 수 있는 방법을 찾아낼 수 있습니다.

2020년 국내의 한 리서치 회사는 한국인이 많이 사용하는 소셜 미디어를 연령대별로 비교한 자료를 언론을 통해 발표한 적이 있습니다.[1] 이 자료에 따르면 한국의 20대가 가장 많이 사용하는 소셜 네트워크 플랫폼은 인스타그램이었습니다. 20대 가운데 인스타그램 사용자는 493만 명으로, 3위 플랫폼인 네이버 밴드의 178만 명보다 2.8배나 많습니다. 반면 40대에서는 이와 정반대로 네이버 밴드 사용자가 502만 명으로 1위, 인스타그램은 266만 명으로 3위였습니다. 네이버 밴드 사용자가 1.9배나 많은 것이죠. 이처럼 플랫폼은 비슷한 연령대 안에서는 강한 네트워크 효과를 발휘하지만 다른 연령대 사이에서는 상대적으로 그 효과가 약해지기도 합니다.

세상에는 끊임없이 새로운 세대가 탄생합니다. 한때 신세대라고 불리던 X세대(1970-1979년 출생)는 이제 기성세대가 되었고, 밀레니얼 세대(1980-1994년 출생)도 어느새 40대에 접어들기 시작했습니다. 디지털 네이티브 세대라고 불리며 현재 가장 많은 관심을 받고 있는 Z세대(1995-2009년 출생) 역시 머지않아 알파 세대(2010년 이후 출생)에게 자리를 물려줄 것입니다.

새로운 세대가 계속 탄생하기 때문에 아무리 페이스북이나 유튜브, 아마존과 같은 플랫폼들이 시장의 대부분을 지배하고 있어도 시간이 흐르면 새로운 사업자들에게는 새로운 기회가 생기기 마련입니다. 새로운 세대에게는 기존 플랫폼의 네트워크가 필요하지 않습니다. 오히려 자기들만을 위한 새로운 네트워크를 원합니다. 따라서 새로운 세대를 위해 만들어진 플랫폼은 기존 플랫폼으로 채워지지 않는 틈을 비집고 들어가 자신만의 중독경제를 만들어낼 수 있습니다. 이렇듯 새로운 세대를 공략해서 시장에 침투하는 전략이 바로 뉴에그 전략입니다.

스냅챗: 오직 10대들을 위한 SNS

소셜미디어 가운데 네트워크 효과가 가장 강하게 나타나는 것은 카카오톡과 같은 메신저 서비스입니다. 메신저 서비스는 말 그대로 사람들 사이의 의사소통을 목적으로 하기 때문에 서비스의 차별성보다도 사용자 수가 소비자에게는 가장 중요한 선택 기준이 됩니다. 대개는 주변에서 가장 많이 사용하는 메신저를 사용하게 되죠. 그래서 국가별로 가장 많이 사용되는 메신저는 다르지만, 한 국가 안에서는 하나의 메신저가 90%가 넘는 점유율을 차지하는 일이 흔하게 발생합니다. 한국에서는 카카오톡의 점유율이 90%가 넘는 것으로 알려져 있습니다. 그런데 이런 메신저 시장에서 미국 10대들 사이에 돌풍을 일으킨 플랫폼이 있습니다. 바로 스냅챗 Snapchat입니다.

스냅챗은 스탠퍼드대학교에 다니던 학생들이 2012년에 만든 메신저 앱입니다. 하지만 기존의 다른 메신저 앱과 다르게 스냅챗의 메시지들은 휘발성을 가집니다. 일정 시간이 지나면 사라지는 것이죠. 일상에서 사람들 간의 대화가 저장되지 않는 것처럼, 실제 대화처럼 느껴지는 메신저를 만들기 위해서 이런 기능을 만들었다고 합니다.

특히 10대들의 경우, 자신이 나눈 대화나 주고받은 사진이 다른 사람에게 보이는 것을 원하지 않는 경우가 많기 때문에 스냅챗이 선보인 휘발성 메신저는 미국 10대들 사이에서 큰 인기를 얻었습니다. 또한 스냅챗에는 매일 친구와 사진을 주고받은 기간을 표시해주는 기능인 스냅스트릭Snapstreaks이 있습니다. 10대들은 이 기간을 우정의 지표로 여기고 스냅스트릭 날짜를 늘리기 위해 매일같이 스냅챗을 이용합니다. 이 날짜가 10대들의 뇌에 보상으로 작용해서 이들을 중독시키는 것이죠. 게다가 자신의 현재 위치를 친구와 공유하는 기능, 자신의 하루를 24시간 동안 친구들과 공유하는 스토리 기능 등 10대들이 좋아할 만한 기능들을 지속해서 추가합니다. 참고로 인스타그램의 스토리는 페이스북의 스냅챗 인수 시도가 실패한 이후 스냅챗의 스토리를 모방해서 만든 것입니다.

이처럼 10대들을 위한 메신저라는 확실한 타기팅 덕분에 스냅챗은 미국에서 지금 10대들에게 가장 많이 사용되는 소셜미디어로 자리 잡았습니다. 한 리서치 회사는 해마다 10대들이 가장 중요하게 생각하는 소셜미디어에 대한 실문조사를 진행하는데 스냅챗은 2016년부터 매년 인스타그램이나 페이스북, 트위터 등을 제치고 가장 중요한 소셜미디어로 꼽힙니다. 그 정도로 미국 10대들 사이에서 스냅챗의 뉴에그 전략은 확실한 성공을 거두고 있다고 할 수 있습니다.[2]

유령을 닮은 스냅챗의 로고는 일정한 시간이 지나면 메시지가 사라지는 특징을 잘 드러낸다.
출처: 스냅챗

로블록스: 어린이를 위한 새로운 게임 세상

로블록스는 메타버스 시대의 선두주자로 여겨지는 게임 플랫폼입니다. 짧은 기간 사용자의 규모가 워낙 빠르게 성장해서 이제는 빅테크 기업의 하나처럼 느껴질 수도 있지만, 분명한 것은 기존 빅테크 기업의 틈바구니를 뚫고 들어온 새로운 사업자이며, 뉴에그 전략의 가장 좋은 본보기 가운데 하나라는 사실입니다.

로블록스는 하나의 게임이 아니라 많은 게임이 모여 있는 가상 세계입니다. 게임 개발자는 자신이 만든 게임을 로블록스에 올리고, 이용자들은 무료로 게임을 플레이합니다. 그런데 다른 게임 플랫폼들과 중요한 차이점이 있습니다. 일반적인 게임 플랫폼에서는 각각의 게임이 독립적입니다. 이를테면 게임마다 다른 아바타를 만들어서 플레이합니다. 반면, 로블록스에서는 사용자가 이용하는 아바타가 고정되어 있습니다. 자신이 만든 하나의 고정된 아바타를 가지고 이 게임, 저 게임을 자유롭게 돌아다니는 방식입니다. 그래서 로블록스에서는 각 게임이 아니라 로블록스 자체가 하나의 독립된 세상을 구현합니다.

이러한 차이점이 가져오는 가장 중요한 결과는 사용자들 사이의 관계성입니다. 동일한 이름을 가진 아바타로 게임을 하기 때문에, 한 게임에서 친구 관계가 형성되면 이 관계가 다른 게임에서도 계속 유지됩니다. 그래서 로블록스 사용자들은 게임에서 만나는 사람

다양한 게임과 콘텐츠로 누구나 자연스러운 수익을 창출하는 로블록스
출처: 로블록스

들과 서로 친구 관계를 맺고, 다른 게임에서 만나 다시 함께 게임을 하거나, 자신이 하는 게임에 초대합니다. 자신의 로블록스 친구가 지금 어떤 게임을 하는지를 보고 그 게임에 참여하기도 합니다. 현실에서 아이들이 친구들과 이곳저곳을 돌아다니며 노는 것처럼, 로블록스 세상에서도 친구들과 다양한 게임 속을 누비면서 함께 노는 것이죠. 이런 점에서 로블록스는 현실 세계의 놀이판을 그대로 반영하고 있습니다.

로블록스의 게임들은 사실 성인이 즐기기에는 매력이 부족합니다. 누구나 게임을 만들어서 올릴 수 있도록 허용했기 때문에 로블록스의 게임은 대부분 그래픽의 수준이 높지 않고 게임의 구조나 설정도 단순합니다. 그래서 초등학교 고학년만 되어도 로블록스를 하지 않는 아이들이 많습니다. 한 자료에 따르면 로블록스 사용자의 25%가 9세 미만이고, 29%는 9세에서 12세라고 합니다.[3] 25세 이상의 사용자는 14%밖에 되지 않습니다. 미취학 아동이나 초등학생들이 주 사용자인 것입니다.

하지만 어린아이들에게는 현실적이거나 자극적인 그래픽은 중요하지 않습니다. 게임 구조나 스토리가 복잡할 필요도 없습니다. 이보다 중요한 것은 새로운 친구들을 사귀고, 친구들과 함께 노는 것입니다. 친구들과 함께 놀 수 있는 공간이 존재하고 간단한 게임 규칙만 있으면 매일같이 몇 시간이든 놀 수 있는 것이 아이들입니다. 집 앞 놀이터에서 매일 친구들과 술래잡기를 하며 노는 아이들을 생각해보면 쉽게 상상이 되실 것입니다. 이런 점에서 로블록스는 중독경제 시대에 어린아이들에게 최적의 놀이터라고 볼 수 있습니다. 로블록스는 빅테크 기업이 차지하고 있는 성인 시장이 아니라 이들의 영향력이 비교적 적은 어린 세대의 마음을 사로잡으며 자신만의 중독경제를 만들어내고 있습니다.

젠리: 지금 네가 어디 있는지 알고 싶어

제 수업을 듣는 대학생들에게 기성세대는 모르지만 10대들에게 인기 있는 앱을 하나씩 소개하라는 과제를 내준 적이 있습니다. 그런데 수강생의 절반 가까운 학생들이 같은 앱을 소개했습니다. 젠리Zenly라는 위치 공유 앱입니다. 젠리는 친구들과 실시간으로 위치를 공유하고 메시지도 주고받을 수 있는 새로운 형태의 소셜 네트워크 앱입니다. 10대들은 젠리를 통해 자신이 지금 어디에 있거나 어디로 이동하는지를 친구들과 서로 공유합니다. 집에 있을 때는 집 모양의 아이콘이 뜨고, 잠을 자고 있을 때는 잠을 자고 있다는 아이콘이 뜨며, 심지어 배터리 잔량까지도 공유됩니다.

한마디로 친구와 자신의 모든 것을 공유하게 해주는 것이죠. 혼자 있는 것을 좋아하는 제 입장에서는 솔직히 가장 피하고 싶은 앱입니다. 하지만 이 앱이 지금 10대들 사이에서 큰 인기를 얻고 있

젠리는 자발적으로 위치 추적을 당하는 Z세대만의 놀이터다.
출처: 젠리

다고 합니다. 한 자료에 따르면 안드로이드 사용자만을 기준으로 젠리의 월간 사용자가 2020년 1월에 이미 70만 명을 넘어섰다고 합니다.[4]

기성세대들에게는 부담스러운 위치 공유 서비스가 10대들에게 큰 인기를 얻는 이유는 역시 10대들의 특성과 관련 있습니다. 10대들은 소속에 대한 욕구가 강합니다. 소속에 대한 욕구란 앞서 설명했듯, 사람들이 서로 사랑을 주고받으면서 의미 있는 사회적 관계를 형성하고 싶어 하는 심리적 욕구를 말합니다. 소속에 대한 욕구는 아이들이나 성인들 모두 기본적으로 갖고 있지만 청소년기에 특히 강하게 나타납니다. 청소년들은 선망하는 또래 집단의 일원으로 인정받고 싶어 하고, 친한 친구 사이끼리는 관계의 깊이를 계속 확인하고 싶어 하죠. 이런 청소년들에게 젠리는 친한 친구들이 서로에게 소속감을 느낄 수 있게 해주는 좋은 도구라고 볼 수 있습니다. 젠리가 가진 이런 강점 때문에 10대를 위한 메신저를 운영하는 스냅챗이 2017년 젠리를 2억 1330만 달러에 인수합니다.

인사이트
: 넥스트 MZ세대는 누구일까

지금 중독경제를 이끄는 것은 소수의 빅테크 기업입니다. 하지만 이들이 언제까지나 디지털 세상에서 강한 지배력을 행사할 수 있는 것은 아닙니다. 세상에는 끊임없이 새로운 세대가 탄생하고, 새로운 세대는 새로운 것을 원합니다. 게다가 이들은 기존 것들에 대한 거부감도 가지고 있습니다. 자신만을 위한 새로운 세상을 원하는 것이죠. 그렇기 때문에 새로운 사업자들에게는 끊임없이 새로운 기회가 생겨납니다.

특히, 현재 중독경제 시대의 중심이 되는 MZ세대의 다음 세대로 여겨지는 알파 세대에 주목할 필요가 있습니다. 알파 세대는 2010년대 초반부터 2020년대 중반까지 태어나거나 태어날 세대를 지칭합니다. 알파 세대의 가장 중요한 특징은 유아 시절부터 디지털 기기를 자연스럽게 사용한 최초의 세대라는 점입니다. 언어보다 디지털 기기 사용을 먼저 배운 첫 세대이기도 합니다. 이들은 사실상 처음부터 디지털 기기를 몸에 지니고 태어난 것과 다름없다는 점에서, 흔히 디지털 세대라고 일컬어지는 MZ세대와는 또 다른 존재입니다. 그렇기 때문에 알파 세대는 현재 인기 있는 디지털 서비스에 만족하지 못할 가능성이 큽니다. 최근 알파 세대만을 타깃으로 한 서비스가 빠르게 성장하는 모습들을 보면 이런 현상은 이미 시작되었다고 볼 수 있습니다.

이처럼 새롭게 등장하는 세대를 타깃으로 삼고, 이들의 마음을 사로잡는 새로운 메커닉을 찾아내는 사업자는 자신만의 새로운 중독경제를 만들어내어 언젠가는 빅테크 기업을 이기고 중독경제의 새로운 승자가 될 수도 있습니다.

물론 새로운 세대만이 뉴에그 전략의 대상은 아닙니다. 예를 들어 MZ세대 중에서도 기존 빅테크 기업이 제공하는 시스템에 불만족하는 사람들이 생겨날 수밖에 없습니다. 거대하고 일률적인 서비스가 모두의 니즈를 충족시키기 어려울 뿐더러, 기술과 트렌드가 빠르게 변하는 만큼 서비스에 대한 충성도나 욕구도 시시각각 달라지기 때문이죠. 이들은 자연스럽게 기존에 존재하지 않았던 새로운 시스템에 관심을 갖게 됩니다.

한편 고령화 사회에 접어들면서 나날이 규모가 커지는 실버 세대에도 주목할 필요가 있습니다. 과거의 실버 세대와 앞으로 등장하는 실버 세대 사이에는 큰 차이가 있습니다. 과거의 실버 세대는 디지털에 익숙하지 않습니다. 하지만 앞으로의 실버 세대는 젊은 시절 이미 디지털 기기에 노출되고 익숙해진 사람들입니다. 과거의 실버 세대와는 전혀 다른 사람들이죠. 그렇기 때문에 이들도 자신들만을 위한 새로운 시스템을 원하게 될 것입니다. 기존 세대지만 차별화된 서비스를 원하는 이들을 위해 새로운 중독경제를 만들어낸다면 이 역시 빅테크 기업에 대항하는 뉴에그 전략이 될 수 있습니다.

이와 관련해 더 생각해볼 이야기가 남았습니다. 마케팅의 구루로 일컬어지는 필립 코틀러Philip Kotler는 지금 시대가 제품과 서비스에 대한 서로 다른 선호를 가진 다양한 세대가 공존하는 시대라고 진단한 바 있습니다. 서로 다른 취향을 가진 다양한 세대가 한 시대를 살아가는 만큼 뉴에그 전략의 대상에 제한은 없습니다. 새로운 것을 원하는 사람들 모두에게서 기회를 찾을 수 있습니다.

더구나 앞으로 다가올 시대의 경쟁은 빅테크 기업처럼 몸집이 큰 기업에 절대적으로 유리한 게임은 아님이 분명합니다. 시간이 지날수록 디지털 생태계는 현재의 플랫폼 중심에서 점차 사용자 중심으로 진화해나갈 것입니다. 빅테크 기업에 맞서 승부수를 띄우려면 개인화된 서비스가 각광받는 시대가 온다는 점을 이해해야 합니다. 달리 말해 자신의 비즈니스 모델이 단순히 얼마나 많은 사용자를 확보하느냐보다는 각 사용자에게 얼마나 잘 들어맞는 서비스를 제공해서 이들을 철저히 만족시키느냐에 성패가 달려 있습니다. 바로 여기에 역전의 기회가 있습니다.

14
큐레이테인먼트 전략
: 나만의 소우주를 만들어라

넷플릭스의 추천이 별로인 이유

빅테크 기업의 강점은 보유한 콘텐츠나 제품의 종류가 많다는 점입니다. 유튜브가 보유한 채널의 숫자는 3100만 개나 되고 매 분마다 500시간이나 되는 콘텐츠가 새로 업로드됩니다. 세계 최대의 쇼핑 플랫폼 아마존이 판매하는 제품 수는 4억 개가 넘으며 아마존의 오픈마켓Open Market(인터넷에서 판매자와 구매자를 직접 연결하여 직거래하게 하는 곳)에서 제품을 판매하는 사업자의 수도 200만 명에 달합니다. 세계에서 가장 많이 사용되는 검색 엔진 구글의 인덱스(검색 엔진이 검색할 수 있는 정보)는 경쟁자인 마이크로소프트의 검색 서비스인 빙의 다섯 배 규모로 알려져 있습니다.

하지만 비즈니스 세계에서는 사이즈가 크다고 반드시 좋은 것은 아닙니다. 보유한 콘텐츠나 제품의 종류가 너무 많으면 선택의 어려움을 겪는 사람들이 생기고, 이곳은 자신을 위한 곳이 아니라고 생각하는 사람들도 생깁니다. 이들은 규모가 작더라도 자신만을 위한 곳처럼 느껴지는 곳을 찾아 나섭니다.

물론 플랫폼의 알고리즘이 사람들의 선택을 도와주는 역할을 하지만 알고리즘에는 분명한 한계가 있습니다. 사람들은 저마다 '선호preference'라는 것을 가지고 있습니다. 어떤 사람들은 둥근 모양의 제품을 좋아하고, 어떤 사람들은 각진 제품을 좋아합니다. 플랫폼의 알고리즘은 사람들의 과거 행동 데이터에 기초해서 그들의 선호를 파악하는 것을 목적으로 합니다. 이때 중요한 가정이 있습니다. 사람들 마음속에 분명하고 안정된 선호라는 것이 존재한다는 가정입니다. 사람들 스스로도 인식하지 못하는 선호를 알고리즘이 파악할 수 있다고 보는 것이죠.

그런데 이 가정에는 근본적인 문제점이 있습니다. 마음속의 선호라는 것이 고정된 것이 아니고 수시로 바뀐다는 점입니다. 가령 자신이 선택을 할 당시에 어떤 정보에 노출되며, 다른 사람이 어떤 제품을 선택하는지에 따라서 사람들의 선호는 끊임없이 바뀝니다. 그래서 심리학과 소비자행동 연구에서는 사람들의 선호가 고정된 것이 아니라 끊임없이 재구성된다고 보고 있습니다.[1] 사람들 마음속의 선호는 끊임없이 변하기 때문에 아무리 빅테크 기업이 고도화된 AI 알고리즘을 사용해도 사람들의 선호를 완전히 이해하고 그들이 좋아할 만한 것을 완벽하게 추천하는 것은 심리학적 관점에서 사실 불가능에 가깝습니다. 넷플릭스 알고리즘이 추천하는 작품들을 봐도 만족스럽지 않은 일이 자주 생기는 것도 이 때문입니다.

이와 반대로 자신이 좋아하거나 신뢰하는 어떤 사람이 추천해주는 제품을 사용하거나 작품을 보았을 때 오히려 더 만족스러운 경험을 할 때가 많습니다. 이런 일이 발생하는 이유는 이들이 자신의 선호를 잘 이해하고 추천해주기 때문이 아니라, 이들의 추천 자체가 내 선호에 영향을 주기 때문입니다. 다른 사람의 선호를 자신의 선호로 받아들이는 것이죠. 이것이 바로 큐레이팅의 힘입니다. 큐레이팅이란 해당 분야의 전문가나 인플루언서가 자신만의 기준으로 좋은 제품이나 작품을 추천해주는 것을 말합니다. 물론 사용자의 선호나 취향을 전혀 반영하지 않는 것은 아니지만, 큐레이팅에서 가장 중요한 것은 큐레이팅을 해주는 사람, 즉 큐레이터 자신의 선호나 취향입니다.

큐레이팅 서비스는 개별 사용자들의 선호나 취향을 일일이 반영하는 것이 아니기 때문에 수없이 다양한 제품이나 콘텐츠를 보유할 필요가 없습니다. 아주 제한된 숫자의 상품만 구비하고서도 사람들을 만족시킬 수 있는 것이죠. 물론 큐레이팅된 상품에 만족하지 못하는 사람들이 생길 수는 있습니다. 하지만 큐레이팅된 상품에 대한 만족도가 높은 사람들에게는 그곳이 바로 자신만을 위한 곳이라고 여겨집니다. 거의 모든 상품을 판매하는 대형 마트가 아니라 자신이 좋아하는 것만을 모아두고 파는 동네의 작은 가게처럼 친숙하고 소중하게 느껴지는 것입니다. 그래서 큐레이팅은 규모는 작아도 자신만의 중독경제를 만드는, 즉 마이크로 어딕션을 만들어내는 효과적인 전략이 됩니다.

그런데 큐레이팅 서비스에는 한 가지 약점이 있습니다. 큐레이팅을 기반으로 하는 서비스는 제공하는 상품의 종류가 제한적이기 때문에 사람들을 지속적으로 끌어들이는 요인이 부족하다는 점입니다. 어떤 플랫폼에서 판매하는 제품들이 아무리 자신의 취향에 잘 맞아도 이곳에서 판매하는 제품들이 늘 동일하다면 사람들은 필요할 때만 이곳에 방문합니다. 즉 중독이 발생하지 않는 것입니다. 그래서 큐레이팅 기반의 사업이 중독을 만들기 위해서는 자신이 판매하는 상품과는 별개로 사람들을 자주 방문하게 할 만큼 양질의 즐길 거리를 제공하는 것이 중요합니다. 큐레이팅과 동시에 엔터테인먼트가 필요한 것이죠. 이것이 바로 '큐레이팅+엔터테인먼트', 즉 큐레이테인먼트 전략입니다.

29CM: 매거진처럼 느껴지는 큐레이팅숍

매 학기 수업에서 저는 학생들에게 자신이 가장 좋아하는 브랜드를 조사해오라는 과제를 줍니다. 그중에서 애플과 나이키가 가장 많이 언급되고, 꼼데가르송이나 오프화이트와 같은 패션 브랜드도 많이 나옵니다. 그런데 매번 29CM라는 작은 쇼핑몰의 팬이라는 학생을 여럿 만납니다. 쿠팡이나 11번가, 옥션과 같은 대형 쇼핑 플랫폼의 팬이라는 학생은 지금까지 한 번도 보지 못했습니다. 그런데 유독 29CM에 대해서는 팬을 자처하는 학생들을 자주 봅니다. 왜 그들은 이곳의 팬이 된 것일까요?

29CM는 의류, 가전, 라이프스타일 아이템 등을 판매하는 온라인 편집숍입니다. 29CM라는 이름은 '너무 멀지도 가깝지도 않은 사람과 사람 사이의 거리, 설렘을 주는 거리'를 의미한다고 합니다.[2] 사람들에게 인간적으로 가깝게 다가가려는, 29CM만의 방향성을 잘 느낄 수 있는 이름입니다. 29CM는 다른 쇼핑몰들과 다르게 다양한 제품을 판매하지 않습니다. 알고리즘을 이용한 타깃 광고를 하지도 않습니다. 대신 자신들이 엄선한 제품을 고객에게 제안하고 왜 이 제품이 특별하고 좋은지를 설명해줍니다. 마치 박물관의 큐레이터가 유명 예술 작품의 가치에 대해서 설명해주듯이 고객에게 자신이 판매하는 제품의 의미를 설명해주는 것이죠. 말 그대로 큐레이팅 서비스를 제공하는 것입니다. 고객 입장에서는 이

29CM의 첫 브랜드 캠페인, 당신이(2) 구(9)하던 삶
출처: 29CM

런 큐레이팅 서비스가 자신과 맞지 않으면 더 이상 방문하지 않습니다. 하지만 이들의 큐레이팅 서비스에 만족하는 고객이라면 이곳에서 제안하는 제품들을 적극적으로 수용하고, 이곳을 자신만을 위한 공간이라고 느낍니다. 그렇게 이곳의 열렬한 팬이 되는 것이죠.

29CM는 기본적으로 자신들이 직접 큐레이팅을 하지만, 다른 큐레이터를 초대해서 그들의 선호와 취향을 공유하는 이벤트를 개최하기도 합니다. 2020년 8월부터 100일 동안 진행된 '매일의 가이드'가 그것인데요. 이 기간 동안 29CM는 각기 다른 직업과 라이프스타일을 가진 100명을 인터뷰하고 그들의 추천 아이템을 사람들에게 소개했습니다. 참가자들 중에는 10CM와 같은 뮤지션을 비롯해 잡지사 편집장이나 마케터도 있었습니다. 이들이 100일 동안 돌아가면서 자신이 사랑하는 제품들을 29CM의 고객들에게 소개한 것이죠. 고객 입장에서는 내가 좋아하고 믿을 수 있는 사람의 취향을 배우고 공유한다는 점에서 큐레이팅의 본질에 충실한 이벤트라고 할 수 있습니다.

그런데 큐레이팅을 아무리 잘한다고 해도 '볼거리'가 없으면 사람들은 자주 방문하지 않습니다. 그리고 이 부분에서 29CM만의 강점이 있습니다. 29CM를 이용하는 사람들은 이곳이 쇼핑몰이기보다는 매거진처럼 느껴진다고 이야기합니다. 29CM가 판매하는 제품의 브랜드 스토리와 철학, 의미 등에 대한 다양한 읽을거리들이 제공되기 때문입니다. 마치 패션이나 문화 매거진처럼 잘 편집된 29CM만의 콘텐츠는 사람들을 자주 이곳에 방문하게 만드는 중요한 요인이 됩니다. 게다가 29CM가 제공하는 콘텐츠를 읽은 고객들은 브랜드의 가치와 제품이 가진 의미에 대해 보다 깊이 이해하게 되고 이들이 큐레이팅한 제품들을 적극적으로 수용합니다. 즉 단순히 제품을 소비하는 것이 아니라 그 제품을 만든 브랜드가 좋아져서 제품을 구매하게 되는 것입니다. 29CM는 판매하는 제품이 다양하지 않아도 큐레이팅 능력과 콘텐츠만으로 많은 팬을 확보할 수 있음을 몸소 보여줍니다.

스타일쉐어: 또래 친구들의 취향을 공유하다

지금 10대와 20대 초반의 여성들에게 큰 인기를 얻고 있는 플랫폼 가운데 스타일쉐어Styleshare라는 곳이 있습니다. 일반 사람들이 자신이 코디한 옷을 입고 찍은 사진을 올리면 많은 사람이 댓글을 달면서 반응해줍니다. 어디서 그 옷을 구입할 수 있는지를 물어보는 사람도 많습니다. 최근 유행하는 신조어 'ㅈㅂㅈㅇ(정보좀요)'라는 말이 탄생한 곳이 바로 스타일쉐어입니다.

스타일쉐어는 2011년 사람들이 직접 자신만의 패션 코디를 보여주고 정보를 공유하기 위한 목적으로 만들어진 소셜 네트워크 앱입니다. 초기에는 패션 정보를 공유하는 플랫폼 역할만 하다가 2015년부터는 본격적으로 제품 판매까지 하고 있습니다. 스타일쉐어가 선보일 당시 이미 패션 코디에 대한 정보를 제공하는 곳들은 많이 있었습니다. 심지어 스타일쉐어와 똑같이 모바일 앱 기반의 패션 앱들도 많았죠. 그런데 수많은 패션 정보 앱 가운데 스타일쉐어가 성공할 수 있었던 이유는 패션 정보를 제공하는 주체가 10대, 20대의 평범한 사람들이었기 때문입니다.

패션 잡지나 패션 회사가 추천하는 패션 코디들은 사실 일반인이 공감하기 어려운 경우가 많습니다. 비현실적인 몸매를 가진 모델이 등장하고, 일반인들은 구입하기 어려운 고가의 제품으로 코디를 하는 경우가 많았죠. 이런 코디 정보들은 당장 내일 어떤 옷을 입어야 할지 고민하는 평범한 사람들에게는 도움이 되지 않았습니다. 그래서 스타일쉐어는 전문 모델이 아닌 일반 사람들이 직접 패션 코디를 추천하는 시스템을 만들게 되었고, 그것이 사람들에게 큰 호응을 얻으면서 성공하게 된 것입니다.

일반인이 패션 코디를 추천하는 시스템은 큐레이테인먼트 측면에서 또 다른 강점이 있습니다. 바로 콘텐츠가 끊임없이 공급된다는 점입니다. 유튜브가 중독성을 가질 수 있는 중요한 이유는 매일같이 수없이 많은 콘텐츠가 새롭게 올라오기 때문이죠. 유튜브와 마찬가지로, 스타일쉐어의 콘텐츠 공급자는 일반인이라서 스타일쉐어에는 매일 수없이 많은 코디 제안이 올라옵니다. 방문할 때마다 새로운 코디 제안을 보게 되고, 오랜 시간 접속해도 구경할 만한 콘텐츠가 끊임없이 공급되는 것이죠. 게다가 콘텐츠 공급자 측면에서도 그들을 중독으로 유도할 만한 요소들을 두루 갖추고 있습니다. 바로 '좋아요' 버튼입니다. '좋아요' 반응이 많은 게시물은 상위에 노출되며 그 게시물을 올린 사람의 명성도 올라갑니다. 반응이 좋으면 업체의 협찬까지도 받습니다. 콘텐츠 공급자가 계속해서 새로운 콘텐츠를 공급하도록 조종하는 강한 중독 요인이 존재하는 것이죠.

앞서 소개한 29CM는 기업 차원에서 큐레이팅을 하는 방식인 반면, 스타일쉐어는 일반인 누구나가 큐레이팅을 하는 방식입니다. 방식은 다르지만 사람들 마음속의 선호를 알고리즘으로 예측하거나 부추기는 것이 아니라 타인의 선호와 취향을 사람들에게 제안한다는 면에서는 동일합니다. 이런 큐레이팅 서비스가 지금 알고리즘 기반의 거대 플랫폼에 대한 새로운 대안으로 떠오르고 있습니다. 흥미로운 사실은 29CM와 스타일쉐어가 모두 한 회사에서 운영되는 플랫폼이라는 점입니다. 2018년 스타일쉐어가 29CM를 인수하면서 한 지붕 아래의 두 회사가 되었습니다. 그리고 2021년 5월에는 무신사가 스타일쉐어와 29CM를 3000억 원이라는 큰 금액에 인수합니다. 앞으로 무신사, 스타일쉐어, 29CM가 함께 어떻게 성장해나갈지 지켜봐야겠습니다.

단순 쇼핑몰 이상이 된 Z세대의 패션 커뮤니티, 스타일쉐어
출처: 스타일쉐어

인사이트

: 당신과 고객 사이의 거리는 몇 센티미터인가

큐레이테인먼트는 알고리즘으로 고객의 취향을 파악하는 것이 아니라 고객에게 취향을 만들어주는 전략입니다. 많은 제품을 보유할 필요가 없기 때문에 빅테크 기업의 틈새에서 자신만의 시장을 만들고 싶은 신규 사업자들에게 적합한 전략입니다. 물론 신규 사업자가 제안한 서비스가 다수의 취향을 만족시키지 못할 수도 있습니다.

하지만 비록 소수일지라도, 어떤 브랜드가 큐레이팅한 제품이나 콘텐츠에 만족하는 사람들은 그곳의 열광적인 팬이 됩니다. 불특정 다수를 타깃으로 사업을 하는 것이 아니라 자신에게 열광하는 작은 팬덤을 만드는 전략인 것이죠. 즉 나만의 소우주를 만드는 전략입니다. 그렇다고 이런 전략이 반드시 틈새에만 머무르지는 않습니다.

팬을 움직이는 것은 이성이 아니라 감정입니다. 팬은 브랜드를 자신의 일부처럼 느끼고, 브랜드와 자신이 연결되어 있다는 느낌, 즉 유대감을 갖는 사람들입니다. 브랜드가 자신의 정체성이 되고 자신이 살아가는 세상에 대한 세계관을 제공해주기도 합니다. 그래서 이들은 브랜드의 열렬한 지지자이면서 홍보대사 역할을 하기도 합니다. 주변 사람들에게 브랜드에 대한 긍정적 정보를 제공하고 설득해서 그들도 브랜드의 팬으로 만듭니다. 그렇기 때문에 팬덤은 스스로 확장하는 성질이 있습니다. 10명의 열광적인 팬을 확보하면, 이들이 자기 주변 사람들을 팬으로 만들면서, 10명이 30명이 되고, 50명이 되는 것이 바로 팬덤입니다.

팬을 만드는 전략은 사실 지금 시대에 가장 효과적인 광고 전략입니다. 최근 대중매체를 통한 광고의 비용 대비 효과가 크지 못하다는 것은 잘 알려진 사실입니다. 그렇다고 디지털 광고의 효과가 무조건 큰 것도 아닙니다. 모든 사업자가 비슷한 모습으로 비슷한 광고를 하기 때문입니다. 이럴 때 가장 효과적인 것은 역시 사람들의 자발적인 광고, 즉 입소문입니다.

그런데 입소문이 나기 위해서는 제품이나 서비스의 품질만으로는 한계가 있습니다. 아무리 좋은 제품과 서비스를 출시해도, 자신과 비슷한 제품과 서비스가 이미 존재할 때는 소비자들에게 그저 비슷비슷한 것으로 느껴지기 때문입니다. 입소문을 만드는 가장 중요한 방법은 제품의 질 향상도, 서비스 차별화도 아닙니다. 바로 일부 소비자들에게서 열광적인 반응, 즉 스파이크를 만들어내는 것입니다. 그 수가 많지 않더라도, 크게 열광하는 고객이 있다면 강한 스파이크가 일어나면서 그들 주변으로 입소문이 만들어집니다. 이런 의미에서 팬을 만드는 전략은 디지털 시대에 가장 효과적인 광고 전략이기도 합니다.

팬을 만든다는 것은 모두를 대충 만족시키려는 것이 아니라 일부를 확실하게 만족시키는 것을 의미합니다. 시장에 침투하기 위해서는 폭이 좁고 끝이 뾰족한 창을 사용하지만, 일단 침투에 성공하면 팬을 기반으로 영향력을 서서히 넓혀나가는 것이 바로 팬덤 전략의 핵심이자 큐레이테인먼트 전략의 기반입니다.

15

휴머니스틱 브랜드 전략
: 이익보다 관계가 우선이다

불확실한 시대의 위안

지금까지 설명한 마이크로 어딕션 전략은 중독경제 시대에 빅테크 기업에 대항해서 자신만의 중독경제 시스템을 찾는 전략입니다. 그런데 반드시 소비자에게 디지털 중독을 유도해서 사업을 해야만 하는 것은 아닙니다. 사람들 중에는 디지털 중독 자체에 반감을 갖는 사람들이 있습니다. 그리고 중독경제가 심화될수록 디지털 중독 문제로 피해를 입거나 그런 위험성에 경각심을 갖는 사람들은 점차 늘어날 것입니다. 바로 이런 점에서 사람들이 중독에서 벗어나게 도와주는 어딕션 프리 전략이 중독경제의 새로운 비즈니스 모델이 될 수 있습니다. 이제부터 그에 해당하는 내용을 설명하고자 합니다.

우선 그 첫 번째로 휴머니스틱humanistic 브랜드 전략을 소개합니다. 앞서 설명한 것처럼 중독경제가 탄생한 배경에는 개인화된 삶이 있습니다. 혼자 사는 사람들이 많아지고, 가족과 함께 있어도 혼자 보내는 시간이 많아지면서 사람들에게는 혼자만의 시간을 보내는 것이 삶에서 중요한 과제가 되고 있습니다. 자신에게 주어진 시간을 덜 지루하게 보내기 위해 게임을 하거나 유튜브 동영상을 보고, 쇼핑 플랫폼에서 제품을 구경합니다. 이런 행동들은 시간을 쉽게 보내는 데는 도움이 되지만 인간이 가진 가장 근본적 욕구를 만족시켜주지는 못합니다. 심리학자 로이 바우마이스터Roy F. Baumeister 에 따르면 인간은 다른 사람들에게 사랑받고 인정받고 싶어 하는 욕구를 가집니다. 그는 이 욕구를 '소속에 대한 욕구'라고 명명했는데, 소속에 대한 욕구는 사람이 가지는 다양한 욕구 중에서도 가장 상위에 있다고 합니다.[1] 가령, 많은 돈을 벌거나 높은 사회적 지위를 얻고자 하는 욕구도 사실은 다른 사람들에게 인정받고 사랑받고 싶은 욕구에서 비롯되는 것일 수 있죠. 또한 이러한 욕구는 모든 인간이 가지는 근본적 욕구이기에 제대로 충족되지 않으면 우울증에 걸리거나 병에 걸릴 위험이 높아진다고 합니다.

중독경제 시대에는 사람들의 활동 대부분이 온라인을 통해서 이뤄지기 때문에 다른 사람들과 실제로 만나서 친밀하고 의미 있는 관계를 맺을 기회가 많이 생기지 않습니다. 그런데 만약 자신과 잘 맞는 사람들을 직접 만날 수 있고 이들과 인간적인 교류를 할 수 있는 기회를 제공해주는 서비스가 존재한다면 많은 사람이 이런 서비스에 큰 매력을 느끼게 될 것입니다. 게임이나 동영상, 온라인 쇼핑을 통해서는 도저히 만족되지 않던, 마음속 갈증이 해소되면서 큰 행복감을 느끼게 될 것입니다. 사람들에게 인간적인 관계 형성의 기회를 제공하는 것, 이것이 바로 휴머니스틱 브랜드 전략입니다.

휴머니스틱 브랜드 전략이 앞으로 중요한 비즈니스 전략이 될 수 있는 또 하나의 이유가 있습니다. 지금 많은 사람이 자신의 미래에 대해 큰 불안감을 느끼고 있습니다. 특히, MZ세대에게서 이런 경향이 두드러지게 나타납니다. 이들은 혼자만의 힘으로 사회에서 높은 지위를 얻기도 어렵고 큰돈을 벌기도 어렵습니다. 게다가 코로나19와 같은 팬데믹의 출현, 정치 양극화, 기후 변화 등은 미래의 불확실성을 더욱 높여주고 있습니다. 사람들이 미래에 대해서 느끼는 불안감은 단지 기분에 영향을 주는 정도로 그치지 않습니다. 미래를 어떻게 바라보는지는 현재의 판단과 행동 전반에 큰 영향을 미치기 때문입니다.

심리학 연구에 따르면 자신의 미래에 무한한 가능성이 있다고 믿는 사람들은 자신의 미래를 위해서 새로운 지식을 추구하고 새로운 사람들을 만나는 데 관심을 기울입니다.[2] 반면 자신의 미래에 남아 있는 시간과 기회가 얼마 되지 않는다고 느끼는 사람들은 새로운 경험을 하기보다는 가까운 사람들과 의미 있는 시간을 보내고 정서적 만족감을 얻는 데 더 많은 관심을 갖습니다. 미래의 성공을 위해 노력하기보다는 현재의 삶에서 행복감을 추구하는 것이죠. 그렇기 때문에 휴머니스틱 브랜드 전략은 불안의 시대를 살아가는 사람들에게 큰 위로가 될 수 있습니다. 이들에게 좋은 사람을 만나서 의미 있는 시간을 보낼 수 있는 기회를 만들어준다면 이들은 불안의 시대에 커다란 위안을 느끼게 될 것입니다.

버핏서울: 퇴근 후 함께 운동하는 즐거움

버핏서울은 25세에서 35세 사이의 젊은 직장인들이 함께 모여서 운동을 하게 도와주는 서비스입니다. 2017년 처음 만들어진 스타트업으로 지금까지 45억 원 규모의 투자금 유치에 성공했습니다. 현재 피트니스 시장에서 가장 주목받는 스타트업이죠.

젊은 세대들 사이에서 건강과 몸매에 대한 관심이 높아지고, 주 52시간 근무제가 실시되면서 퇴근 후에 운동을 하는 직장인들이 크게 늘어났습니다. 이와 함께 한국의 피트니스 시장은 최근 몇 년간 급격히 성장합니다. 2020년 7월 기준으로 한국의 피트니스 센터는 무려 9만 9000개나 되는데, 2010년과 비교해서 57%나 늘어

커뮤니티 기반 온·오프라인 수업으로 차별화된 운동 서비스를 제공하는 버핏서울
출처: 버핏서울

난 수치라고 합니다.[3] 피트니스 센터와 함께 홈트레이닝 제품, 건강식품, 바디프로필 촬영 시장도 빠르게 성장하고 있습니다.

지금의 피트니스 센터들은 예전의 '헬스장'과는 사뭇 다릅니다. 제가 예전에 다니던 헬스장들은 말 그대로 한 공간 안에 헬스 기구들을 모아놓은 곳이었습니다. 헬스장 이용 고객들은 헬스장에서 혼자 운동을 하고 가는 방식이었죠. 하지만 지금의 피트니스 센터에서는 PT, 즉 퍼스널 트레이닝personal training이라고 불리는 방식이 유행하고 있습니다. 퍼스널 트레이너가 일대일로 운동을 도와주고 몸 상태와 식단까지 관리해주는 방식입니다.

그런데 버핏서울은 여기서 한 단계 더 나아간 방식을 선보입니다. 비슷한 연령대의 남녀를 같은 숫자로 모집하고, 이들이 팀을 이뤄서 함께 운동할 수 있게 해주는 것입니다. 운동이 끝나면 회식 자리도 자주 가진다고 합니다. 운동에 대한 욕구뿐만 아니라 관계에 대한 욕구까지도 만족시켜주는 서비스인 것이죠. 그래서인지 고가의 회비에도 불구하고 버핏서울의 재등록률은 60%가 넘는다고 합니다. 코로나19가 한창 유행하던 와중에도 2021년 4월 카카오벤처스 등을 통해 20억 원의 신규 투자금을 유치하기도 했습니다. 버핏서울은 중독경제 시대에 '관계에 대한 욕구'를 만족시켜주는 것이 새로운 비즈니스 모델이 될 수 있음을 제대로 보여줍니다.

큐레이티드닷컴
: 전문가와 관계를 맺어주는 쇼핑 플랫폼

큐레이티드닷컴Curated.com은 에디 비바스Eddie Vivas가 2017년에 만든 큐레이팅 방식의 이커머스입니다. 에디 비바스는 그 전에 브라이트닷컴Bright.com이라는 회사를 창립한 적이 있습니다. 브라이트닷컴은 데이터 알고리즘을 기반으로 구직자와 회사를 연결해주는 서비스를 제공하는 곳이었는데, 2014년 링크드인LinkedIn에 인수됩니다. 그 후 링크드인에서 상품 및 전략 팀을 이끌다가 퇴사 후에 큐레이티드닷컴을 창립합니다.

큐레이티드닷컴은 아웃도어 장비를 추천해주는 회사입니다. 그런데 다른 곳에서 제공하는 큐레이팅 서비스와는 큰 차이가 있습니다. 대개의 큐레이팅 방식은 일 대 다수의 방식, 가령 29CM처럼 한 기업체가 불특정 다수의 고객에게 제품을 추천하는 방식인 반면 큐레이티드닷컴은 일대일 방식으로 제품을 추천합니다. 이것이 큐레이테인먼트 전략과 구별되는 점입니다. 고객이 큐레이티드닷컴에 회원 가입을 하고 자신에게 필요한 것에 대한 정보를 제공하면 큐레이티드닷컴은 그 고객을 한 명의 전문가와 직접 연결해줍니다. 고객은 전화나 채팅을 통해 전문가에게 자세한 상담을 받고, 전문가는 고객에게 가장 적합한 아웃도어 장비를 추천해주고 가격 정보까지 제공해줍니다. 그러고 나서 고객이 그 제품의 구입을

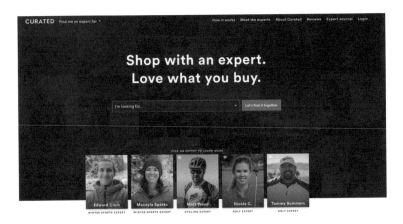

개인화된 조언, 편견 없는 추천을 장점으로 내세우는 큐레이티드닷컴
출처: 큐레이티드닷컴

원하면 대신 주문을 넣어줍니다. 모든 고객이 실제 전문가한테 자세한 상담을 받고 제품 구입까지 도움을 받는 것이죠.

그런데 큐레이티드닷컴의 전문가들이 해주는 상담은 고작 몇 분의 형식적인 전화 통화가 아닙니다. 고객들은 길게는 몇 달에 걸쳐 상담을 받는다고 합니다. 이 기간에 수백 번의 전화 통화나 이메일 교환이 이뤄지기도 합니다. 이런 일이 가능한 이유는 큐레이티드 닷컴의 목표가 제품 판매가 아니라 고객과의 관계 구축에 있기 때문입니다. 에디 비바스는 링크드인에서 일하던 시절, 사람과 사람 간의 관계가 무엇보다 중요하다는 점에서 고객과 친밀한 관계를 구축하는 것이 온라인 시대에도 최고의 사업 전략이 될 수 있음을 깨달았습니다. 그는 한 인터뷰에서 다음과 같이 말한 바 있습니다.[4]

"인스타그램 팔로어가 많다고 해서 그 사람이 그 분야의 전문가는 아니에요. 단지 사진을 잘 찍는 것뿐이죠. 우리는 인터넷이나 기존 오프라인 매장에서는 경험할 수 없는, 진짜 전문가의 조언을 사람들에게 제공해주고 있어요."

고객과의 관계 구축은 전통적인 오프라인 비즈니스에서 늘 강조되던 것입니다. 하지만 온라인 비즈니스가 일반화되면서 많은 사업자가 관계 구축보다는 경제적 혜택이나 편의성에 사활을 걸고 경쟁합니다. 하지만 큐레이티드닷컴은 고객과의 관계 구축이 온라인 세상에서도 여전히 유효한 사업 전략이 될 수 있다는 것을 보여줍니다. 오늘날에는 실제 사람과의 관계 형성에 대한 갈증이 커지고 있기 때문에 과거보다 오히려 지금 더 중요한 전략이라고 할 수 있습니다.

큐레이티드닷컴의 사업 모델은 많은 벤처 투자자에게도 인정받고 있습니다. 면도기 스타트업인 달러쉐이브클럽Dollar Shave Club, 남성 의류 기업인 보노보스Bonobos 등에 투자한 유명 투자자인 커스텐 그린Kirsten Green에게서 투자를 받았고, 2020년 기준으로 이미 100만 명 이상의 고객을 확보했습니다. 2020년 한 해에만 매출이 300%나 증가했다고 합니다. 아직까지는 아웃도어 장비 분야에 대해서만 서비스를 제공하고 있지만, 향후 모든 제품 분야로 서비스 범위를 넓힐 계획이라고 합니다. 관계가 가볍고 피상적으로 흐르기 쉬운 디지털 시대에 역으로 고객과의 진실된 관계 구축으로 승부하는 큐레이티드닷컴의 성공을 기대해봅니다.

당근마켓: 사람 냄새가 나는 중고품 거래 장터

최근 한국에서 가장 화제가 되는 플랫폼 가운데 하나는 당근마켓입니다. 2021년 3월 기준으로 누적 가입자 수는 2000만 명, 주간 이용자 수는 1000만 명을 돌파했다고 합니다. 당근마켓에서 한 번이라도 물건을 판매한 사람 수가 1000만 명에 달한다고 하니 이 정도면 국민 플랫폼이라고 불러도 무방할 정도입니다. 당근마켓은 지금 한국에서 가장 '핫'한 사업자입니다.

당근마켓은 간단히 말해 중고물품 거래 플랫폼입니다. 사실 당근마켓이 등장하기 전에도 중고 거래를 지원하는 서비스는 상당히 많았습니다. 그런데 왜 사람들은 당근마켓에 이처럼 크게 열광하는 걸까요? 당근마켓의 성공 역시 그 답은 '관계에 대한 욕구'에서 찾을 수 있습니다. 당근마켓이 기존에 존재하던 플랫폼과 차별되는 점은 이용자가 거주하는 동네에 기반한다는 점입니다. 당근마켓은 이용자의 거주지 4~6킬로미터 이내에 있는 사람들과만 연결해줍니다. 기존의 중고물품 거래 플랫폼에는 이런 지역 제한이 없습니다. 온라인으로 거래를 진행하고 택배를 통해 제품을 주고받습니다. 구입자 입장에서는 어떤 사람이 쓰던 제품인지도 모르고, 판매자 입장에서는 어떤 사람이 자신의 물건을 쓰게 될지도 모릅니다. 말 그대로 거래일 뿐이죠.

반면 동네 기반의 플랫폼에서는 판매자와 구입자 사이에 신뢰와 친밀감이 형성됩니다. 구입자로서는 자신의 동네에 사는 이웃이 사용하던 물건을 구입하는 것이기에 제품에 대한 신뢰가 생깁니다. 판매자로서도 자신의 이웃에게 판매하는 물건이기에 제품을 싼값에 내놓아도 손해를 본다는 생각이 들지 않습니다. 오히려 내게 필요하지 않은 물건의 새 주인을 찾아줄 수 있어 뿌듯함을 느낌니다. '동네 이웃'이라는 간단한 장치가 판매자와 구입자 사이의 친밀감을 형성하고 제품의 거래 가격을 낮추면서 교환을 촉진하는 것이죠. 당근마켓을 통해 알게 된 이웃과 친구가 되거나 함께 여행을 가는 일도 있다고 합니다. 여기에 더해 '인간적인 관계'를 강조하는 당근마켓의 광고 캠페인도 사람들이 중고품 거래를 단순한 '거래'가 아니라 사람과 사람 사이의 '관계 맺기'로 인식하게 만드는 데 중요한 역할을 하고 있습니다.

그런데 이런 동네 마켓의 인기는 한국에만 국한된 이야기가 아닙니다. 당근마켓의 원조 격인 미국의 넥스트도어Nextdoor는 기업가치가 5조 원 이상으로 평가될 정도로 지금 미국에서 큰 인기를 얻고 있고, 중국에서도 최근 비슷한 서비스들이 큰 주목을 받고 있습니다. 온라인 시대에 사람 냄새 나는 '동네 마켓'의 인기가 더욱 높아지고 있는 것이죠.

다만 한 가지 우려스러운 것은 기존의 빅테크 기업들이 속속 이 시장에 들어오기 시작했다는 점입니다. 비인간화된 거대 플랫폼에 대한 반작용으로 동네 마켓이라는 시장이 성장하고 있는데, 거대 플랫폼들은 이런 동네 마켓마저도 자기 것으로 종속시키려는 것이죠. 거대 기업의 동네 침탈에 대항하는 '진짜 동네 사업자들'의 성공을 응원해봅니다.

중고 거래를 넘어 지역 커뮤니티로 발전하는 당근마켓
출처: 당근마켓

인사이트
: 당신 브랜드의 온도는 몇 도인가

최근 많은 브랜드는 '인간적인' 브랜드가 되는 것을 중요한 목표로 삼습니다. 사회가 경제적으로 팽창하고 성장하는 시기에는 소비자들 역시 크고 멋진 것에 열광하게 됩니다. 대형 브랜드를 선호하고 큰 규모의 플래그십 매장에서 쇼핑하기를 즐깁니다. 하지만 경제적 성장이 멈추거나 둔화하기 시작하면 소비자들은 작고 소소한 것에 관심을 돌립니다. 이런 시기에 사람들은 크고 멋진 것, 강하고 완벽한 것보다 불완전하고 작은 존재에 애정을 보이는 경향이 있습니다.

지금 세계 경제는 성장이 둔화하는 것을 넘어서 침체기로 접어드는 모습을 보이고 있습니다. 이와 함께 브랜드들도 과거처럼 자신의 힘과 능력을 과시하기보다는 인간적이고 자연스러운 모습을 보여주려고 합니다. 제품과 매장을 작고 소박하게 꾸미고, 사회와 환경 문제에 대한 관심과 기여를 강조하는 등 휴머니스틱 브랜드로 탈바꿈하려는 움직임이 나타나고 있습니다. 과거와 달리 CEO가 직접 SNS를 하거나 유튜브에 출연해서 인간적 면모를 드러내는 것도 이러한 전략적 변화를 반영합니다.

그런데 브랜드가 성공하는 데는 물론 인간적인 이미지를 구축하는 것보다 실제로 사람들에게 의미 있고 인간적인 관계 형성의 기회를 제공하는 것이 더욱 효과적입니다.

갈수록 빠르게 진화하는 디지털 중심의 세상에서 많은 사람이 사회적으로 단절된 삶을 살아가고 있습니다. 단절된 삶이 주는 편안함은 분명 존재하지만 동시에 인간적인 관계에 대한 목마름도 커지게 됩니다. 많은 사람이 자신과 마음이 잘 맞는 사람들을 만나고 이들과 의미 있는 시간을 보내고 싶어 합니다. 스마트폰 화면 속에서는 느낄 수 없는, 따뜻한 인간미를 그리워하는 사람들이 많습니다. 바로 이런 점에서 중독경제 시대에는 단절된 채 살아가는 사람들이 더욱 갈망하는 관계에 대한 욕구를 만족시켜 주는 것이 최고의 사업 전략이 될 수 있습니다.

이런 맥락에서 보면 빅데이터도, 알고리즘도 성공하는 데 절대적인 요소라고 말할 수 없습니다. 데이터보다 중요한 것은 그 데이터 너머에 있는 진짜 사람에 관한 진심과 진실성입니다. 고객에게 내 제품이나 브랜드의 진심과 진실성이 느껴지면 경제적 이익은 따라옵니다. 사람 냄새 나는 비즈니스로의 회귀는 끝을 모르며 성장하는 빅테크 기업을 견제할 수 있는 가장 강력한 선택일지도 모릅니다. 이것이 지금 많은 사업자에게 휴머니스틱 브랜드 전략이 필요한 이유입니다.

16
디지털 셀프컨트롤 전략
: 사람들의 목표 달성을 도와라

결심만 하고 실행하지 못하는 사람들

심리학에서는 사람들이 스스로 자신의 욕구와 감정, 행동을 절제하는 능력을 셀프컨트롤self-control, 즉 자기조절력이라고 부릅니다. 자기조절력이 강한 사람들은 강한 욕망을 느껴도 이를 참아낼수 있지만, 자기조절력이 약한 사람들은 그렇지 못합니다. 가령, 한밤중에 기름진 음식이 먹고 싶을 때 자기조절력이 강하면 식욕을참아내지만 자기조절력이 약한 사람은 이런저런 핑곗거리를 찾아내며 배달 음식을 주문합니다. 사람들이 사회 속에서 자신이 원하는 목표를 이루거나 원하는 것을 얻기 위해서는 자기조절력이 중요한 역할을 합니다. 원하는 시험에 합격하려면 오랜 시간 공부에 매진해야 하고, 체중을 줄이려면 긴 시간 운동을 하고 음식을 조절해야 합니다. 그래서 심리학자나 교육학자 중에서는 자기조절력이 성공의 열쇠라고 말하는 사람이 많습니다.

그런데 문제는 중독경제 시대를 살아가는 사람들은 강한 자기조절력을 갖기 어렵다는 점입니다. 스마트폰을 사용할 때 사람들은 끊임없이 광고에 노출됩니다. 그것도 아무런 관심이 없는 제품에 대한 광고가 아니라 자신이 최근에 구매를 고려하고 있거나 자신의 취향에 맞는 제품에 대한 광고를 보게 됩니다. 쇼핑 앱에 들어가면 지금이 아니면 사지 못할 것 같은 제품들이 먼저 보이고, 지금만 쓸 수 있는 할인 쿠폰을 받습니다. 중독경제 시대, 사람들은 하루 24시간 광고와 마케팅에 현혹되는 삶을 살아가죠. 아무리 자기조절력이 강한 사람이더라도 광고에 계속 주의를 뺏기고, 불규칙적 보상을 제공받으면 유혹을 떨쳐내기가 어렵습니다.

중독경제 시대에는 한 가지 일에 집중하는 일도 무척 어렵습니다. 아무리 스마트폰을 보지 않으려고 해도 스마트폰은 끊임없이 알림 신호를 보내서 사람들의 시선을 이끕니다. 스마트폰 이전의 휴대전화 시절에는 전화와 문자, 두 가지에 대한 알림밖에 없었지만 이제는 스마트폰에 설치된 모든 앱이 수시로 알림 신호를 보내고, 메신저를 통해서는 친구, 지인, 자신이 주문한 제품의 사업자, 심지어 정부기관에서도 수시로 메시지를 보냅니다. 제가 지금 학교 연구실에서 이 책을 쓰는 와중에도 제 스마트폰에는 집 앞으로 택배 배송이 완료되었다는 알림이 도착했습니다. 그렇다 보니 아무리 마음을 먹고 자신의 공부나 일에 집중을 하고 싶어도 오랜 시간 온전하게 집중하기가 어렵습니다. 중독경제 시대는 다른 의미로 집중이 어려운 시대인 것입니다.

중독경제 시대에는 사람들이 스스로의 욕구와 감정, 행동을 조절하는 것이 어렵기 때문에 사람들에게는 자신의 자기조절력을 높여주는 서비스에 대한 니즈가 커집니다. 중요한 시험을 위해서 오랜 시간 공부하는 사람들은 유혹에 빠지지 않고 공부에 집중하도록 도와주는 서비스를 원하고, 운동이나 다이어트를 목표로 하는 사람들은 중도에 포기하지 않도록 자신을 응원하거나 채찍질해주는 서비스를 원하게 되는 것입니다. 앞으로는 이런 서비스들이 결심만 하고 실행하지는 못하는 많은 사람을 위해 자기조절에 도움이 되는 서비스로 각광받으며 더 큰 호응을 얻을 것입니다.

열품타: 공부도 여럿이 함께하면 덜 힘들다

내일 시험이 있을 때 오늘 놀고 싶은 유혹을 참아내는 일은 많은 사람에게 그리 어려운 일은 아닐 것입니다. 하지만 시험이 몇 달 뒤, 혹은 몇 년 뒤에 있다면 매일매일 유혹을 참아내며 시험공부를 하는 것은 모든 사람에게 힘든 일입니다. 그래서 오랜 기간 시험공부를 하는 수험생들은 혼자서 공부하기보다는 학생들이 모여 있는 도서관에서 공부합니다. 공부에 집중하는 다른 학생들을 보면 자극이 되기도 하고 일종의 유대감도 생겨서 공부에 집중하기가 쉽기 때문입니다. 그래서 대학교 도서관은 늘 시험 준비를 하는 학생들로 가득 차 있습니다. 그런데 코로나19가 유행한 후에 학교 도서관을 찾는 학생들이 크게 줄어들고, 대신 집이나 카페에서 공부하는 학생들이 많아졌습니다. 문제는 집이나 카페에서는 자기조절력을 유지하기가 어렵다는 점입니다. 집에 있으면 자신도 모르게 스마트폰으로 동영상이나 만화를 보고, 카페에 가도 놀러 나온 사람들 때문에 집중하기 어렵습니다. 이럴 때 온라인 공간에서라도 자신처럼 공부에 집중하고 싶어 하는 사람들을 만날 수 있으면 얼마나 좋을까요? 공부에 집중하고 싶어 하는 사람들을 위한 서비스가 실제로 있습니다. 바로 열품타입니다.

열품타는 '열정을 품은 타이머'의 줄임말입니다. 열품타 앱에 들어가면 다양한 스터디그룹을 만날 수 있습니다. 공부하는 분야나 목적 혹은 연령이 자신과 비슷한 사람들의 그룹을 찾아 들어가보면 참가자들이 지금까지 몇 시간이나 공부를 했는지를 알려주는 타이머가 보입니다. 자기보다 더 오래 공부하는 사람들을 보면서 마음을 다잡고 공부에 집중하게 만드는 시스템이죠. 자기가 참가자가 되었을 때는 공부하는 시간을 체크하는 타이머만 보여줄 수

서울 명문대 학생들의 입소문을 타면서 더욱 흥행한 열품타
출처: 열품타

도 있고 자신이 공부하는 모습을 화면을 통해 보여줄 수도 있습니다. 스터디그룹마다 규칙도 정해져 있습니다. 가령, 매일 출석하고 일정 시간 이상 공부하지 않으면 퇴장당하는 등의 규칙입니다. 한 그룹당 참가 인원이 50명으로 제한되어 있어 인기 있는 스터디그룹에는 들어가는 것 자체가 어려울 수도 있습니다. 시험 기간에 도서관에서 자리 잡기가 어려운 것처럼 열품타의 스터디그룹에서도 자리 잡기가 어려운 것이죠.

열품타는 입시를 앞둔 고등학생뿐만 아니라 대학생, 공무원 시험 준비생 등 장기 목표를 잡고 공부에 집중하고 싶어 하는 사람들에게 큰 인기를 얻고 있습니다. 2019년 서비스가 시작된 지 2년 만에 가입자가 280만 명에 달하고 일 사용자도 24만 명에 달하는 인기 앱으로 자리 잡았습니다.[1] 흥미로운 사실은 중소기업 이상의 규모 있는 사업자가 운영하는 앱이 아니라 두 명의 개발자가 직접 앱을 만들어 서비스를 시작한 뒤 아직까지도 두 사람이 운영하고 있는 앱이라는 점인데요. 그렇다 보니 2020년에는 앱의 작동이 멈추는 일도 빈번했고 인터페이스를 개선해나가야 하는 과제도 남아 있습니다. 이런 분명한 단점에도 짧은 기간에 이토록 많은 사용자를 모으고 그들이 매일 열성적으로 이용한다는 점에서 이런 서비스에 대한 니즈가 얼마나 큰지를 알 수 있습니다. 중독경제 시대에는 자기조절력을 갖도록 도와주는 서비스에 대한 강력한 니즈에서 새로운 기회를 발견할 것입니다.

챌린저스
: 작심삼일을 벗어나고 싶은 사람들을 위한 서비스

열품타가 다른 사람의 모습을 보면서 자기를 채찍질하는 방식이라면 챌린저스는 자신이 선택한 목표에 돈을 걸게 해 목표 달성을 도와주는 서비스입니다. 서울대학교 선후배 4명이 2018년에 설립한 스타트업으로 앱 출시 1년 만에 이용자 수가 20만 명을 넘어설 정도로 큰 호응을 얻고 있습니다. 이 서비스를 이끌고 있는 최재혁 대표는 대학생 시절부터 친구들끼리 모여 서로 자기계발을 돕는 커뮤니티를 만들어 운영했고, 이후 직장 생활을 하다가 더 많은 사람들의 목표 달성과 자기계발을 돕기 위해 본격적으로 사업을 시작했다고 합니다.

챌린저스의 가장 중요한 특징은 참가자들이 스스로 5000원에서 20만 원에 달하는 참가비를 걸고 목표 달성 프로젝트에 참여한다는 점입니다. 챌린저스 앱에 들어가면 공부뿐만 아니라 운동, 다이어트, 생활습관, 독서 등 다양한 목표에 도전하는 챌린지들이 제시되어 있습니다. 각 챌린지에는 매일 해야 하는 활동과 기간이 정해져 있습니다. 만약 목표치의 85% 이상을 성공하면 참가비를 전액 돌려받지만, 그렇지 못하면 자신이 성공한 만큼만 돌려받습니다. 돌려받지 못한 금액은 해당 목표를 100% 달성한 사람들에게 상금으로 주어집니다. 자신의 실패가 성공한 사람들에 대한 보상으로

목표 달성에 따른 상금 지급은 챌린저스 앱의 추천으로 이어진다.
출처: 챌린저스

돌아가는 것이죠.

챌린저스를 이용하는 참가자들은 매일매일 자신이 수행한 활동을 사진으로 인증해야 합니다. 가령, 매일 달리기를 실천하는 챌린지에 도전하는 사람들은 그날그날 자신이 달린 거리와 시간을 보여주는 스마트폰 화면을 캡처해서 챌린저스 앱에 올려야 합니다. 챌린저스 서비스는 2018년 11월 시작된 후로 누적 참가 건수가 200만 회를 넘어섰다고 합니다. 특히 직원들의 자기계발을 성장 동력으로 삼는 기업체들에서 큰 호응을 얻고 있다고 합니다. SK에너지, LG전자, 삼성화재 등의 기업들이 임직원들의 교육을 위해 챌린저스 서비스를 도입했습니다. 벤처 캐피탈(벤처기업에 자본을 투자하는 등 지원을 통해 기업을 육성한 뒤 투자금을 회수하는 방식)의 투자금액도 2021년 6월 기준으로 60억 원에 달한다고 합니다.[2] 그만큼 사람들의 목표 달성을 도와주는 서비스에 대한 니즈 역시 커지고 있다는 의미입니다.

: 고객이 달성하고 싶어 하는 목표는 무엇인가

일부 기성세대는 요즘 젊은 세대를 보며 의지가 약하다고 이야기합니다. 하지만 이런 생각은 환경의 변화를 보지 못한 채 자기 입장에서만 평가하는 것입니다. 과거에는 별다른 유혹거리가 없었기에 목표를 위해 노력하고 집중하기가 수월했을 뿐이지, 기성세대들이 지금 다시 학생이나 젊은이가 되어 이 시대를 살아간다면 과거만큼의 자기조절력을 보여주기 힘들 것입니다.

중독경제 시대에 젊은이들은 수많은 유혹에 노출되고 있습니다. 스마트폰 앱은 끊임없이 광고를 보여주고, 알림 메시지는 수시로 울리면서 잠시도 스마트폰을 손에서 놓지 못하게 합니다. 유혹에서 벗어나기 힘들고, 오랜 시간 집중하기 어려운 것이 당연한 시대입니다. 그런데 자기조절력은 의지의 문제가 아니라 환경과 더 크게 관련된 문제입니다. 그렇기에 환경을 바꾸는 작은 장치 하나가 자기조절력을 키우는 열쇠가 될 수 있습니다. 스마트폰을 통해 스마트폰의 유혹을 떨쳐내게 도와주는 서비스, 즉 디지털 셀프컨트롤 서비스가 필요한 시대입니다.

디지털 셀프컨트롤 전략에서 가장 중요한 부분은 가입자를 모으는 것보다 이를 수익으로 전환하는 일입니다. 중독경제 시대에는 많은 사람이 자기조절이나 목표 달성에 어려움을 겪기에 디지털 셀프컨트롤 서비스에 대한 수요와 시장은 이미 존재하고 있다고 봐야 합니다. 그래서 서비스의 가입자를 찾는 일은 그렇게 어렵지 않을 수도 있습니다. 하지만 사업 측면에서 이를 수익으로 전환시킬 수 있는 비즈니스 모델을 찾지 못한다면 디지털 셀프컨트롤 전략은 성공적인 사업으로 성장하지 못할 것입니다.

한 가지 방법은 B2B 형태로 다른 회사들에 서비스를 제공하는 것입니다. 요즘 많은 기업이 구성원들에게 자기계발의 기회를 제공하는 데 힘쓰고 있습니다. 자기계발이 성과 창출에 도움이 될 뿐만 아니라 회사에 대한 직원의 만족도도 높여주기 때문입니다. 이런 점에서 B2B 시장을 적극적으로 공략할 필요가 있습니다.

다른 하나는 고객이 달성하고 싶어 하는 목표 자체를 특정 제품이나 서비스와 연결시키는 것입니다. 실제로 챌린저스의 경우 외부 업체와 제휴하여 그들이 제공하는 교육이나 건강 관련 서비스를 챌린지로 제안하고, 이들 업체로부터 수익을 얻고 있다고 합니다. 이처럼 디지털 셀프컨트롤 서비스를 수익 모델로 전환시킬 수 있는 방법을 찾아낼 수만 있다면 디지털 셀프컨트롤 전략은 중독경제 시대에 가장 유망한 사업 전략이 될 수 있을 것입니다.

17
디지털 디톡싱 전략
: 우리는 해독될 권리가 있다

쉬고 싶은 뇌를 위한 디라밸

최근 '디지털 디톡스Digital Detox'가 유행입니다. 디톡스란 몸에서 해로운 물질을 제거하는 일을 의미하는데, 디지털 디톡스는 스마트폰이나 태블릿, 노트북 컴퓨터와 같은 전자기기에서 일정 시간 동안 벗어나는 것을 의미합니다. 스마트폰이 개발되고 널리 보급된 지난 10년간, 디지털 기기는 사람들에게 많은 혜택을 가져다주는 이로운 도구라는 생각이 지배적이었습니다. 스마트폰 덕분에 사람들은 전보다 많은 일을 빠르게 처리할 수 있게 되었고, 일하고, 소비하고, 정보를 얻는 등 생활 곳곳에서 큰 편리를 누리고 있는 것도 분명한 사실입니다. 하지만 그만큼 디지털 기기를 과도하게 사용하고 거기에 의존하게 되면서 몸과 마음이 지치고 디지털 환경 자체에서 해방되고 싶어 하는 사람도 많아지고 있습니다. 즉 디지털의 혜택을 더 많이 누리면서 자연스럽게 디지털 디톡스가 화두로 떠오른 것입니다. 게다가 앞으로 중독경제가 심화되면 기업 간의 경쟁이 치열해지면서 소비자는 자신의 의지와 관계없이 디지털 기기나 상품에 맹목적으로 집착하기 쉽습니다. 앞으로 디지털 디톡스는 단순 유행을 넘어 그 필요성이 더욱 커지리라 예상됩니다.

디지털 디톡스를 하는 가장 간단한 방법은 정기적으로 디지털 기기가 없는 시간을 갖는 일입니다. 하지만 자발적으로 디지털 기기를 사용하지 않는 것은 무척 어려운 일입니다. 일부 사람들은 디지털 기기를 갖고 있지 않다고 상상하는 것만으로도 막연한 초조함과 불안감을 느낍니다. 게다가 디지털 기기 없이 집을 나서면 중요한 연락을 놓치거나 필요한 도움을 얻지 못하는 등 실제로 불편함이 생기기도 합니다.

디지털 기기에서 벗어나고자 자연 속으로 캠핑을 가는 것도 도움이 되지 못합니다. 미국처럼 면적이 넓은 나라에서는 아직도 인터넷을 쓸 수 없는 곳이 많습니다. 이런 곳에서 캠핑을 하면 며칠 동안 디지털 기기가 없는 자유로움을 느낄 수가 있습니다. 하지만 한국에서는 어디를 가도 통신 신호가 잘 잡힙니다. 산속 텐트에 누워 있어도 유튜브 동영상을 볼 수 있는 곳이 한국입니다. 외국의 리조트들 중에는 디지털 디톡스 패키지를 판매하는 곳들도 있습니다. 스마트폰 시그널이 아예 수신되지 않는 곳에 위치한 이점을 살려 이런 상품을 판매하는 곳이 많아지고 있죠. 하지만 이런 곳에 갈 수 있는 사람들도 외국에 살고 있거나 돈이 많은 일부에 불과합니다. 게다가 그런 리조트에 머물면서 디지털 디톡스 중이라는 사진을 자신의 소셜미디어에 올리기라도 하면 이는 디지털 디톡스를 핑계로 자기 자랑을 하는 것뿐이겠죠.

여러모로 디지털 시대에 디지털 기기를 사용하지 않는 것은 현실적인 디톡스 방법이 되기 어렵습니다. 보다 현실적인 방법은 평소처럼 디지털 기기를 갖고 다니되 거기서 잠시 벗어나는 시간을 정기적으로 갖는 것입니다.

이를 디지털과 삶의 균형, '디라밸Digital-Life Balance'이라고도 할 수 있습니다. 사람들 대부분은 디지털 기기 자체에 중독된 것이 아니라 특정 앱에 중독된 것입니다. 가령, 페이스북과 같은 소셜미디어나 뉴스, 유튜브, 쇼핑 앱에 중독된 것이죠. 이런 앱에서 자신의 관심을 당분간 떼어놓을 수만 있다면 굳이 디지털 기기를 포기하지 않아도 디지털 디톡스가 가능합니다. 오늘날 많은 사람이 직면한 이 문제를 해결해주는 데 비즈니스의 기회가 있습니다.

헤드스페이스
: 스마트폰으로 마음을 챙기자

오늘날 전 세계적으로 크게 성장하는 비즈니스 가운데 하나가 명상 비즈니스입니다. 한 리서치 회사의 자료에 따르면 현재 명상 비즈니스는 연평균 10.4%의 성장률로 빠르게 성장하고 있으며 2027년에는 시장 규모가 90억 달러에 달할 것으로 예상됩니다.[1] 2017년 미국에서 진행된 조사에 따르면 미국 성인의 14.2%가 명상을 한다고 응답을 했는데, 2012년에는 그 비율이 4.1%에 불과했습니다. 5년 동안 세 배가 넘게 늘어난 것이죠.[2] 한국에서도 곳곳에 명상 센터가 만들어지며 명상을 수행하는 인구가 점차 증가하고 있습니다. 심지어 영화와 드라마 시청 플랫폼인 넷플릭스에도 명상 프로그램 콘텐츠가 등장하고 있습니다.

명상 하면 조용한 곳이나 명상 센터에서 명상하는 것을 생각하기 쉽습니다. 그런데 최근 명상을 하는 사람들은 스마트폰 앱을 이용해 혼자 명상을 합니다. 디지털 기기를 포함하는 일상의 모든 번잡함에서 벗어나기 위해 스마트폰을 이용하는 것이죠. 명상 앱 가운데 가장 잘 알려진 것으로 헤드스페이스headspace라는 앱이 있습니다. 헤드스페이스는 2010년 영국에서 앤디 푸디콤Andy Puddicombe과 리처드 피어슨Richard Pierson이 설립한 회사로 현재 190개국 이상에서 200만 명이 넘는 사람들에게 사용되는 인기 앱입니다.[3] 지

명상 기술을 통해 스트레스를 줄이는 방법을 알려주는 헤드스페이스 앱
출처: 헤드스페이스

금까지 유치한 투자금도 2억 1590만 달러나 되며, 기업 가치는 3억 달러 이상으로 평가되고 있습니다. 2019년 한 해 매출이 1억 달러가 넘습니다.[4] 헤드스페이스와 더불어 캄Calm이라는 앱도 큰 인기를 얻고 있습니다. 2012년 앨릭스 튜Alex Tew와 마이클 액톤 스미스Michael Acton Smith가 만든 앱인데, 누적 다운로드 횟수가 4000만 건을 넘어섰고, 기업 가치도 10조 원을 돌파한 유니콘입니다. 2018년 이후로 헤드스페이스보다 더 많은 매출을 기록하면서 명상 비즈니스 산업의 강자로 떠오르고 있습니다.

그런데 이들은 명상 앱 하나로 어떻게 이처럼 큰 매출을 달성할 수 있었을까요? 바로 명상 프로그램에 대한 기업 수요가 크게 증가하고 있기 때문입니다. 디지털 중독에서 벗어나려는 개인도 명상 앱을 많이 찾지만, 최근 들어 직원들의 복지를 위해 명상 프로그램을 운영하는 기업이 많아지고 있습니다. 가령, 헤드스페이스의 경우에는 기업 고객 수가 600곳이 넘는데, 그중 구글, 링크드인, 어도비, 유니레버 역시 헤드스페이스의 명상 프로그램을 이용하고 있습니다.[5] 아메리칸 에어라인의 경우에는 캄의 명상 프로그램을 기내에서 승객들에게 제공하고 있습니다. 디지털로 마음을 챙기는 시대가 다가오는 것입니다.

동백문구점
: 디지털 시대에 아날로그를 체험하다

사람들은 이제 디지털 기기로 글을 쓰고, 서로의 안부를 묻고, 기쁘고 슬픈 소식들을 전합니다. 인간이 가진 뛰어난 적응력 덕분에 이런 행동들은 예전부터 늘 그래온 것처럼 자연스럽게 느껴집니다. 그래서 이외에 다른 삶의 방식이 있다는 사실을 쉽게 잊어버립니다. 하지만 사람들이 디지털 기기로 모든 일을 처리하기 시작한 것은 아주 최근의 일입니다. 불과 10년 전만 하더라도 연필로 종이 공책 위에 글을 쓰고, 편지지에 편지를 쓰는 일이 흔했습니다. 오랜 시간 글을 쓰다 보면 손가락이 아프고, 종이에는 지우개로 지우고 고친 흔적들이 남았습니다.

디지털 시대에 자신의 마음과 몸을 디톡스하는 좋은 방법 중의 하나는 바로 이렇게 디지털이 없었던 시절로 잠시 돌아가 보는 것입니다. 종이와 연필, 잉크와 펜, 편지지처럼 아날로그 시절에 쓰던 물건을 사용하는 일은 다소 불편하게 느껴질 수 있습니다. 하지만 그렇기에 그 물건을 쓸 때는 더 많은 노력과 정성을 기울이게 됩니다. 그리고 사람들에게 디지털 기기를 사용하는 것만이 지금 삶을 살아가는 유일한 방법이 아님을 깨닫게 해줍니다. 지금 이런 아날로그적인 삶의 방식을 사람들에게 전파하는 곳이 있습니다. 동백문구점이라는 공간입니다.

동백문구점은 인터넷에서 손 글씨 강좌를 하던 유한빈 작가가 운영하는 문구점입니다. 유한빈 작가는 손 글씨로 좋은 시를 필사하고 있을 때 시간이 빠르게 흐르고 힐링하는 느낌을 받았다고 합니다.[6] 그래서 사람들에게 손 글씨의 매력을 전파하기로 했죠. 그러다 아예 자신이 직접 만든 펜이나 노트, 엽서, 잉크, 만년필 파우치, 종이 등을 판매하는 가게를 엽니다. 그곳이 바로 동백문구점입니다. 10평도 되지 않는 작은 상점이지만 이곳은 유한빈 작가가 직접 제작한 제품과 그가 엄선한 문구류로 채워져 있습니다. 상점의 모든 것이 손 글씨와 관련된 것이기에 아날로그적인 삶을 고스란히 느낄 수 있습니다. 겉모양새만 그럴듯하게 꾸며낸 '아날로그 감성'이 아니라 실제 아날로그의 매력을 느낄 수 있는 곳입니다.

디지털 기기가 익숙한 사람들에게 종이 위에 손으로 글씨를 쓰는 것은 쉬운 일이 아닙니다. 글자 모양과 크기도 신경 써야 하고, 종이의 여백도 고려해야 합니다. 연필이 아니라 펜으로 글자를 쓸 때는 다시 고치기 어렵기 때문에 글을 쓰기 전에 많은 생각과 고민을 해야 합니다. 이는 자연히 깊은 생각과 성찰로 이어집니다. 이런 일이 번거롭고 귀찮게 느껴지는 사람들도 있을 것입니다. 하지만 이런 노력과 정성이야말로 지금 시대에 사람들이 가장 잊어버리기 쉬운 것이겠죠. 손 글씨로 한 자 한 자를 써 내려가다 보면 디지털에 지친 몸과 마음이 정화되는 것을 느낄 수 있습니다. 디지털 중독에서 벗어난 대안적 삶이 주는 진정한 힐링을 깨닫게 해줍니다.

21세기에 아날로그 감성으로 가득 채운 동백문구점
출처: 동백문구점

동백문구점은 디지털 세대에게 트렌디한 공간으로 떠오르며 멀리서 일부러 찾아오는 분들도 많아졌습니다.

미디엄
: 광고가 없는 곳, 그래서 글이 좋아지는 곳

요즘 인터넷에서 접하는 글들의 가장 큰 특징은 길이가 짧다는 점입니다. 사람들은 페이스북이나 트위터와 같은 소셜 네트워크 서비스를 통해 많은 글을 읽는데 이런 서비스는 입력할 수 있는 글자 수나 화면에 한 번에 노출되는 글자 수에 제한이 있기 때문에 짧은 글들이 올라옵니다. 그래서 일반인뿐만 아니라 전문 작가들도 짧게 글을 씁니다. 물론 서비스 제공자 입장에서는 사람들이 글을 짧게 쓰도록 유도할 이유가 있습니다. 디지털 시대에는 수없이 많은 정보에 노출되기 때문에, 과거에 비해서 사람들의 관심을 오래 붙들기가 어렵기 때문이죠. 한 자료에 따르면 사람들이 웹페이지에 머무르는 시간은 평균 8초에 불과하고, 웹페이지 글자의 28%밖에는 읽지 않는다고 합니다.[7] 8초 안에 사람들에게 정보를 전달하기 위해서는 글자 수가 적어야 하는 것이죠. 트위터가 글자 수를 140자로 제한한 것도 이런 이유에서였습니다.

요즘 읽게 되는 글들의 또 다른 특징은 깊이 생각하게 만드는 글보다는 지금 시점에서 사람들의 관심을 끌 만한, 즉 화제성이 강한 글이 많다는 점입니다. 이는 광고 시스템과 관련됩니다. 신문이나 잡지는 배너 광고를 통해 수익을 냅니다. 블로그와 같은 1인 미디어에서 활동하는 개인 작가들에게도 배너 광고 수입이 중요합니다. 자신의 글에 게재되는 배너 광고의 단가를 올리기 위해서는 소수의 사람이 깊게 읽는 글보다는 많은 사람이 가볍게 읽을 수 있는 글을 많이 게재하는 편이 낫습니다.

그런데 읽는 사람은 적더라도 어느 정도 긴 시간을 들여 천천히 읽을 수 있는 글, 깊이 있는 성찰을 제공해주는 글을 제공하기 위해서 만들어진 플랫폼이 있습니다. 미디엄Medium이라는 곳입니다. 미디엄은 에번 윌리엄스Evan Willams가 2012년 선보인 텍스트 기반의 미디어 플랫폼으로 신문사나 잡지사에서 활동하는 전문 작가나 기자들의 글과 개인적으로 활동하는 아마추어 작가들의 글을 두루두루 게재하고 있습니다. 사실 에번 윌리엄스는 트위터를 창업한 사람 중 한 명입니다. 트위터의 대명사처럼 여겨지는 짧은 글쓰기를 만들어낸 장본인인 것이죠. 그런 그가 트위터를 나와서 만든 것이 미디엄입니다.

미디엄은 사람들이 오랜 시간 음미하며 읽어야 하는 글을 전달한다는 목적을 갖습니다. 그래서 사용자 수를 늘리기보다는 사용자의 글 읽는 시간을 늘리는 것을 중요하게 여깁니다. 그래서 미디엄에는 사람들에게 깊은 생각과 성찰의 기회를 주는 좋은 글들이

필요한 글이 있는 사람들이 제일 먼저 찾게 하는 것이 미디엄의 목표다.
출처: 미디엄

많이 있습니다. 게다가 읽기를 방해하는 배너 광고도 넣지 않습니다. 저도 미디엄의 글들을 좋아합니다. 연구나 집필을 위해 인터넷 검색을 하다가 가끔씩 시간을 들여 천천히 읽게 되는 글을 만나는 일이 있었는데, 이런 글들은 미디엄에 게재된 글인 경우가 많았습니다.

미디엄은 자신들의 엄격한 기준에 따라 좋은 글을 선별해서 게재합니다. 화제성이 강한 글보다는 읽는 데 좀 더 긴 시간이 필요하더라도 생각할 거리를 주는 글을 싣는 것이죠. 그래서 화제성과 사실 위주로 작성된 일반적인 신문 기사나 소셜미디어에서 접하는 짧고 감상적인 글이 아니라 작가가 정성껏 써 내려간 제대로 된 '글'이 많습니다. 인터넷에서 만나는 짧은 글의 홍수 속에서 발견한 오아시스처럼 반갑게 느껴집니다. 이런 점에서 미디엄은 디지털에 지친 사람들의 마음을 정화해주는 역할을 합니다.

그런데 지금 미디엄에는 한 가지 문제가 존재합니다. 배너 광고를 게재하지 않는 것이 미디엄의 가장 큰 강점이긴 하지만, 광고 수입이 없다 보니 미디엄에 글을 싣는 개인 작가들에게 보상할 방법이 마땅치 않다는 점입니다. 그래서 2017년부터 미디엄은 유료 회원제로 전환하고, 여기서 얻은 수익을 작가들에게 나눠주는 방식으로 운영하고 있습니다. 하지만 이런 변화를 통해서도 미디엄은 여전히 수익을 내지 못하고 있고, 급기야 보상 체계에 불만을 가진 작가들이 미디엄을 떠나고 있습니다. 이런 일이 한국의 미디엄이라고 볼 수 있는 브런치^{brunch}에서도 발생하고 있습니다. 브런치는 카카오가 운영하는 글쓰기 플랫폼입니다. 엄격한 기준으로 선정한 브런치 작가들의 글을 게재하고 있기 때문에 지금 한국에서 좋은 글들을 가장 많이 만날 수 있는 곳이 바로 브런치입니다. 하지만 브런치도 배너 광고를 게재하지 않기 때문에 작가들에 대한 보상이 없습니다. 그래서 많은 개인 작가가 브런치를 떠난다고 합니다.

사실 사람들이 미디엄이나 브런치를 좋아하는 것은 바로 광고가 없기 때문입니다. 광고가 없기 때문에 이곳의 글들이 더 순수하게 느껴지고, 어디를 가도 자신을 쫓아다니는 광고 트래킹에서도 벗어나는 편안함을 느낍니다. 만일 미디엄이나 브런치에 배너 광고가 도입되면 이들 서비스의 차별성도 사라지고 많은 독자가 실망할 것입니다. 하지만 광고를 싣지 않기 때문에 미디엄과 브런치에는 마땅한 수익 모델이 없고, 작가들에게 충분한 보상을 해주기도 어렵습니다. 디지털 시대 빠르게 소비되는 글과 광고에 지친 사람들에게는 고마운 공간이지만 그곳을 운영하는 회사나 작가들에게는 꼭 그렇지만도 않은 것이죠. 미디엄과 브런치 둘 다 독자와 작가 모두에게 도움이 되는 최선의 운영 방법을 찾아낼 수 있기를 기대합니다.

인사이트

: 당신의 브랜드에는 숨 쉴 틈이 있는가

중독경제 시대의 아이러니는 디지털 중독에 빠지는 사람이 많은 만큼 거기서 벗어나고 싶어 하는 사람도 많다는 점입니다. 콘텐츠 플랫폼에서는 자극적인 콘텐츠들이 끊임없이 만들어지고, 뉴스에서는 충격적인 사진과 동영상들이 쏟아집니다. 쇼핑 앱에서는 수시로 욕망을 자극하는 제품들을 만나게 되고, 거부하기 어려운 할인 쿠폰을 제공받습니다. 게임 세계에서는 언제나 다른 사람과의 경쟁과 싸움에 노출되고 정해진 끝도 없어서 한번 시작하면 손에서 놓기도 어렵습니다. 수시로 울리는 스마트폰의 알림은 사람들을 온종일 긴장 상태에 있게 합니다.

이런 환경에서 사람들은 감각에 과부하가 걸리고, 웬만한 자극에는 감흥이 없어지면서 더 센 자극을 찾게 되고, 심한 경우 정신적 탈진 상태나 무기력증에 빠지기도 합니다. 하지만 쉽게 멈추지도 못합니다. 뇌가 이런 자극들을 보상으로 생각해서, 자극에 대한 지속적 욕구를 갖게 하기 때문입니다.

그래서 사람들에게는 도움이 필요합니다. 누군가가 이들을 위해서 쉼터를 제공해줘야 합니다. 디지털 중독에 지친 몸과 마음을 정화해주고 사람들이 다시 자신의 삶에 주인이 되어 주체적 삶을 살 수 있도록 도와줘야 합니다. 사람들을 디지털 중독에서 벗어나게 도와주는 디지털 디톡싱은 중독경제 시대에 유망한 사업일 뿐만 아니라 이 시대에 가장 의미 있고 가치 있는 사업이 될 것입니다.

물론 디지털 디톡싱 전략에서도 수익 모델에 대한 고민은 중요합니다. 사람들을 디지털 중독에서 벗어나게끔 도와주려는 선한 마음으로 서비스를 시작한 사업자라면 애초에 자신의 서비스를 통해 큰 수익을 내려는 목적이 없을지도 모릅니다. 하지만 사업을 계속 유지하고, 서비스에 필요한 기술 투자를 할 수 있는 만큼의 수익은 필요합니다. 그러기 위해 우선 고려해볼 수 있는 것은 유료 회원제 서비스입니다. 하지만 미디엄의 경우를 보면 유료 회원제 모델을 성공시키기란 쉽지 않음을 알 수 있습니다. 광고가 없고 좋은 글이 많아서 미디엄의 글을 읽지만, 그렇다고 해서 자기 돈을 내면서까지 이곳에서만 글을 읽으려는 사람들은 많지 않기 때문입니다. 그래서 유료 회원제 모델을 성공시키려면 다른 곳에서는 찾을 수 없는, 즉 독자적이면서 대체 불가능한 콘텐츠와 상품을 구비하는 것이 필수적입니다.

다음으로 고려해볼 수 있는 것은 후원입니다. 디지털 디톡스 서비스는 사회적으로 의미 있고 바람직한 서비스입니다. 공익 서비스의 성격을 띠는 것이죠. 요즘은 기업의 사회적 책임 활동 차원에서 이런 서비스를 후원하려는 기업이 많기 때문에 이들의 지원을 통해 서비스 운영에 필요한 수익을 확보할 수도 있습니다. 정부와 지자체의 후원도 기대해볼 수 있습니다. 최근 디지털 중독 문제가 사회적 문제로 인식되면서 정부가 후원하는 연구나 프로그램도 하나둘씩 생겨나고 있습니다. 디지털 중독 문제는 시간이 지날수록 심화될 수밖에 없기에 정부와 지자체에서도 이를 중요한 사회적 문제로 인식하여 다양한 사업을 진행할 것입니다. 따라서 디지털 디톡싱 서비스를 정부나 지자체의 후원에 기반한 사업으로 운영하는 것도 좋은 방법입니다.

그러나 역시 가장 효과적인 비즈니스 모델은 B2B 형태의 서비스 사업입니다. 명상 서비스를 제공하는 헤드스페이스와 캄이 큰 매출을 올리는 이유는 이들이 자신의 서비스를 많은 기업에 유료로 제공하기 때문입니다. 물론 이들의 서비스가 성공하고 있다고 해서 한국에서도 명상 서비스에 대한 기업 수요가 많으리라 기대할 수는 없습니다. 당연히 한국 시장에서 어떤 디톡싱 서비스에 대한 수요가 존재하는지를 먼저 파악할 필요가 있습니다. 그리고 이 수요에 맞는 서비스를 개발해야 합니다. 마케팅의 기본은 자신이 가진 서비스를 어떻게든 판매하려고 노력하는 것이 아니라 고객이 원하는 서비스를 만들어서 제공하는 데 있다는 사실은 디지털 디톡싱 전략에서도 여전히 유효합니다.

4부

중독 인류를 위한
슬기로운 번영의 기술

—

강박과 습관 사이에서
균형추 맞추기

지나친 디지털 중독은 우리 삶에 부정적 결과를 가져올 수도 있습니다. 대인 관계를 맺으려는 의지가 약해져 세상과 단절된 채로 살아가거나 일할 때 온전히 집중하지 못하고, 쉴 때도 제대로 쉬지 못할 수 있습니다. 불안과 각성이 지속되며 점점 더 극심한 번아웃 상태에 빠져드는 것이죠. 게다가 테크 기업이 고안해낸 알고리즘에 익숙해질수록 주체적인 선택을 하기가 점점 어려워지고, 알고리즘이 추천하는 내용만을 맹신할 위험도 있습니다. 그러면 세상의 진실을 제대로 인식하지 못하고 알고리즘이 보여주는 정보를 진실이라고 착각하게 됩니다. 이는 세상에 관한 왜곡된 이해로 이어집니다. 영화 〈매트릭스〉에서처럼 누군가가 만들어놓은 가상의 세계를 실재하는 것으로 믿을 수도 있죠.

그렇다고 해서 오늘날 우리를 중독시키는 것들을 죄다 없애거나 중독이 일상화된 삶의 방식에서 완전히 벗어날 수도 없습니다. 중독경제는 싫든 좋든 이미 우리의 현실입니다. 그래서 중독경제가 제공하는 혜택과 편리는 누리되, 디지털에 지나치게 중독되지 않는 현명한 삶의 기술을 터득해야 합니다. 4부에서는 일상에서 디지털 중독을 관리하는 실제적인 방법은 물론, 무분별한 소비 중독에서 벗어나는 방법을 소개합니다. 마지막으로 중독경제 시대를 살아가며 일하는 모든 이를 위해 중독경제 시대가 필요로 하는 인재상에 대해서도 논해봅니다.

18
중독의 관리가 자기계발인 시대

중독될 것인가, 중독을 이용할 것인가

중독경제는 지금 시대를 지배하는 경제 시스템입니다. 그뿐만 아니라 오늘날 사람들이 삶을 살아가는 방식을 지배하는 문화 시스템이기도 합니다. 테크 기업이 진화할수록 중독의 기술 역시 점점 더 교묘해지고 강력해질 것입니다. 그만큼 우리 삶은 중독의 영향에서 벗어나기가 더 어려워질 것입니다. 그렇다면 중독경제 시대에 우리는 어떻게 살아가야 할까요?

어떤 사람들은 디지털 중독에서 벗어나기 위해서 디지털 기기를 아예 사용하려 하지 않거나 자연 속에서의 삶을 꿈꾸기도 합니다.

자녀들이 디지털 기기를 전혀 사용하지 못하게 막기도 합니다. 하지만 이런 방법은 현실적이지 못합니다. 디지털 기기는 많은 편리와 혜택을 줍니다. 스마트폰 앱 덕분에 업무나 생활에 필요한 정보를 빠르게 찾을 수 있고, 다양한 콘텐츠와 정보를 무료로 쉽게 즐길 수 있으며, 많은 제품과 서비스를 저렴하게 이용할 수 있습니다. 또한 전 세계에 있는 사람들과 소통하며 상호작용할 수 있습니다.

얻는 것이 있으면 잃는 것이 있기 마련이지만, 중독에 대한 염려 때문에 디지털 기기가 주는 여러 좋은 점을 애써 거부할 필요는 없습니다. 가장 이상적인 것은 중독경제가 주는 혜택은 모두 누리면서 중독에는 빠지지 않는 것이겠죠. 그러기 위해 필요한 것은 디지털 기기에 대한 자율적인 컨트롤입니다. 디지털 기기가 자신의 생각과 행동을 조종하도록 만드는 것이 아니라 자신의 자유의지로 언제 그리고 무엇을 위해 디지털 기기를 사용할지를 스스로 결정하고 행동할 수 있어야 합니다. 이것이 중독경제 시대를 살아가는 최선의 방법입니다.

중독 상태를 자각하라

디지털에 대한 중독에서 벗어나기 위해서는 우선 자신의 상태를 제대로 인식해야 합니다. 디지털 중독에 빠진 사람들은 자신이 중독 상태라는 사실 자체를 모르는 경우가 많습니다. 매일 강박적으로 소셜 네트워크 앱을 실행하고, 뉴스를 확인하고, 쇼핑을 하면서도 모든 것이 자신의 자유의지에 의한 선택이라고 생각할 수 있죠. 저 역시 뉴스 앱을 수시로 찾던 시기에 이미 중독된 상태였다는 것을 스스로 인식하지 못했습니다. 아침에 눈을 뜨는 순간부터 뉴스를 확인하고 하루에도 수십 번씩 뉴스 앱을 확인하고는 했습니다. 논문을 쓰거나 글을 쓸 때도 잠깐씩 멈춰서 뉴스를 읽고는 했습니다. 그러던 어느 날 제가 뉴스 앱을 사용하는 데 얼마나 오랜 시간을 사용하는지를 직접 확인하고는 큰 충격을 받았습니다. 뉴스 앱을 사용하지 않겠다고 결심했을 때는 긴장감과 불안감까지 들었습니다. 이런 기분을 떨쳐내기 위해서라도 다시 뉴스 앱을 열고 싶은 욕구가 강하게 생겨났죠. 제가 뉴스에 중독된 상태라는 것을 처음 알게 된 순간이었습니다.

요즘 제 주변의 학생들만 봐도 혼자서 보내는 시간이 많습니다. 특히 코로나19의 유행으로 많은 시간을 집에서 혼자 보내는 일이 많아졌습니다. 여기에 더해 불확실한 미래에 대한 불안감 때문에 현실의 걱정과 염려에서 잠시라도 벗어나게 해줄 무엇인가를 찾습니다. 그러다 보니 대학생 중에는 스마트폰 앱에 중독된 학생들이 생각보다 많습니다. 제 경험을 들려주면서 학생들에게도 스스로 스마트폰 앱 사용 시간을 추정해본 다음 실제 사용 시간과 비교해보게 했습니다. 그랬더니 많은 학생이 자신이 생각했던 것보다 앱 사용 시간이 많다는 사실에 놀랐습니다. 평소 자신이 얼마나 오래 앱을 사용하는지를 자각하지 못했던 것입니다. 그런 다음 자신이 가장 많이 쓰는 앱을 얼마간 켜지 않는 시간을 가져보라고 말했습니다. 그랬더니 학생들 대부분이 역시 불안과 초조, 긴장감을 경험했다고 답했습니다. 머릿속에 앱에 대한 생각이 자꾸 떠오르고, 앱을 사용하고 싶은 강한 욕구가 생겼다고 합니다. 누구나 이런 경험을 한 번만 해보면 자신이 스마트폰에 얼마나 과도하게 몰입하고 있는지를 알 수 있습니다.

지금 바로 자신이 사용하는 앱의 사용 시간을 직접 확인해보기 바랍니다. 스마트폰의 '설정'에 들어가면 볼 수 있습니다. 그리고 자신이 예상하는 사용 시간과 실제 사용 시간에 차이가 있는지 살펴보기 바랍니다. 만약 예상 시간과 실제 시간 사이에 큰 차이가 있다면, 그 앱을 며칠 동안 의식적으로 실행하지 말아보십시오. 앱을 사용하지 않을 때 마음에 긴장감이 생기고 앱을 켜보고 싶다는 강한 욕구가 생긴다면 이미 그 앱에 중독된 상태일 수 있습니다.

앱 사용 시간을 제한하라

일단 자신의 중독 상태를 인식하고 나면 다음 단계는 디지털 중독을 관리할 수 있는 장치들을 마련하는 것입니다. 앱 중독에서 벗어나기 위해 언제까지나 앱을 사용하지 않을 수는 없습니다. 중요한 것은 온전한 자유의지로 앱 사용을 컨트롤하는 것이지 앱을 피하는 것이 아닙니다. 자신의 생각과 행동을 자기 스스로 완전히 컨트롤할 수만 있다면 스마트폰 앱은 자신의 삶에 많은 혜택과 편리를 제공해주는 중요한 도구일 뿐입니다. 그런데 중독경제의 특성상 아무리 의식적으로 앱 사용을 조절하려고 해도 그것은 우리 마음의 약한 부분을 교묘하게 파고듭니다. 자기도 모르는 사이에 다시 앱에 중독되기가 쉽죠. 그래서 앱 중독에서 자신을 보호할 수 있는 간단한 외부 장치를 마련해두는 것이 좋습니다.

제가 뉴스에 중독된 상태라는 사실을 인식하게 되었을 때 가장 먼저 한 일은 스마트폰 설정을 통해서 뉴스를 읽는 시간에 제한을 걸어둔 것입니다. 지금도 저는 뉴스 앱에 머무는 시간을 하루에 15분으로 제한해두었습니다. 별로 중요하지도 않은 기사를 둘러보며 시간을 보내고 있으면 어느 순간 화면이 검은 색으로 바뀌면서 15분을 모두 사용했다는 메시지가 뜹니다. 한참 뉴스를 읽고 있는 순간에 화면이 멈춰버리는 경험은 유쾌하지 않습니다. 하지만 이 메시지 덕분에 저는 제가 얼마나 오랫동안 뉴스를 읽고 있었는지를 깨닫습니다. 중요한 뉴스를 읽을 때는 화면 잠금을 풀고 다시 뉴스를 읽기 시작하지만 15분이 지나면 다시 화면이 잠기기 때문에 꼭 필요한 뉴스만 보게 됩니다. 이 장치가 없다면 저는 다시 뉴스 중독의 시절로 돌아갔을 것입니다. 하지만 이 간단한 장치 덕분에 지금은 뉴스 중독을 의식적으로 피하려고 노력하지 않아도 뉴스 중독에서 벗어난 삶을 살고 있습니다.

외국에서는 이런 외부적 장치를 실제 교육에서 활용하기도 합니다. 유럽에서 학생들에게 많이 사용되는 홀드Hold라는 앱이 있습니다. 아침 7시에서 밤 11시 사이에 20분 연속으로 스마트폰을 사용하지 않으면 홀드는 10포인트의 보상을 제공해줍니다. 학생들은 이 포인트를 모아서 카페에서 음료를 구입할 때 할인을 받거나 영화관에서 무료 간식을 받을 수 있습니다. 기업의 후원으로 운영되는 서비스인데 노르웨이에서는 학생들 중의 40%가 이 앱을 사용할 정도로 반응이 좋다고 합니다.[1] 요즘 스마트폰에 중독되는 학생들이 빠르게 늘고 있는데, 이런 앱은 학생들을 스마트폰 중독에서 벗어나게 해주는 훌륭한 장치라고 볼 수 있죠.

사용 시간을 제한하는 것은 앱 중독에서 벗어날 수 있는 가장 손쉬우면서도 효과적인 장치입니다. 다만 시간 제한을 자율적으로 설정하는 것이 중요합니다. 사람들은 자신의 자유가 제한된다고 느끼면 반발심을 갖습니다. 이를 심리학에서는 '심리적 반발psychological reactance'이라고 부릅니다. 노란색 옷과 파란색 옷 중에서 고를 수 있을 때는 즐겁게 파란색 옷을 선택하더라도, 자신이 선택할 수 있는 것이 파란색 옷밖에 없으면 파란색 옷을 고르기 싫어지는 게 사람 마음이죠. 그래서 앱 사용은 자기 의지로 제한해야만 합니다. 그래야 사람은 제한적 자유를 기꺼이 받아들입니다.

트리거를 제거하라

디지털 중독을 관리하기 위한 또 하나의 외부적 장치는 중독을 유도하는 트리거^{trigger}를 제거하는 것입니다. 심리학에서 '트리거'란 의식적 혹은 무의식적으로 특정 생각이나 행동을 하도록 이끄는 사물이나 자극을 지칭합니다. 외상 후 스트레스 장애를 겪고 있는 사람이 평온한 상태에 있다가도 어떤 사물이나 사람을 보는 순간 갑작스럽게 큰 공포감과 스트레스를 느끼거나 힘들게 알코올 중독에서 벗어난 사람이 술 광고를 보는 순간 다시 술을 먹고 싶은 강한 충동에 사로잡히는 것 등이 트리거가 작용하는 사례입니다. "자라 보고 놀란 가슴 솥뚜껑 보고 놀란다"라는 한국 속담에 나오는 '솥뚜껑'도 일종의 트리거죠.

디지털 기기가 가진 문제는 언제 어디서나 트리거의 역할을 한다는 것입니다. 스마트폰을 통해서 매일 몇 시간씩 유튜브 동영상을 보거나 쇼핑 앱에서 제품을 구경하는 경우를 예로 들어보겠습니다. 의식적으로 자신의 앱 사용 시간을 줄이려고 해도 자신의 손 안에 또는 책상 위에는 늘 스마트폰이 있습니다. 이 스마트폰을 보는 순간 사람의 뇌는 스마트폰으로 유튜브 동영상을 보고 제품을 구경하던 즐거운 시간을 떠올리고, 자동으로 스마트폰 앱을 켜는 행동으로 이어지게 합니다.

중독경제 시대에 사람들은 중독의 트리거를 24시간 지니고 있는 셈이기에 그만큼 중독에서 벗어나는 일이 어렵습니다. 어떻게 하면 이 트리거를 없앨 수 있을까요? 스마트폰을 매일 사용하는 한 트리거 자체를 없애는 것은 불가능합니다. 대신 트리거의 성격을 바꿀 수는 있습니다. 저는 노트북, 스마트폰, 태블릿, 이렇게 세 개의 디지털 기기를 매일 사용합니다. 노트북으로는 일과 관련된 작업만 합니다. 데이터를 분석하고 논문을 쓰고 글을 쓰는 용도로만 사용하고, 유튜브 동영상을 보거나 뉴스를 보거나 영화를 보는 일에는 절대 사용하지 않습니다. 그래서 노트북을 보는 순간 제 뇌 속에는 일에 대한 생각만 떠오르게 되고, 반면 즐거움과 관련된 것은 전혀 트리거가 되지 않습니다. 노트북을 일에 대한 트리거로 만든 것입니다.

한편 스마트폰은 일상생활에 필요한 일들을 처리하는 용도로만 사용합니다. 전화를 걸고 이메일을 확인하고 식료품과 생활용품을 주문하는 용도로 사용합니다. 대신 즐거움과 관련된 모든 행동은 태블릿으로 합니다. 영화를 보거나 게임을 하거나 제품을 구경하는 등의 유희 활동들은 태블릿으로만 하는 것이죠. 그리고 이 태블릿은 침대에서만 사용합니다. 그렇다 보니 늦은 밤 침대에 누워 태블릿을 사용하기 전까지 태블릿은 어떤 유희 활동에 대한 트리거도 되지 못합니다. 간단히 말해 디지털 기기의 사용 용도를 철저히 분리해서, 각각이 다른 트리거가 되도록 시스템을 만든 것입니다.

사용 용도를 분리하기 위해 여러 개의 디지털 기기를 사용하려면 많은 비용이 들거라고 생각할지도 모릅니다. 꼭 그렇지는 않습니다. 제 경우 노트북은 업무 용도로만 사용하기 때문에 그렇게 좋은 사양의 노트북이 필요하지 않고, 스마트폰의 경우에도 영화를 보거나 게임을 하는 데는 사용하지 않기 때문에 화면이 크고 성능이 좋을 필요는 없습니다. 실제로 2014년에 구입한 스마트폰을 6년 동안 사용했고, 2020년이 되어서 새로 교체한 스마트폰도 화면이 작은 저가 모델입니다. 디지털 기기의 용도를 분리해서 사용하면 동일한 혹은 더 적은 금액으로 여러 대의 디지털 기기를 사용하는 것이 충분히 가능합니다.

트리거의 작용에서 벗어나기 위한 또 하나의 장치는 스마트폰 앱의 알림 기능을 모두 꺼놓는 것입니다. 사람들은 스마트폰을 통해서 중요한 문자나 연락을 받습니다. 그래서 알림 소리나 진동이 울리면 사람의 뇌는 하던 일을 멈추고 본능적으로 스마트폰에 모든 주의를 집중합니다. 알림 신호가 사람의 뇌에 중요한 트리거 역할을 하는 것입니다. 하지만 막상 확인해보면 대부분의 알림은 할인 광고나 배송 완료 메시지처럼 중요하지 않은 내용들뿐입니다. 그래서 저는 모든 앱의 알림을 꺼놓습니다. 심지어 메신저의 알림까지도 꺼놓아서 사람들이 제게 메시지를 보낸 사실조차 온종일 모르는 경우가 많습니다. 하지만 메시지를 제때 확인하지 않아서 생기는 손실보다, 제 자신에게 온전히 집중할 수 있다는 이득이 더 크기에 기꺼이 알림을 꺼놓은 채 생활합니다.

디지털 중독에서 벗어나는 방법에 정답은 없습니다. 사람의 성향이나 상황에 따라서 자신에게 가장 적합한 방법은 제각기 다를 것입니다. 중요한 것은 디지털 기기가 끊임없이 자신의 주의를 빼앗고 앱을 실행시키게 만드는 트리거가 되지 않도록 만드는 것이죠. 이런 시스템을 잘 만들어낸다면 디지털 기기를 편하게 이용하면서도 중독에서는 자유로운 삶이 가능할 것입니다.

건강한 중독을 찾아내라

디지털 중독을 관리하는 또 하나의 방법은 디지털 기기에 대한 중독을 보다 건강한 중독으로 대체하는 것입니다. 사람의 뇌는 본래 중독에 취약합니다. 기분을 좋게 하거나 행복감을 주는 것들에 본능적으로 중독됩니다. 그래서 사람들은 일상 속에서 다양한 대상에 중독됩니다. 달콤한 디저트에 중독되고, 술에 중독되고, 사랑하는 사람에게도 중독됩니다. 중독 자체를 피하기 어렵다면 중독의 대상을 신중하게 결정하는 것이 중독경제 시대를 살아가는 방법일 수 있습니다.

이 책의 도입부에서 말한 것처럼 저는 달리기 중독자입니다. 매일같이 달리기를 합니다. 지난여름에는 폭우가 쏟아지는 날 한강변에서 달리기를 한 적도 있습니다. 온몸은 물론 운동화와 마스크까지 흠뻑 젖어서 숨쉬기도 힘들었죠. 이날 제 모습을 본 사람들 중에는 저를 한심하게 생각한 사람이 있을지도 모릅니다. 하지만 저는 달리기를 멈출 생각이 없습니다. 디지털 중독에 비하면 달리기 중독은 훨씬 건강한 중독이기 때문입니다. 무리한 달리기는 건강을 해칠 수도 있지만 적당한 수준의 달리기는 신체 건강에 도움이 됩니다. 그리고 제가 달리는 동안에는 디지털 세상에서 완전히 벗어날 수 있습니다. 달리기 덕분에 디지털에서 벗어나는 경험을 매일 하게 되는 것이죠. 물론 중독의 대상이 꼭 운동일 필요는 없습니다. 중독의 대상은 취미일 수도 있고, 뮤지션이 될 수도 있고, 수집품이 될 수도 있습니다. 중독이 자신의 건강과 미래에 도움이 되고, 디지털 중독에서 벗어나는 데 도움이 되기만 하면 됩니다. 나쁜 중독이 아니라 좋은 중독을 찾아내는 것이 핵심입니다.

건강한 습관을 만드는 것도 좋습니다. 앞서 설명한 것처럼 중독과 습관은 다릅니다. 중독은 마음의 욕구에 의해 발생하지만, 습관은 의지에 의해 형성됩니다. 또 습관은 자신이 원할 때 언제든 쉽게 중단할 수 있습니다. 지금 저의 습관 하나는 글쓰기입니다. 저는 혼자 있는 시간에 소일거리로 글쓰기를 합니다. 인터넷에 올리기 위한 것도 아니고 책을 쓰기 위한 것도 아닙니다. 그냥 끊임없이 아무 주제에 대해서나 글을 씁니다. 다른 사람들이 남는 시간에 영화를 보거나 책을 읽듯이 저는 그냥 글을 쓰는 것이죠. 분명한 목적이 있는 것도 아니고 좋은 글을 쓰려는 것도 아닙니다. 그날그날 생각한 것들, 느낀 것들을 써 내려갑니다. 그리고 이런 글을 쓸 때는 컴퓨터를 이용하지 않고 반드시 만년필을 사용해서 종이 위에 직접 손으로 씁니다.

제가 원래부터 글쓰기를 좋아했던 것은 아닙니다. 코로나19가 유행하기 시작한 이후로 혼자 지내는 시간이 많아지면서 시간을 무료하지 않게 보내기 위한 방편으로 글쓰기를 시작했습니다. 처음에는 글 쓰는 일이 익숙하지 않았지만 지금은 습관이 되어서 시간이 남으면 늘 만년필을 집어 들고 아무 글이나 적곤 합니다.

중독이라는 것은 사람에게 배가 고플 때 밥을 먹는 것처럼 자연스러운 일입니다. 다만 그 대상이 무엇인지에 따라서 사람에게 도움이 되기도 하고 해가 되기도 합니다. 디지털 중독을 피하고 싶다면 다른 것에 자신을 중독시키는 것도 방법이 될 수 있습니다. 신체와 정신에 긍정적 영향을 주는 대상에 스스로 중독되는 것이 중독 경제 시대에 자신을 지켜낼 수 있는 좋은 방법이 되는 것이죠.

시간에 의미를 부여하라

사람들이 디지털 기기에 쉽게 중독되는 이유 가운데 하나는 자신에게 주어진 시간에 목적을 두지 않기 때문입니다. 목적이 없는 시간이란 주어진 기간 동안 반드시 끝내야 할 임무가 없는 시간을 말합니다. 이런 시간이 주어지면 사람들은 본능적으로 즐거움을 찾습니다. 이때 손쉬운 방법을 찾다 보니 스마트폰 앱에 쉽게 중독됩니다. 하지만 그렇다고 해서 자신에게 주어진 모든 시간을 어떤 목적을 위해서만 사용할 수도 없습니다. 가령, 퇴근 후 집에서 혼자 보내는 시간이 많은 직장인이 모든 여가 시간을 외국어 공부나 운동과 같은 생산적인 일에만 사용하기는 어렵습니다. 그러기 위해서는 강한 의지와 신중한 계획이 필요하기 때문입니다. 자신에게 주어지는 모든 시간을 10분도 낭비하지 않고 생산적으로 보내는 사람에게는 다행스러운 일이지만 사람들 대부분에게는 이런 삶을 사는 것이 어렵습니다. 이때 도움이 되는 방법이 있습니다. 바로 시간에 의미를 부여하는 것입니다.

과거에 비해 오늘날에는 많은 여가 시간이 주어집니다. 가령, 퇴근 후 7시에 집에 도착해서 11시에 잠이 드는 직장인에게는 매일 4시간이 주어집니다. 주말에는 잠자는 시간(7시간으로 가정)을 제외하면 이틀 동안 34시간이 생깁니다. 주중과 주말의 시간을 합치면 일주일 동안 54시간이 생기고, 일 년이면 약 2808시간이 됩니다. 10년이면 2만 시간이 훌쩍 넘습니다. 매일 반복적으로 주어지는 시간이기 때문에 사람들은 이 시간의 가치를 인식하기 어렵습니다. 또 많은 시간이 주어지는 만큼 지금 당장 사용하는 한두 시간은 너무 짧고 가치가 없는 것처럼 느껴지기 쉽습니다. 그러다 보니 스마트폰을 통해 쉽게 즐거움을 얻는 시간으로 보내기 쉽습니다.

앱 중독에 시간을 낭비하지 않는 간단한 방법은 자신에게 주어진 모든 시간에 의미를 부여하는 것입니다. 오늘 퇴근 후 자신에게 주어진 5시간이 2만 시간 가운데 5시간이 아니라 오늘만 가질 수 있는 특별한 5시간이라고 인식하면 이 시간이 더 가치 있게 느껴집니다. 이런 인식이 생기면 스마트폰을 들여다보며 시간을 '흘려보내기'보다는 더욱 가치 있게 시간을 쓰고 싶은 동기가 자연스럽게 생겨납니다. 다른 사람의 SNS를 구경하거나 자극적인 유튜브 동영상을 보는 대신에 보다 가치 있는 활동을 하며 시간을 보내려는 욕구가 생깁니다.

자신에게 주어지는 시간에 특별한 의미를 부여하는 것이 습관화되면 디지털 기기에 중독되어 시간을 허비하는 일은 자연스럽게 줄어들 것입니다. 이 방법은 제가 실제로 매일 실천하고 있는 것이기도 합니다. 저는 제게 주어진 모든 시간에 큰 의미를 부여하고 있습니다. 내일 예상치 못한 사고가 생겨서 죽을 수 있다고 생각하고, 오늘 내게 주어진 시간이 제 삶의 마지막 시간이라고 생각합니다. 이렇게 하면 제게 주어진 시간을 낭비하고 싶은 마음이 사라집니다. 스마트폰을 들고 뉴스를 보거나 동영상을 보면서 시간을 보내기보다는 책을 쓰거나 운동을 하거나 아이와 즐거운 시간을 보내고 싶어집니다. 제게 주어진 마지막 시간을 보다 가치 있고 의미 있게 보내고 싶어지는 것이죠.

스스로 스마트폰 앱에 너무 많은 시간을 낭비하고 있다고 느낀다면 자신에게 주어진 모든 시간에 의미를 부여해보기 바랍니다. 이 시간이 삶의 마지막 순간이 될 수도 있다고 생각해보기 바랍니다. 그러면 이 소중한 시간을 스마트폰만 멍하니 들여다보는 데 쓰고 싶지는 않을 것입니다. 시간의 소중함을 느끼면 자연스럽게 스마트폰 중독에서 벗어날 수 있습니다.

19
중독경제에서 나의 부를 지키는 법

소비가 쉬워진 시대

소비는 사람들에게 큰 즐거움을 줍니다. 평소 필요했던 물건을 저렴한 가격에 구입하는 일은 누구에게나 즐거운 일입니다. 갖고 싶었던 제품을 구매하는 순간 사람들은 큰 희열을 느낍니다. 그래서 많은 사람은 소비를 삶에서 즐거움을 얻는 중요한 수단으로 여깁니다. 하지만 소비가 아무리 즐겁더라도 지나친 소비는 여러 문제를 불러옵니다. 이를테면 경제적 어려움을 초래하고, 직장 생활이나 대인 관계에도 영향을 줄 수 있습니다. 중요한 투자 기회가 있을 때 투자 자금이 부족해질 수도 있습니다. 삶에서 꼭 필요하지 않은 제품을 많이 구입하는 것은 환경에도 큰 부담을 줍니다. 제품 생산 과정에서 많은 자원을 낭비하고, 버려진 제품은 대부분 제대로 재활용되지 못하고 있습니다. 환경 보호에 관심을 가진 사람이라면 환경 보호에 가장 도움이 되는 것은 친환경 제품을 구입하는 일이 아니라 소비를 줄이는 것임을 잘 알고 있을 것입니다.

아무리 맛있는 음식도 많이 먹으면 더 이상 맛있게 느껴지지 않습니다. 아무리 건강에 좋은 음식도 지나치게 많이 먹으면 몸에 탈이 납니다. 음식이 주는 즐거움과 가치를 계속 유지하기 위해서는 음식 섭취를 조절해야 합니다. 소비도 마찬가지입니다. 소비는 큰 즐거움을 주는 일이지만 지나친 소비는 사람들에게 경제적·정신적으로 힘든 상황에 직면하게 합니다. 그래서 소비를 조절하면서 살아야 합니다.

그런데 중독경제 시대에는 소비를 조절하는 것이 무척 어렵습니다. 디지털 광고는 소비자의 특성과 성향을 파악해서 개개인이 관심을 가질 만한 광고만 보여줍니다. 쇼핑 앱들은 다시 없을 기회처럼 광고하는 할인 행사를 진행하고, 클릭 한 번이면 광고 속 제품을 주문할 수 있게 해줍니다. 끊임없이 광고에 노출되고, 쉽게 제품을 구입할 수 있다 보니 소비를 제어하는 일이 어려울 수밖에 없습니다. 그러다 보니 요즘 많은 사람이 삶에 꼭 필요하지도 않은 물건들을 계속해서 구입합니다.

이런 현상은 중고 거래 시장의 성장 추세에서도 쉽게 확인할 수 있습니다. 최근 중고 거래 시장이 크게 성장하고 있습니다. 시장 분석가들은 사람들의 합리적 소비 성향의 증가로 중고 거래가 늘어났다고 말합니다. 하지만 이는 시장의 절반에만 해당하는 분석입니다. 중고 거래가 늘어난 것은 수요뿐만 아니라 공급도 늘어났기 때문입니다. 중고품 거래 시장에 새 제품처럼 상태가 좋은 제품들의 공급이 크게 늘고 있는 것이죠. 그리고 공급이 크게 늘어난 이유는 소비가 늘어났기 때문입니다. 많은 사람이 충동적으로 쉽게 제품을 구입하고, 이 제품을 처분하려다 보니 중고품 시장에 공급이 크게 증가한 것입니다.

어떻게 하면 소비를 쉽게 제어할 수 있을까요? 무조건 참는 것이 능사는 아닙니다. 일단 마음속에 소비에 대한 강한 욕구가 생기면 의지만 갖고 소비 욕구를 참아내기란 어렵습니다. 특히 많은 할인과 쉬운 결제, 빠른 배송 앞에서 소비 욕구를 억누르는 것은 누구에게나 어려울 수밖에 없습니다. 소비를 제어하는 가장 좋은 방법은 욕구를 참아내는 것이 아니라 욕구 자체가 생기지 않게 하는 것입니다.

광고의 추적을 피하라

소비에 대한 욕구를 불러일으키는 데 가장 큰 역할을 하는 것은 물론 광고입니다. 광고는 일종의 환상을 만들어냅니다. 광고에 등장하는 유명하고 멋진 사람이 사용하는 제품을 보면 사람들은 그 제품만 가지면 자신도 그 사람처럼 될 수 있다는 환상을 품게 됩니다. 삶을 편리하게 해주는 제품에 대한 광고를 보면 이 제품이 자신의 삶을 크게 바꿔주리라는 착각에 빠지게 됩니다. 그리고 이런 환상과 착각은 소비로 이어집니다. 사업자들이 광고에 많은 비용을 사용하는 이유입니다.

하지만 아무리 광고를 잘 만들어도 사람들이 광고를 보지 않으면 광고는 마음속에 욕망을 만들어내지 못합니다. TV 광고가 중심이던 관심경제 시대에는 TV를 보지 않음으로써 광고 노출을 피할 수 있었습니다. 하지만 스마트폰을 중심으로 돌아가는 중독경제 시대에는 광고 노출을 피하기가 사실상 어렵습니다. 스마트폰은 늘 사용할 수밖에 없고, 화면 어딘가에는 늘 광고가 존재하기 때문입니다. 그렇다면 어떻게 해야 광고의 영향에서 벗어날 수 있을까요? 노출을 피할 수 없다면, 광고에 대한 인지적 주의^{attention}를 차단시켜야 합니다.

우리는 수없이 많은 광고에 노출되지만 그때마다 뇌가 그 모든 광고를 처리하는 것은 아닙니다. 뇌는 자신과 관련성이 높은 광고에만 선택적 주의를 기울이고 해당 정보만을 처리합니다. 가령, 제가 스마트폰을 사용하는 중에 60대 여성을 위한 제품 광고에 노출되면 뇌는 이 광고에 주의를 기울이지 않습니다. 자신과 관련된 정보가 아니기 때문이죠. 디지털 광고는 사용자의 데이터를 이용해서 광고의 관련성을 높여줍니다. 사용자의 성별, 나이뿐만 아니라 취향과 관심사, 심지어 정치적 성향까지 파악해 이에 맞는 제품을 보여주거나 광고 메시지를 변경합니다. 가령, 30대 남성에게는 광고 메시지가 '30대 형님'이라고 바뀌고, 50대 남성에게는 '50대 형님'으로 바뀝니다. 이처럼 자신과의 관련성이 높아지면 사람의 뇌는 자기도 모르게 광고 메시지와 광고 제품에 주의를 빼앗깁니다.

뇌가 광고에 인지적 주의를 기울이는 것을 차단하기 위해서는 모든 광고를 자신과 관련이 없는 것으로 돌려야 합니다. 방법은 간단합니다. 앱의 데이터 추적 기능(트래킹)을 비활성화하면 됩니다. 앞서 설명한 것처럼 스마트폰 앱들은 사용자의 행동을 추적하고 사용자의 개인 정보와 매칭해서 디지털 광고의 관련성을 높이고 있습니다. 앱이 사용자 데이터를 추적하지 못하게 설정하면 광고의 관련성은 크게 하락합니다. 가령, 50대 남성에게 20대 여성을 위한 제품 광고가 나오면 광고에 더 이상 관심을 갖지 않고, 당연히 마음속에 소비에 대한 욕구도 생기지 않는 것과 같습니다. 앱의 데이터 추적 기능을 비활성화하는 것 외에도 광고의 관련성을 낮추는 방법은 여러 가지가 있습니다. 웹 브라우저의 '프라이빗' 검색 기능을 사용하거나 덕덕고^{DuckDuckGo}처럼 아예 추적 기능이 없는 앱을 사용할 수도 있습니다. 앱을 사용할 때 로그인을 하지 않는 것도 방법입니다. 요즘 많은 앱이 페이스북이나 네이버와 같은 소셜미디어 계정을 이용해서 쉽게 로그인을 할 수 있죠. 사용자들은 회원 가입 없이 편리하게 로그인을 할 수 있어서 이런 기능을 많이 사용하지만, 그 대가로 자신의 데이터를 앱에 넘겨주게 됩니다. 앱의 추적을 피하기 위해서는 이런 로그인도 피해야 합니다.

앱은 어떻게 해서든 사용자에 대해 더 많은 데이터를 얻어내려고 합니다. 그렇게 해야 광고의 효과성이 높아지고, 광고 수입이 늘어나기 때문입니다. 반면 소비자 입장에서는 앱의 추적을 피하면 피할수록 소비를 제어하기가 쉽습니다. 소비를 유도하려는 디지털 광고와 소비를 제어하려는 소비자 사이의 싸움이라고 볼 수 있죠. 다행히 최근 들어서 앱의 추적을 쉽게 피할 수 있는 장치들이나 앱이 많이 개발되고 있습니다. 조금만 관심을 기울이고 노력해도 앱의 추적을 피할 여지가 커집니다.

소셜미디어의 늪에서 벗어나라

디지털 광고와 더불어 사람들의 마음속에 소비 욕구를 만들어내는 것은 소셜미디어입니다. 소셜미디어에는 멋진 외모에 큰 부를 쌓은 사람들이 가득합니다. 사실 현실 세계에서 이런 사람들을 만나기는 쉽지 않습니다. 하지만 외모가 우수하거나 자랑할 것이 많은 사람이 소셜미디어에 많은 사진과 동영상을 올리고, 소셜미디어의 알고리즘도 이런 사진과 동영상을 상위에 노출시키다 보니 소셜미디어를 자주 방문하는 사람들은 세상에 이런 사람들이 많다고 착각하게 됩니다. 자신보다 외모가 뛰어나거나 부유한 사람들의 모습을 보게 되면 어떤 일이 생길까요? 이들과 비교해서 자신에 대한 불만족이 커집니다.

다른 사람과 자신을 비교하는 것을 사회 비교라고 합니다. 사회 비교는 본능적인 행동입니다. 사람들은 끊임없이 자신과 남을 비교합니다. 그런데 현실 세계에서는 사회 비교를 하더라도 자신의 자존감이 크게 낮아지는 일이 많지는 않습니다. 자기 주변에 있는 사람들도 대부분 자신과 비슷하고, 이들에 비해 자신이 나은 점도 한두 가지는 찾을 수 있기 때문입니다.

하지만 소셜미디어에서 보게 되는 사람들은 주변의 평범한 사람들과는 다릅니다. 이들은 연예인처럼 비현실적인 외모를 가지고 있기도 하고, 상상할 수 없을 정도로 막대한 부를 이루고 있기도 합니다. 이런 사람들과 자신을 비교하면 자존감에 상처가 생깁니다. 심한 경우 우울증이 생기기도 합니다. 이는 심리학 연구를 통해 확인된 사실입니다.[1] 그리고 낮아진 자존감을 회복하기 위해서 소비를 늘립니다. 자신도 이들처럼 좋은 옷이나 가방, 신발을 구입해서 낮아진 자존감을 회복하려는 것이죠. 이들처럼 되고 싶다는 생각에 이들이 추천하는 제품을 쉽게 구입하기도 합니다. 소셜미디어를 통한 사회 비교가 소비를 촉진하는 것이죠.

그런데 사회 비교는 본능적인 행동이기 때문에 소셜미디어를 사용하면서 사회 비교를 하지 않기는 매우 어렵습니다. 자존감이 높고 자기애가 강한 사람이라면 아무리 외모가 뛰어나고 돈이 많은 사람에게 노출되어도 별다른 영향을 받지 않겠지만, 대부분의 사람은 이들과 자신을 비교하게 되고 자기 만족도가 낮아집니다. 특히, 자아 정체성이 분명하지 않은 청소년들에게는 이런 일이 많이 발생할 수밖에 없습니다.

소셜미디어를 통한 사회 비교에서 벗어나기 위한 방법은 소셜미디어 사용 자체를 그만두는 것뿐입니다. 하루의 많은 시간을 소셜미디어에서 보내는 사람들은 소셜미디어의 사용을 그만두는 일이 어려울 것입니다. 하지만 막상 일정 시간이라도 소셜미디어 없이 지내보면 오히려 마음이 편해지고 행복도가 증가할 것입니다. 실제로 한 연구에서는 페이스북을 매일 사용하던 참가자들에게 페이스북을 한 달간 사용하지 못하게 했더니 행복감이 증가하고 외로움은 감소한다는 사실이 확인되기도 했습니다. [2]

소셜미디어에서 다른 사람들을 구경하는 일은 사람들에게 즐거움을 줍니다. 하지만 즐거움을 얻는 대가로 자신에 대한 만족도는 낮아지고 소비는 늘어납니다. 소비를 제어하고 싶다면 소셜미디어를 잠시라도 멀리하는 삶을 살아보길 바랍니다. 당장의 즐거움은 줄어들지 몰라도 삶에 대한 만족도는 오히려 높아질 것입니다.

미루는 습관을 들여라

디지털 광고와 소셜미디어는 사람들 마음속에 소비에 대한 욕구가 자라나게 합니다. 디지털 광고의 추적을 피하고 소셜미디어 사용을 멈추면 소비 욕구는 어느 정도 조절할 수 있습니다. 하지만 이것만으로 충분하지는 않습니다. 최근 디지털 광고는 점점 더 광고처럼 보이지 않는 형태로 진화하고 있습니다. 콘텐츠처럼 보이는 광고, 검색 순위로 위장한 광고, 유튜브 동영상 속에 숨겨진 광고 등 다양한 형태로 사람들에게 제품을 노출시키고, 그에 대한 욕구를 만들어냅니다. 그래서 소비를 제어하기 위한 추가 장치가 필요합니다.

광고 노출로 인해서 생겨난 소비 욕구는 대부분 시간이 지나면 자연히 소멸됩니다. 삶에 꼭 필요한 제품에 대한 욕구가 아니라 광고 때문에 인위적으로 만들어진 욕구이기 때문이죠. 그래서 소비에 대한 욕구가 생겼을 때 바로 구매를 하지 않고 잠시 미뤄두는 습관을 가져보면 좋습니다. 과거에는 소비 욕구가 생겨도 바로 욕구를 충족시키기 어려웠습니다. 제품을 구매하기 위해 매장에 직접 방문해야 했으니까요. 매장과의 물리적인 거리 때문에 욕구 발생과 구매 사이에 시간적 간격이 생기고, 이 기간 동안 욕구가 자연스럽게 소멸되는 경우가 많았습니다. 하지만 지금은 욕구가 발생하는 순간 클릭 한 번으로 제품을 구입할 수 있기 때문에 욕구가 사라질 틈이 없습니다. 그래서 필요한 것이 소비에 대한 욕구가 생길 때 바로 제품을 구입하지 않는 장치를 마련하는 것입니다.

제 경우에는 소비에 대한 욕구가 생기면 무조건 노트에다 기록하는 습관을 가지고 있습니다. 그러고 나서 한동안은 이 노트를 열어보지 않습니다. 노트를 자꾸 열어보면 욕구가 사라지기 어렵기 때문입니다. 욕구가 사라지게 하려면 일정 기간 사고 싶은 제품에 대해 생각하지 않아야 합니다. 그래서 사고 싶은 물건을 쇼핑 앱의 장바구니에 넣어서는 안 됩니다. 장바구니에 들어 있는 제품은 쇼핑 앱을 접속할 때마다 눈에 띄게 되고, 클릭 한 번이면 주문할 수 있기 때문입니다. 그래서 쇼핑 앱의 장바구니가 아니라 별도의 공간에 구매 목록을 작성해야 합니다. 어느 정도 시간이 지난 후에 노트를 열어 구매 목록을 보면 제품을 구매하고 싶은 욕구는 대부분 사라져 있습니다.

소비를 미루는 방법에 정해진 것은 없습니다. 제 경우에는 메모장을 사용하지만 소비를 미루는 데 도움이 된다면 어떤 방법이든 상관없습니다. 또 소비를 무작정 미룰 필요도 없습니다. 광고 때문에 갑자기 생긴 욕구는 1, 2주 정도가 지나면 대부분 사라집니다. 이때 중요한 것은 이 기간 동안 사고 싶은 마음이 든 제품에 관해 생각을 멈추는 것입니다. 아무리 구매를 미뤄도 제품에 계속 관심을 두면 욕구는 사라지지 않습니다. 오히려 욕구가 더 강해지기도 합니다. 그래서 제품에 대한 생각을 멈출 시간을 갖는 것이 중요합니다. 소비를 제어하기 어렵다고 느낀다면 소비를 잠시만이라도 미뤄보길 바랍니다. 그렇게 하면 놀랄 정도로 많은 욕구가 자연스럽게 사라지는 것을 경험하게 됩니다.

20
중독경제 시대를 이끄는 5가지 뉴타입

마인드 테크니션: 중독경제 시대의 새로운 인재

저는 기성세대입니다. 중독경제 시대가 오기 전에 학교를 졸업했고, 직업을 선택했고, 직장을 얻었습니다. 하지만 학생이나 사회 초년생들은 중독경제 구조 안에서 자신의 가치를 발견하고 자기가 원하는 일을 찾아야 합니다. 사실 이 시대에 일을 하는 모든 사람이 현 시스템하에서 더 나은 성취를 얻고 커리어를 확장할 방법을 찾고자 할 것입니다. 그렇다면 중독경제 시대에 개인은 어떤 인재가 되어야 하고 기업은 어떤 역량을 갖춘 인재를 찾아야 할까요.

많은 사람이 중독경제에 가장 필요한 인재로 프로그래머나 데이터 사이언티스트^{Data Scientist}를 떠올릴 것입니다. 먼저 스마트폰 앱이나 게임을 만들기 위해서는 프로그래머가 필요합니다. 앱 기반의 회사를 창업하기 위해서도 프로그래밍 능력이 필요하죠. 페이스북을 창업한 마크 저커버그, 인스타그램을 창업한 케빈 시스트롬^{Kevin Systrom}, 아마존을 창업한 제프 베이조스^{Jeff Bezos} 등 성공한 테크 기업 창업자들 대부분이 컴퓨터 공학을 전공했거나 프로그래밍 능력이 뛰어난 사람들입니다. 테크 기업의 창업과 운영에 프로그래밍 능력이 필수적이다 보니 중독경제 시대에는 프로그래머에 대한 수요가 많을 수밖에 없습니다. 미국에서는 컴퓨터 공학이 가장 인기 있는 전공으로 부상했고, 한국에서는 초등학생들이나 심지어 미취학 아동들 사이에서도 코딩 교육 열풍이 불고 있습니다.

한편 데이터 사이언티스트에 대한 수요도 많아졌습니다. 데이터 사이언티스트란 간단히 말해 데이터에서 가치 있는 것들을 추출해 분석하는 과학자입니다. 빅테크 기업은 방대한 양의 사용자 데이터를 수집하고 이를 분석합니다. 소비자의 선택과 행동에 영향을 주는 알고리즘도 개발해야 합니다. 그래서 통계 방법론을 사용해서 데이터를 분석하는 데이터 사이언티스트를 필요로 합니다. 실제로 제 수업을 듣는 학생 중에도 데이터 사이언티스트가 되기를 희망하는 학생이 많습니다.

그런데 프로그래머와 데이터 사이언티스트에 대한 수요가 지금 시점에 많다고 해서 미래에도 이 직업이 높은 가치를 가지리라 보장하기는 어렵습니다. 한 시대에 특정한 능력이 취업과 성공에 도움이 된다고 알려지면 많은 학생과 젊은이가 그 분야로 뛰어듭니다. 그러다 보면 인재 시장에는 그 능력에 대한 공급이 수요를 초과하는 일이 발생하고, 해당 역량의 가치는 떨어집니다. 이런 일은 과거부터 늘 반복돼왔습니다. 그래서 현재가 아니라 미래에 필요한 인재상이 중요합니다. 원하는 일을 찾으려는 사람이라면 좀 더 장기적 안목에서 움직일 필요가 있습니다.

비즈니스 모델이 전통적 방식에서 모바일 거래 방식으로 전환해가는 시점에서는 제대로 작동하는 앱을 만드는 것 자체가 어려웠습니다. 또한 디지털 기기를 통해 수집한 데이터를 분석하고 해석하는 능력을 가진 사람을 찾는 일도 쉽지 않았습니다. 그래서 프로그래밍 능력과 데이터 분석 능력에 대한 수요가 클 수밖에 없습니다. 하지만 중독경제가 심화될수록 이런 능력은 모든 사업자가 가지는 기본 능력이 될 수밖에 없습니다. 대신 사람들의 마음을 깊이 이해하고 이들의 생각과 감정, 행동에 영향을 미칠 수 있는 능력, 즉 설득력 있게 중독을 만들어내는 능력이 가장 중요한 경쟁력으로 떠오를 것입니다. 실제로 구글이나 야후와 같은 빅테크 기업들은 다수의 심리학자, 의사결정학자, 행동경제학자를 고용하고 그들을 통해 다양한 연구 프로젝트를 진행합니다. 또한 실리콘밸리에서는 테크 기업 사업자들 사이에서 사람의 마음을 움직이는 법칙에 대한 강의나 컨설팅이 큰 인기를 얻고 있습니다. 중독경제 시대가 심화될수록 사람의 마음을 움직일 수 있는 능력이 가장 중요하게 떠오르는 것이죠.

그런데 제가 지난 10여 년간 한국과 미국의 대학에서 강의를 하면서 발견한 사실이 하나 있습니다. 프로그래밍이나 데이터 분석이 뛰어난 학생들은 마음을 깊이 있게 이해하거나 설득하는 능력이 부족한 경우가 많고, 반대로 마음에 대한 분석과 조종에 뛰어난 학생들은 프로그래밍이나 데이터 분석을 어려워하는 경우가 많다는 점입니다. 프로그래밍과 데이터 분석을 위해서는 논리와 계산 능력이 필요하고, 사람들의 마음을 이해하고 이들의 생각과 감정, 행동에 변화를 가져오기 위해서는 논리 법칙이 아니라 감정과 동기와 같은 마음의 법칙을 이해하는 능력이 필요합니다. 이처럼 서로 상이한 능력을 모두 갖춘 사람이 드물기 때문에 둘 중 한 분야에서만 뛰어난 학생들이 더 많은 것이죠.

중독경제 시대에는 이 두 가지 능력을 모두 지닌 인재의 가치가 크게 높아질 수밖에 없습니다. 프로그래밍이나 데이터 분석 능력이 뛰어나면서도 마음의 법칙을 이해하고 활용하는 능력이 뛰어난 사람, 이른바 '마인드 테크니션mind technician'이야말로 중독경제 시대의 새로운 인재상이 되는 것입니다. 어떻게 하면 그런 인재가 될 수 있을까요? 사람이 태어날 때부터 양쪽 능력을 모두 갖고 있기는 어렵습니다. 그래서 중요한 것이 교육입니다. 프로그래밍이나 수학을 잘하는 학생들은 오히려 심리학, 행동경제학, 인문학에 관한 공부가 필요하고, 반대로 사람의 마음에 관심을 가진 학생들은 프로그래밍과 통계학, 수학 공부가 필요합니다. 여기에 더해 시장의 변화를 읽는 능력을 갖추려면 경영학과 경제학에 대한 공부도 필요합니다. 이처럼 다양한 분야를 모두 공부하고 각각의 분야를 모두 잘하는 것은 물론 어려운 일입니다. 하지만 그렇기 때문에 중독경제 시대에 더욱더 중요한 경쟁력이 될 것입니다. 물론 공부하는 과정에서 자신이 어떤 사람인지 더 잘 알고 균형을 찾아가는 일도 분명 가치가 있습니다.

마인드 마스터: 집중이 어려운 시대의 승자

중독경제 시대에 많은 사람이 집중에 어려움을 겪습니다. 마음먹고 공부나 일에 매진하려고 해도 디지털 기기가 시도 때도 없이 알림 신호를 보냅니다. 한번 알림이 울리면 사람의 뇌는 하던 일을 멈추고 알림에 주의를 빼앗깁니다. 스마트폰을 켜고 알림 내용을 확인한 뒤에 하던 공부나 일로 다시 돌아가려 하지만 뇌가 처리하던 많은 정보가 사라져 다시 집중하기가 어렵습니다. 머릿속에는 자신이 하고 있던 공부나 일 대신 이미 다른 생각이 스며들기 시작합니다. 온종일 이런 일이 수시로 반복되기 때문에 어떤 일에도 좀처럼 집중하기가 어렵습니다.

스마트폰을 뒤집어놓거나 아예 꺼놓는 것도 큰 도움이 되지 못합니다. 한 연구에서는 548명의 대학생들을 대상으로 스마트폰의 존재 자체가 인지 능력에 미치는 영향을 실험을 통해 살펴보았습니다.[1] 대학생들을 세 그룹으로 나누었는데, 첫 번째 그룹은 스마트폰을 책상 위에 뒤집어서 놓게 했고, 두 번째 그룹은 가방 안에 넣어놓게 했고, 세 번째 그룹은 가방에 넣어서 아예 다른 장소에 두도록 했습니다. 그 후 참가자들의 유동성 지능fluid intelligence(추리 능력이나 연산 능력 등 지식이나 경험과 관련이 적은 기본적 사고 지능)을 테스트했습니다. 실험 결과, 스마트폰이 책상 위에 놓여 있는 참가자들이 다른 두 그룹의 참가자들과 비교하여 낮은 지능을 보인다는 것이 확인되었습니다. 스마트폰을 뒤집어놓았다고 해도 스마트폰이 사람들의 시야에 있는 한, 뇌의 인지 능력에 큰 지장을 주었던 것이죠. 이처럼 스마트폰은 그것을 사용하지 않는 순간에도 끊임없이 사람들의 집중력과 인지 능력을 방해합니다.

이 실험에서 발견된 또 한 가지 흥미로운 사실이 있습니다. 실험을 마친 참가자들에게 실험 도중에 스마트폰에 대한 생각을 떠올렸는지를 물어보았는데, 여기서는 그룹 간의 차이가 전혀 나타나지 않았고, 대부분의 참가자들이 스마트폰에 대한 생각을 전혀 하지 않았다고 응답했다는 점입니다. 사람들은 스마트폰이 자신의 인지 능력을 방해한다는 사실 또한 인식하지 못했다는 의미입니다. 이렇듯 스마트폰 때문에 집중력과 사고력이 떨어진다고 스스로 깨닫기는 어렵습니다.

스마트폰은 직장에서의 업무 능력에도 지장을 줍니다. 한 연구에서는 관리자, 재무 분석가, 소프트웨어 개발자, 프로젝트 팀장 등 다양한 직종의 직장인들을 3일 동안 관찰하고 이들의 행동을 분석했습니다.[2] 이 연구에 따르면 직장인들이 방해를 받지 않고 한 가지 업무에 집중하는 시간은 평균적으로 불과 3분 5초라고 합니다. 컴퓨터, 스마트폰, 전화기 등 하나의 기기를 지속해서 사용하는 시간도 평균적으로 2분 11초에 불과했습니다. 사람들은 자신이 컴퓨터 앞에서 오랜 시간 일을 한다고 생각하지만 사실은 컴퓨터로 업무에 집중하는 시간은 매우 짧은 것입니다. 자신이 하던 업무가 스마트폰 알림이나 이메일 확인 등으로 방해를 받기 쉬우니까요. 게다가 업무를 방해받기 전 자신이 처리하던 일로 돌아가는 데 걸리는 시간은 평균 23분 15초였다고 합니다. 자신이 집중하던 업무에 다시 몰두하기 위해서는 20분이 넘는 시간이 필요한 것입니다.

중독경제 시대는 집중이 어려운 시대입니다. 수험생은 오랜 시간 집중해서 공부를 지속하기가 어렵고, 작가들은 머릿속에 떠오른 여러 가지 생각을 정리하며 글을 쓰기가 어렵습니다. 직장인들은 회사에서 자신의 일에 몰두하기 어렵고, 퇴근 후나 주말에는 휴식하는 데 집중하기가 어렵습니다. 부모들은 관심과 애정을 자녀에게 온전히 집중하기가 어렵습니다. 스스로 성찰하고 고민할 시간이 필요한 사람들도 가만히 자신의 마음을 들여다보기가 어렵습니다.

집중이 어려우면 당연히 자신의 계획을 실행하거나 원하는 목표를 달성하기가 어렵습니다. 새로운 것을 배우기도 어렵고, 창의적인 아이디어를 찾기도 어렵고, 자아성찰을 하기도 어렵습니다. 그래서 중독경제 시대에는 정신의 지배자, 즉 마인드 마스터mind master가 되어 초집중 상태에 도달하는 것이 사람들의 업무와 생활의 성패를 좌우하는 가장 중요한 능력이 될 수밖에 없습니다. 이런 이유로 기업 역시 직원들이 방해 없이 쉽게 집중할 수 있는 시스템을 구축하는 데 큰 노력을 기울일 것입니다.

물론 무언가에 집중하는 방법은 사람마다 다를 수 있습니다. 자신만의 방법을 찾아내는 사람은 자신이 이루고자 하는 목표를 달성하면서 성공적인 삶을 살아가겠지만, 그렇게 하지 못하는 사람은 언제까지나 자신과 환경을 탓하면서 살게 될지도 모릅니다. 지금 당장 자신만의 집중 공략법을 찾아내야 합니다. 그래야 중독경제 시대에 갖은 유혹과 방해에 휘말리지 않고 자신의 꿈과 목표를 향해 나아갈 수 있습니다. 마찬가지로 정신을 잘 다스리는 인재를 확보하고 키워내는 기업이 성공할 것임은 자명합니다.

메타인지: 조종되지 않는 능력

심리학과 교육학에는 '메타인지metacognition'라는 말이 있습니다. 상위를 뜻하는 말인 '메타(meta)'와 인식, 사고, 인지를 뜻하는 '코그니션(cognition)'이 합쳐진 말로, 자신의 생각 자체에 대해 스스로 생각할 수 있는 능력을 말합니다. 예를 들어, 어떤 신문 기사 속에 한 인물이 부정적으로 묘사되어 있는 경우를 생각해보겠습니다. 이 기사를 읽고 나면 사람들은 대개 그 인물에 대해 좋지 않은 평가를 내릴 것입니다. 그런데 어떤 사람들은 그 순간에 '이 기사는 독자가 이 인물을 부정적으로 평가하게끔 유도하는구나'라고 생각할 수도 있습니다. 바로 이렇게 자신이 하는 생각을 알아채고 그 생각에 영향을 미치는 요인에 대해 스스로 생각하는 것이 메타인지입니다. 평소 자신에게 어떤 능력이 뛰어난지 혹은 부족한지, 무엇을 아는지 혹은 모르는지를 인식하는 것 역시 메타인지입니다.

메타인지라는 용어가 등장한 것은 1980년대로, 꽤 오래 전의 일입니다. 그동안 교육 분야에서는 학생들의 학습 능력을 향상시키는 방안의 하나로 중요하게 고려되었지만, 그 밖의 분야에서는 크게 주목받지 않았습니다. 그런데 중독경제 시대에는 이 메타인지가 사람들에게 아주 중요한 능력으로 인정받게 됩니다.

중독경제 시대에 테크 기업은 교묘한 방법으로 사람들을 중독시킵니다. 각자의 취향을 파악해서 그들이 좋아할 만한 제품이나 서비스의 광고를 보여줌으로써 그들 마음속에 욕망을 만들어냅니다. 적당한 간격으로 불규칙적 보상을 제공해서 사람들에게 희열을 느끼게 합니다. 다른 사람의 칭찬과 인정을 갈구하게 하고, 상대방과의 경쟁에서 승리하고 싶은 강한 욕구를 불러일으키기도 합니다. 사람들의 생각과 감정, 행동을 조종하는 것이죠. 그런데 문제는 많은 사람이 자신이 조종당한다는 것을 깨닫지 못한다는 사실입니다. 사람들은 자신이 좋아하기 때문에 해당 제품을 구입하고 재미있는 동영상을 본다고 생각합니다. 모든 선택은 자신의 자유의지의 결과라고 생각합니다. 하지만 현실은 그렇지 않을 수 있습니다. 우리가 생각하고, 느끼고, 행동하는 것이 사실은 테크 기업에 의해서 디자인된 것일 수 있습니다. 단지 스스로 자신이 그런 사실을 깨닫지 못하는 것이죠.

중독의 기술이 지금보다 더 발달하고 중독경제가 심화될수록 사람들은 자신의 생각과 감정, 행동에 영향을 미치는 것들이 무엇이고 어떻게 작동하는지 알아채기가 더욱 어려워질 것입니다. 많은 사람은 테크 기업이 원하는 대로 생각하고, 테크 기업이 원하는 대로 소비하는 삶을 살게 될 것입니다. 그래서 중요한 것이 메타인지 능력입니다. 메타인지 능력을 갖추고 있어야 무엇이 자신의 욕망을 부추기는지를 알 수 있고, 자신의 소비를 스스로 조절할 수 있습니다. 또한 메타인지 능력이 있어야 자신의 생각과 감정에 영향을 미치는 요인을 파악할 수 있고, 자율적으로 자신만의 생각과 감정을 가질 수 있습니다. 결론적으로 우리는 메타인지 능력을 통해 테크 기업의 조종에서 벗어나 온전히 자기 자신으로 살아갈 수 있습니다.

앞으로 중독경제가 심화되면 메타인지를 기르는 일은 더욱 어려워질 것입니다. 그래서 지금이 중요합니다. 메타인지 능력은 훈련을 통해 크게 키울 수 있습니다. 지금부터 스스로 자신의 메타인지 능력을 키워나가야 합니다. 지금 자신이 가지고 있는 욕망, 감정, 생각이 온전히 자기 것인지 끊임없이 성찰하고 되돌아봐야 합니다. 테크 기업이 제공하는 모든 것에 의심을 갖고, 이들이 자신에게 미치는 영향을 신중하게 살펴봐야 합니다. 그래야 자신의 삶을 자신의 것으로 지킬 수 있습니다.

오리지널리티: 독창성을 빛내는 나만의 무기

10년 전 미국에 있을 때는 미국 대학생과 한국 대학생이 서로 크게 다르다고 느꼈습니다. 옷차림도 다르고, 가치관도 다르고, 삶에서 추구하는 목표도 다르다고 생각했죠. 하지만 지금은 미국과 한국의 대학생 사이에 예전만큼 큰 차이가 있다고 생각하지는 않습니다. 그뿐만이 아닙니다. 한국 학생들 사이의 다양성도 점점 줄어들고 있습니다. 매 학기 학생들의 자기소개서를 받아보면 삶의 관심사나 취향, 가치관이 서로 상당히 닮아가고 있음을 알게 됩니다. 지금 우리가 중독경제 속에서 살아간다는 점을 고려하면 이런 현상은 당연한 결과처럼 보입니다.

중독경제 시대에는 정보와 콘텐츠가 많은 사람에게 빠르게 전달됩니다. 사람들이 소비하는 제품, 즐기는 콘텐츠, 알고 있는 지식들이 거의 실시간으로 공유되기 때문에 사람들의 생각과 모습이 서로 유사해질 수밖에 없습니다. 여기에 더해 남들보다 뒤처지는 것에 대한 두려움인 포모^{fear of missing out, FOMO}는 사람들 간의 유사성을 심화하는 촉매제 역할을 합니다. 특히 요즘 젊은 세대가 많이 느끼는 감정이죠. 자신만 소외되고 흐름을 놓칠까 봐 불안해하는 포모증후군 때문에 사람들은 남들에게 화제가 되거나 유행하는 것들을 경쟁적으로 빠르게 소비합니다. 그러다 보니 삶의 경험이 더욱더 유사해지는 경향이 있습니다.

학생들만 그런 것이 아닙니다. 대학의 강의 내용과 방식도 서로 유사해지고 있습니다. 같은 이름의 강의라면 어떤 교수의 강의를 듣더라도 배우는 내용에 별반 차이가 없습니다. 기업의 마케팅도 마찬가지입니다. 모든 브랜드가 비슷한 방식으로 마케팅을 하다 보니 브랜드 간의 차별성 역시 점차 사라지고 있습니다. 사람도, 대학도, 브랜드도 서로 유사해지는 시대가 되는 것이죠.

유사성에는 장점과 단점이 있습니다. 유사성이 빛을 발하는 곳은 사회적 관계입니다. 사람들은 자신과 유사한 사람을 좋아하고 비슷한 사람들 속에서 편안함을 느낍니다. 친구나 동료들 사이의 유사성이 높을수록 서로에 대한 소속감과 유대감이 높아집니다. 반면 기업이나 조직의 발전에는 유사성이 걸림돌이 되기도 합니다. 구성원들의 경험이나 지식, 사고방식이 유사하면 창의적이고 혁신적인 아이디어가 나오기 어렵죠. 그래서 기업과 조직의 발전을 위해서는 오리지널리티originality, 즉 독창성을 가진 사람이 필요합니다.

미국에서 교수로 재직하던 시절, 매년 박사과정 지원자들을 받고 그중 어떤 학생을 입학시킬지에 대해 동료 교수들과 논의했습니다. 그런데 교수들은 어떤 분야를 전공한 지원자를 선호할까요? 아마 대부분 경영학이라고 생각할 텐데요. 저도 처음에는 그렇게 생각했습니다. 하지만 실상은 이와 정반대였습니다. 경영학에 관해서는 자신이 이미 잘 알고 있기 때문에 박사과정에는 자신에게 낯선 분야에 전문성을 가진 학생을 선발하고 싶어 했습니다. 가령, 경영학은 전혀 모르지만 뇌과학이나 예술 분야의 연구 경험이 있는 학생이 오히려 경영학을 전공한 학생보다 더 긍정적으로 평가되는 것이죠. 다른 분야의 전문성을 가진 학생이 들어오면 교수들의 연구에 새로운 지식과 관점이 더해지면서 연구의 질이 향상되리라는 점은 쉽게 기대할 수 있습니다.

지금까지 한국의 기업과 조직은 개인의 독창성을 높게 평가하지 않았습니다. 혁신보다는 효율과 속도를 중요하게 여겼기 때문입니다. 구성원의 업무 방향은 이미 정해져 있기 때문에 정해진 업무를 성실하고 빠르게 수행하는 사람을 훌륭한 인재라고 여겼습니다. 하지만 최근 기업들의 행보를 살펴보면 이런 분위기가 점차 바뀌고 있음을 알게 됩니다. 브랜드 간의 경쟁이 심화되고 경영 환경이 불안정해지면서 성실한 사람보다는 기업에 새로운 시각과 지식을 가져다줄 수 있는 인재를 찾는 기업이 많이 늘어나고 있습니다. 기업들의 이런 변화는 앞으로 더욱 심화될 수밖에 없습니다.

그런데 문제는 최근 지원자들의 모습이 서로 너무 유사하다는 점입니다. 삶의 경험도 비슷하고, 알고 있는 지식은 물론 보유한 기술도 비슷합니다. 물론 사람들 대부분은 자기 자신이 매우 독특하고 독창적이라고 생각합니다. 하지만 현실은 '자신이 독특하다고 생각하는 수없이 많은 유사한 사람' 중의 한 명인 것이죠. 독창성의 가치는 계속 높아지지만 독창성을 갖추기는 점점 더 어려워지는 세상입니다. 중독경제 시대에 어떻게 하면 독창적인 사람이 될 수 있을까요? 방법은 다양할 것입니다. 그 답을 찾아내서 자신만의 오리지널리티를 갖추는 사람이 중독경제 시대를 이끄는 인재가 될 것입니다.

디지털 구루: 불안의 시대를 헤쳐 나가는 길잡이

중독경제 시대에 사람들은 많은 것을 스스로 선택할 필요가 없습니다. 콘텐츠 플랫폼이 추천해주는 영화와 드라마를 시청하고, 유튜브나 페이스북의 알고리즘이 연속적으로 보여주는 동영상들을 보며, 쇼핑 플랫폼 화면에서 가장 잘 보이는 곳에 있는 제품을 구입합니다. 또 자신의 구매 행동 패턴과 선호에 관한 데이터를 반영한 광고에 끊임없이 노출되기 때문에 지금 자신이 갖는 욕망도 자기 것인지 아니면 테크 기업에 의해 부추겨진 것인지 알기 어렵습니다. 스스로 선택하거나 고민하지 않아도 모든 것이 자동적으로 이뤄지는 세상입니다.

테크 기업이 제공하는 알고리즘에는 분명 편리한 점이 있습니다. 자신이 무엇을 사야 할지 모를 때나 어떤 영화나 드라마를 볼지 결정하지 못할 때 알고리즘은 고민의 시간과 노력을 줄여줍니다. 그러면서 사람들은 알고리즘의 추천에 익숙해져갑니다.

그런데 자신의 인생을 좌지우지할 중요한 결정을 내리는 순간에는 이런 의존성이 큰 문제가 될 수밖에 없습니다. 이런 순간에는 알고리즘이 도움이 되지 못합니다. 알고리즘이 자신이 고려하고 있는 사항을 전부 알 수 있는 것도 아니고, 결과에 대해 책임을 지는 것도 아니기 때문입니다. 알고리즘에 익숙한 사람들에게 이런 결정을 스스로 내리는 일은 무척 낯설고 어렵습니다. 갑작스럽게 중

대한 결정을 혼자서 내려야 하기 때문입니다. 그래서 중독경제 시대에 사람들은 자신의 중요한 결정에 도움을 줄 수 있는 사람을 찾습니다. 자신의 사고회로를 마비시킨 알고리즘이 아니라 지혜로우면서도 자신이 신뢰할 수 있는 사람에게 기대고 싶어집니다. 일종의 '구루Guru'를 찾게 되는 것이죠.

중독경제 시대의 사람들은 자신의 미래에 대해 분명한 방향성을 제시해주는 사람을 찾습니다. 지금은 모든 것이 빠르게 변하는 세상입니다. 새로운 디지털 기술이 끊임없이 발명되고 이에 맞춰 사람들이 일을 하거나 일상생활을 유지하는 방식도 계속 변화하고 있습니다. 게다가 기후 변화 문제도 심각하고 정치적·경제적 양극화도 나날이 심해지고 있습니다. 국제 관계도 예측하기 어렵습니다. 그래서 자신의 미래에 대해 큰 불안감을 가지는 사람이 많을 수밖에 없습니다. 이럴 때 사람들은 확신에 찬 목소리로 세상의 미래에 대해서 분명한 방향을 제시해주는 사람에게 의지하게 됩니다.

중독경제 시대를 사는 사람들은 어려운 의사결정에 도움을 주고, 미래에 대해 분명한 방향성을 제시해주는 사람을 찾고 따릅니다. 물론 동서고금을 막론하고 사람들은 늘 이런 사람을 원했습니다. 이런 존재를 구루라고 칭하며 그들을 따르고 존경했습니다. 하지만 과거의 구루와 중독경제 시대의 구루는 다릅니다. 과거의 구루는 오랜 경험을 가진 지혜로운 사람들이었죠. 그래서 구루는 지팡이를 든 백발의 노인으로 묘사되고는 합니다.

하지만 중독경제 시대의 구루는 백발의 노인과는 거리가 멉니다. 빠르게 변화하는 디지털 세상을 잘 이해하고 미래를 내다볼 수 있어야 합니다. 경험이 아니라 기술과 과학에 대한 지식을 갖추어야 합니다. 그래서 과거의 구루와는 다르게 이제는 나이가 어린 사람도 구루가 될 수 있습니다. 또한 소수의 사람들과 직접 만나서 말로 소통하는 게 아니라 인터넷을 통해서 언어, 국경, 인종을 초월해 많은 사람과 실시간으로 소통합니다. 이런 점에서 '디지털 구루'라고 부를 수 있습니다.

디지털 구루에게 나이나 경험보다 중요한 것은 디지털 시대에 대한 통찰과 자신감 그리고 사람들과 소통하는 능력입니다. 이는 디지털 기술에 대한 이해도가 높을 뿐만 아니라, 사람들과 기꺼이 대화하고 공감하려는 진심과 의지를 갖추고 있어야 한다는 말입니다. 또한 알고리즘에 맹목적으로 휘둘리지 않고 보상회로를 적절히 관리하는 능력, 즉 욕망과 쾌락에 분별력 있게 대처하는 지혜가 있어야 합니다.

그렇다고 해도 구루의 본질은 변하지 않아야 합니다. 구루는 타인에게 지식을 전달하는 것이 아니라 더 넓은 시야를 갖게 해주고 자신만이 아니라 타인과 공동체 전체를 고려하게 하며 문제를 해결하려는 것이 아니라 무엇이 진정한 문제인지를 먼저 살펴보게 합니다. 한마디로 사람들이 스스로 성찰하고 깨닫는 과정을 지켜봐주며 지지해주는 리더십을 갖추어야 합니다.

이런 사람은 기업인일 수도 있고, 음악인이나 예술가일 수도 있고, 유튜버일 수도 있습니다. 다양한 직업과 나이의 디지털 구루가 나타나고, 많은 사람이 자신의 삶과 미래를 이들에게 의지하게 될 것입니다. 디지털 구루는 한 치 앞을 내다보기 어려운 불안의 시대에 많은 사람에게 큰 힘이 되어주는 중요한 역할을 하게 될 것입니다. 지금 이 책을 읽는 사람들 중에서 다양한 분야에서 사람들의 길잡이 역할을 하는 디지털 구루가 많이 나타나기를 기대해봅니다.

제가 처음 스마트폰을 구입한 것은 2008년의 일입니다. 바로 아이폰의 두 번째 모델이었던 아이폰 3G였습니다. 화면 전체가 터치스크린 방식이라 혁신적으로 느껴지기는 했지만 사용 목적에서는 그전에 사용하던 노키아의 피처폰과 별반 차이가 없었습니다. 전화와 문자 메시지를 주고받고, 음악을 듣고, 이메일을 확인하는 정도로만 사용했죠. 쇼핑은 직접 매장에 가서 했고, 지도가 필요할 때도 컴퓨터로 맵퀘스트라는 지도 웹사이트에 접속해서 운전 경로를 찾고 그것을 종이에 프린트해서 들고 다녔습니다.

하지만 10여 년이 지난 지금 스마트폰은 처음 등장했을 때와는 완전히 다른 존재가 되어버렸습니다. 학생들은 수업 내용을 기억해두려고 애쓰기보다 스마트폰에 저장해놓는 것을 자연스럽게 여기고, 직장인들은 스마트폰 앱상에서 업무를 처리하고 사람들을 만납니다. 아이들은 스마트폰 게임을 하면서 친구를 사귀고 사회성을 익힙니다. 스마트폰은 가히 '뇌의 연장'이라고 할 만큼 인간의 정신과 신체를 대신하고, 현실과 가상의 경계를 허무는 21세기 최고의 발명품이 된 것이죠.

그리고 이런 변화 속에서 많은 사람이 스마트폰에 중독된 채로 살아가고 있습니다. 문제는 자신의 중독 상태가 테크 기업에 의해 정교하게 고안된 알고리즘에 따른 결과인데도 사람들은 자신의 자유의지로 삶을 살아가고 있다고 착각하기 쉽다는 점입니다. 더구나 가까운 미래에는 메타버스Metaverse를 통해 이전과 비교할 수 없이 강한 몰입감과 현장감을 느끼게 될 것입니다. 이런 자극적 경험이 촉발하는 디지털 중독은 지금까지와는 차원이 다른 규모와 강도로 인류의 건강과 자율성을 위협하리라 예상됩니다.

물론 중독이 21세기 자본주의의 핵심 자원이 되어버린 현실은 거스르기 어렵습니다. 그렇다고 급류에 휩쓸린 채로 마냥 허우적댈 수도 없습니다. 결국에는 우리 공동체가 중독의 비즈니스적 가치를 공존과 상생, 공정과 책임의 가치로 전환하는 데 합의를 이루어나가는 일이 중요합니다. 이 책은 바로 그 토대를 마련하려는 작업입니다. 비록 이 책에서 제시한 방법들이 충분히 설득적이지 않더라도, 다른 여러 연구자와 정책 입안자를 통해 유사한 시도가 촉발되어 미래에 대한 더 큰 그림을 그려나가는 데 일조한다면 그것으로도 충분히 의의가 있다고 믿습니다.

다행히도 우리가 중독사회로 접어들고 있다는 문제의식을 공유하는 개인과 기업이 늘고 있습니다. 현생 인류를 '호모 아딕투스'라는 다음 단계로 도약하게 해줄 '디지털 대전환'이 디스토피아로 귀결되지 않도록 우리 모두의 관심과 지혜를 모아야 할 때입니다. 혹시 이 책에서 얻은 인사이트를 통해 건전한 경제 생태계를 형성하려는 기업과 사업자가 많이 나온다면 더 바랄 것이 없겠습니다.

하지만 역시 개인 차원에서 중독의 문제를 인지하고 이를 개선해나가려는 흐름이 있어야만 결국 시장이 움직일 것입니다. 이 책에서도 반복해서 주장하고 있지만, 개인 차원의 노력은 간단한 실천에서 시작할 수 있습니다. 저의 사례를 들어보겠습니다.

이 책을 쓰면서 저는 의도적으로 스마트폰을 멀리했습니다. 스마트폰 없이 외출을 하거나 저녁 시간부터는 아예 스마트폰을 꺼놓고 지내기도 했습니다. 막상 이렇게 해보니 일상생활에서 불편함도 많이 생겼고 중요한 연락을 못 받는 일도 자주 있었습니다. 그런데 재미있는 사실은 제 삶의 행복도가 전과 비교할 수 없을 정도로 높아졌다는 점입니다. 스마트폰을 멀리하니 머리가 맑아지고 혼자만의 생각에 집중하기가 훨씬 쉬워졌습니다. 사물에 대한 감각도 더 예리해지기 시작했습니다. 전과 비교하여 여가 시간을 제 자신과 가족을 위해서 더 소중하게 사용하게 되었습니다. 그리고 가장 중요한 것은 '제 삶이 누군가에 의해 살아지는 것'이 아니라 '저 스스로 제가 원하는 삶을 살아가는 것'처럼 느껴진다는 점이었습니다. 이런 점들이 너무 좋아서 아직까지도 최대한 스마트폰과 거리를 두며 살아가고 있습니다.

하루하루가 너무 바쁘게 돌아가는 세상입니다. 자신의 존재감이 점점 옅어지고 희미해져가는 듯한 기분이 듭니다. 저라는 존재가 화면 속의 작은 점처럼 작아지다가 어느 순간 소멸될 것처럼 느껴지기도 합니다. 일에 집중하기도 어렵고, 그렇다고 쉼에 집중하기도 어렵습니다. 매일 최선을 다해 열심히 살아간다고 하지만 오히려 감각과 감정은 무뎌지고 있습니다. 불안하면서도 무감각하고, 긴장되면서도 무기력한 날들이 반복됩니다. 이럴 때는 디지털 기기들을 모두 치워버리고, 삶의 속도를 잠시 늦춰보기 바랍니다. 잊고 살았던 감각과 감정이 되살아나고, 삶의 여유가 다시 찾아올지 모릅니다. 흐릿해지던 자신의 존재가 점점 선명하게 보일지도 모릅니다. 그리고 어쩌면 삶의 즐거움과 행복, 열정을 되찾게 될지도 모릅니다. 우리 모두가 그렇게 되기를 바랍니다.

감사의 말

　이 책이 나오기까지 큰 도움을 주신 분들께 감사의 마음을 전하고자 합니다. 우선 언제나 제 삶의 중심을 잡아주는 아내, 그리고 삶의 소중함과 행복을 느끼게 해주는 아홉 살 아린에게 고마움을 전합니다. 이 책을 출간하는 데 많은 도움을 주신 다산북스의 김선식 대표님과 박현미 팀장님, 차혜린 매니저님께도 큰 감사를 드립니다.

　학자로서의 삶과 역할에 대해 몸소 늘 올바른 방향을 보여주시고 용기를 주신 연세대학교 신동엽 교수님, 그리고 책을 쓰는 일에 의미를 찾지 못하여 지쳐가고 있던 시기에 큰 응원과 지지를 보내주신 아모레퍼시픽 서경배 회장님께도 이 자리를 빌려 큰 감사의 말씀을 드리고 싶습니다.

　마지막으로, 이 책은 중독경제 시대를 살아가는 모든 사람을 위한 책입니다. 자신의 의지가 아닌 욕망에 휘둘리기 쉬워진 개인에게는 부와 일자리, 균형 잡힌 삶을 지켜나갈 수 있는 최소한의 지침서가 되기를 바랍니다. 또 소비자의 만족도를 높이면서도 지속 가능한 브랜드를 만들어나가려는 마케터, 기업가, 투자자에게는 맞춤형 생존 포트폴리오가 되기를 바랍니다.

　휴대할 수 있는 욕망과 쾌락을 갖게 된 호모 아딕투스인 우리 모두의 생존과 번영에 이 책이 작게나마 도움이 된다면 그보다 더 감사한 일은 없을 것입니다.

1부.
인류는 호모 아딕투스로 진화한다
— 디지털에 중독된 사람들

1. 호모 아딕투스가 온다

1 Lukács, A., Sasvári, P., Varga, B., & Mayer, K. (2019). Exercise addiction and its related factors in amateur runners. *Journal of Behavioral Addictions*, 8(2), 343-349.

2 Berridge, K. C., & Kringelbach, M. L. (2015). Pleasure systems in the brain. *Neuron*, 86(3), 646-664.

3 Siebers, M., Biedermann, S. V., Bindila, L., Lutz, B., & Fuss, J. (2021). Exercise-induced euphoria and anxiolysis do not depend on endogenous opioids in humans. *Psychoneuroendocrinology*, 126, 105-173.

4 Linden, D. J. (2011). The Neuroscience of Pleasure. *The Huffington Post*. https://www.huffpost.com/entry/compass-pleasure_b_890342

5 Elliot, A. J. (2006). The hierarchical model of approach-avoidance motivation. *Motivation and Emotion*, 30(2), 111-116.

6 James, W. (1890/1950). *The principles of Psychology*. vol. II. Dover Publications.

7 Freud, S. (1915/1957). Repression. *The Standard Edition of the Complete Psychological Works of Sigmund Freud*, vol. XIV. Hogarth.

8 Tattersall, I. (n.d.). Homo sapiens. *Encyclopedia Britannica*, https://www.britannica.

com/topic/Homo-sapiens.

2. 우리를 중독시키는 것들

1 Number of smartphone subscriptions worldwide from 2016 to 2027. (2022). *Statista*. https://www.statista.com/statistics/330695/number-of-smartphone-users-worldwide/

2 Smartphone Ownership Is Growing Rapidly Around the World, but Not Always Equally. (2019). *Pew Research Center*. https://www.pewresearch.org/global/2019/02/05/smartphone-ownership-is-growing-rapidly-around-the-world-but-not-always-equally/

3 900만이 나홀로 집에…5명중 2명 '1인가구'. (2021). 매일경제. https://www.mk.co.kr/news/society/view/2021/01/4222/

4 Snell, K. D. M. (2017). The rise of living alone and loneliness in history. *Social History*, 42(1), 2-28.

5 The rise of living alone. (2019). *Our World in Data*. https://ourworldindata.org/living-alone

6 Loneliness and the Workplace U.S. Report. (2020). Cigna. https://www.cigna.com/about-us/newsroom/studies-and-reports/combatting-loneliness/

7 어디에나 연결되어 있지만 일상적으로 '외로움'을 느끼는 현대인들, 이제 외로움은 사회적인 감정. (2019). 엠브레인. https://www.trendmonitor.co.kr/tmweb/trend/allTrend/detail.do?bIdx=1803&code=0404&trendType=CKOREA

8 Loneliness in young people increased during lockdown. (2020). *The University of Edinburgh*. https://www.ed.ac.uk/covid-19-response/latest-news/loneliness-in-young-people-increased-lockdown

9 한집에 있어도 '혼밥'…가족과 있지만 "나 혼자 산다". (2018). 헤럴드경제. http://news.heraldcorp.com/view.php?ud=20180309000850

10 The Research Is Clear: Long Hours Backfire for People and for Companies. (2015).

Harvard Business Review. https://hbr.org/2015/08/the-research-is-clear-long-hours-backfire-for-people-and-for-companies

11 Sohn, S. Y., Krasnoff, L., Rees, P., Kalk, N. J., & Carter, B. (2021). The association between smartphone addiction and sleep: a UK cross-sectional study of young adults. *Frontiers in Psychiatry*, 12.

12 청소년 100명 중 36명은 스마트폰 중독… 60대도 17명. (2021). 조선비즈. https://biz.chosun.com/site/data/html_dir/2021/03/10/2021031001161.html?utm_source=naver&utm_medium=original&utm_campaign=biz

13 Mobile gaming market in the United States - statistics & facts. (2021). *Statista*. https://www.statista.com/topics/1906/mobile-gaming/

3. 24시간 욕구를 자극하는 소비중독의 시대

1 United States Congressional serial set. NO. 4464. (1902). *Hathi Trust*. https://babel.hathitrust.org/cgi/pt?id=uc1.$b628697&view=1up&seq=374

2부.
위험하고도 매혹적인 중독경제의 탄생
― 욕망을 재생산하는 5가지 비즈니스 모델

4. 소셜미디어 비즈니스: '좋아요'가 돈이 되는 이유

1 23 Amazing Statistics on Internet and Social Media in 2022. (2022). *WizCase*. https://www.wizcase.com/blog/stats-on-internet-social-media-and-digital-trends/

2 Number of monthly active Facebook users worldwide as of 1st quarter 2022. (2022).

Statista. https://www.statista.com/statistics/264810/number-of-monthly-active-facebook-users-worldwide/

3 미하원 법사위 반독점 분과위원회. (2020). *디지털 시장 조사 보고서.* p. 137.

4 네이버 '밴드' 2월 SNS 앱 사용수 1위 기록…인스타 · 페이스북 넘어섰다. (2022). *이코노미스트.* https://economist.co.kr/2022/04/12/it/general/20220412081151357.html

5 결국 유튜브도 2021년 11월부터 '싫어요'의 숫자를 비공개로 전환합니다.

6 Why We Are Addicted To Social Media: The Psychology of Likes. (n.d.). *Steve Rose PhD.* https://steverosephd.com/why-we-are-addicted-to-likes/

7 Meshi, D., Morawetz, C., & Heekeren, H. R. (2013). Nucleus accumbens response to gains in reputation for the self relative to gains for others predicts social media use. *Frontiers in Human Neuroscience, 7,* 439.

8 'Our minds can be hijacked': the tech insiders who fear a smartphone dystopia. (2016). *The Guardian.* https://www.theguardian.com/technology/2017/oct/05/smartphone-addiction-silicon-valley-dystopia

9 Advertising revenue of Google from 2001 to 2021. (2022). *Statista.* https://www.statista.com/statistics/266249/advertising-revenue-of-google/

10 Meta's (formerly Facebook Inc.) annual revenue from 2009 to 2021. (2022). *Statista.* https://www.statista.com/statistics/268604/annual-revenue-of-facebook/

11 Largest American companies by market capitalization. (2022). *Companies Marketcap.* https://companiesmarketcap.com/usa/largest-companies-in-the-usa-by-market-cap/

12 TV entertainment revenue of Paramount Global (formerly ViacomCBS) in 2020 and 2021, by type. (2022). *Statista.* https://www.statista.com/statistics/193493/revenue-of-the-cbs-corporation-by-type/

13 How Much Does Google Ads Cost in 2022? (2022). *WebFX.* https://www.webfx.com/blog/marketing/much-cost-advertise-google-adwords/

14 What Is A Good Click Through Rate (CTR) For Google Ad Campaigns? (2019). *PPC Protect.* https://ppcprotect.com/what-is-a-good-ctr-google-ads/

15 Who Uses Their Phone on the Toilet? Most of Us. (2018). *PCMag.* https://www.

pcmag.com/news/who-uses-their-phone-on-the-toilet-most-of-us

5. 콘텐츠 비즈니스: 당신의 시간을 훔치는 알고리즘의 덫

1 Landrum, A. R., Olshansky, A., & Richards, O. (2021). Differential susceptibility to misleading flat earth arguments on youtube. *Media Psychology*, 24(1), 136-165.

2 'Fiction is outperforming reality': how YouTube's algorithm distorts truth. (2018). *The Guardian.* https://www.theguardian.com/technology/2018/feb/02/how-youtubes-algorithm-distorts-truth

3 Your Undivided Attention. (2020). *Humane Technology.* https://www.humanetech.com/podcast

4 YouTube for Press. (nd). *YouTube Official Blog.* https://blog.youtube/press/

5 YouTube by the Numbers: Stats, Demographics & Fun Facts. (2022). *Omnicore.* https://www.omnicoreagency.com/youtube-statistics/

6 How Much Could Google's YouTube Be Worth? Try More Than $100 Billion. (2018). *TheStreet.* https://www.thestreet.com/investing/youtube-might-be-worth-over-100-billion-14586599

7 Worldwide advertising revenues of YouTube from 2017 to 2021. (2022). *Statista.* https://www.statista.com/statistics/289658/youtube-global-net-advertising-revenues/#:~:text=In%202020%2C%20YouTube's%20global%20advertising,in%20the%20preceding%20fiscal%20period

8 Worldwide advertising revenues of YouTube as of 1st quarter 2022. (2022). *Statista.* https://www.statista.com/statistics/289657/youtube-global-quarterly-advertising-revenues/

9 The Highest-Paid YouTube Stars Of 2020. (2020). *Forbes.* https://www.forbes.com/sites/maddieberg/2020/12/18/the-highest-paid-youtube-stars-of-2020/?sh=3e8f972a6e50

10 폭증하는 유튜버들…국내 광고수입 유튜버 10만 육박. (2020). *머니투데이*. https:// news.mt.co.kr/mtview.php?no=2020122216122528500

11 원문은 다음과 같다. But the problem is that the AI isn't built to help you get what you want — it's built to get you addicted to YouTube.

12 'YouTube recommendations are toxic,' says dev who worked on the algorithm. (2019). *The Next Web*. https://thenextweb.com/news/youtube-recommendations-toxic- algorithm-google-ai

13 A Blueprint for Content Governance and Enforcement. (2021). *Facebook*. https:// www.facebook.com/notes/mark-zuckerberg/a-blueprint-for-content-governance-and- enforcement/10156443129621634/

14 Shepperd, J. A., & McNulty, J. K. (2002). The affective consequences of expected and unexpected outcomes. *Psychological Science*, 13(1), 85-88.

15 When Surprise Is a Good Negotiation Tactic. (2019). *Harvard Business Review*. https://hbr.org/2019/10/when-surprise-is-a-good-negotiation-tactic

6. 쇼핑 비즈니스: 거부할 수 없는 할인중독의 늪

1 Kraepelin E. (1915). *Psychiatrie*, 8th ed.. Vol 4. Barth.

2 Zhang C, Brook JS, Leukefeld CG, De La Rosa M, Brook DW. (2017). Compulsive buying and quality of life: An estimate of the monetary cost of compulsive buying among adults in early midlife. *Psychiatry Res*. 252:208-214. doi:10.1016/ j.psychres.2017.03.007

3 Choi, J., & Fishbach, A. (2011). Choice as an end versus a means. *Journal of Marketing Research*, 48(3), 544-554.

4 Mischel, W., Ebbesen, E. B., & Raskoff Zeiss, A. (1972). Cognitive and attentional mechanisms in delay of gratification. *Journal of Personality and Social Psychology*, 21(2), 204-218.

5 DeWall, C. N., Chester, D. S., & White, D. S. (2015). Can acetaminophen reduce the pain of decision-making? *Journal of Experimental Social Psychology*, 56, 117-120.

6 Norton, M. I., Mochon, D., & Ariely, D. (2012). The IKEA effect: When labor leads to love. *Journal of Consumer Psychology*, 22(3), 453-460.

7. 뉴스 비즈니스: 온종일 뉴스를 새로고침하는 사람들

1 We touch our smartphones at least 2,617 times a day! (2016). *The Economic Times*. https://economictimes.indiatimes.com/magazines/panache/we-touch-our-smartphones-at-least-2617-times-a-day/articleshow/53211326.cms

2 Americans Check Their Phones 96 Times a Day. (2019). *Asurion*. https://www.asurion.com/about/press-releases/americans-check-their-phones-96-times-a-day/

3 You Asked: Is It Bad for You to Read the News Constantly? (2020). *Time*. https://time.com/5125894/is-reading-news-bad-for-you/

4 We've all become addicted to the drug of news. (2015). *The Telegraph*. https://www.telegraph.co.uk/men/thinking-man/11395018/Weve-all-become-addicted-to-the-drug-of-news.html

5 TV Watching Is in Decline, But News Consumption Is Booming. (2017). *Fortune*. https://fortune.com/2017/04/03/nielsen-news-report/

6 The Great Tech Panic: Breaking News Addiction. (n.d.). *Wired*. https://www.wired.com/2017/08/fomo/

7 How I kicked my news addiction. (2018). *USA TODAY*. https://www.usatoday.com/story/money/columnist/2018/04/10/how-kicked-my-news-addiction/480157002/

8 How to stop your brain's addiction to bad news. (2018). *Fast Company*. https://www.fastcompany.com/90269566/how-to-stop-your-brains-addiction-to-bad-news

9 Kobayashi, K., & Hsu, M. (2019). Common neural code for reward and information value. *Proceedings of the National Academy of Sciences*, 116(26), 13061-13066.

10 Sacerdote, B., Sehgal, R., & Cook, M. (2020). Why Is All COVID-19 News Bad News? (No. w28110). *National Bureau of Economic Research*.

11 The media exaggerates negative news. This distortion has consequences. (2018). *The Guardian*. https://www.theguardian.com/commentisfree/2018/feb/17/steven-pinker-media-negative-news

12 Soroka, S., Fournier, P., & Nir, L. (2019). Cross-national evidence of a negativity bias in psychophysiological reactions to news. *Proceedings of the National Academy of Sciences*, 116(38), 18888-18892.

13 Ito, T. A., Larsen, J. T., Smith, N. K., & Cacioppo, J. T. (1998). Negative information weighs more heavily on the brain: the negativity bias in evaluative categorizations. *Journal of Personality and Social Psychology*, 75(4), 887-900.

14 Soroka, S. N. (2014). *Negativity in Democratic Politics: Causes and Consequences*. Cambridge University Press.

15 Bad News: Negative Headlines Get Much More Attention. (2014). *Adweek*. https://www.adweek.com/performance-marketing/bad-news-negative-headlines-get-much-more-attention/

16 Consuming Negative News Can Make You Less Effective at Work. (2015). *Harvard Business Review*. https://hbr.org/2015/09/consuming-negative-news-can-make-you-less-effective-at-work

8. 게임 비즈니스: 생일 선물로 가상화폐를 원하는 아이들

1 Barrus, M. M., & Winstanley, C. A. (2016). Dopamine D3 receptors modulate the ability of win-paired cues to increase risky choice in a rat gambling task. *Journal of Neuroscience*, 36(3), 785-794.

2 How Many People Play League of Legends? (2022). *LeagueFeed*. https://leaguefeed.net/did-you-know-total-league-of-legends-player-count-updated/

3 GAMING MARKET - GROWTH, TRENDS, COVID-19 IMPACT, AND FORECASTS. (2022). *Mordor Intelligence*. https://www.mordorintelligence.com/industry-reports/global-gaming-market

4 The World's 2.7 Billion Gamers Will Spend $159.3 Billion on Games in 2020; The Market Will Surpass $200 Billion by 2023. (2020). *Newzoo*. https://newzoo.com/insights/articles/newzoo-games-market-numbers-revenues-and-audience-2020-2023/

5 한국 게임 세계시장 점유율 5위…수출 3.8% 증가. (2020). 연합뉴스. https://www.yna.co.kr/view/AKR20201221048800005

6 국내 게임산업 올해 7% 성장…18兆 넘는다. (2021). 한경닷컴. https://www.hankyung.com/it/article/2021010457781

3부.
중독경제의 시대, 휩쓸리지 말고 파도를 타라
— 빅테크 기업을 이기는 비즈니스 전략

9. 빅테크 기업에서 찾은 중독 디자인의 법칙

1 Schüll, N. D. (2012). *Addiction by Design: Machine Gambling in Las Vegas*. Princeton University Press.

2 Csíkszentmihályi, Mihály (1996), *Creativity: Flow and the Psychology of Discovery and Invention*, Harper Perennial

10. 빅테크 기업의 성공 비밀, 데이터 전략

1 The Smartphone Duopoly. (2021). *Statista*. https://www.statista.com/chart/3268/

smartphone-os-market-share/

2 Market share of mobile operating systems in the United States from January 2012 to June 2021. (2021). *Statista*. https://www.statista.com/statistics/272700/market-share-held-by-mobile-operating-systems-in-the-us-since-2009/

3 미하원 법사위 반독점 분과위원회. (2020). *디지털 시장 조사 보고서*. p. 212

4 미하원 법사위 반독점 분과위원회. (2020). *디지털 시장 조사 보고서*. p. 214

5 미하원 법사위 반독점 분과위원회. (2020). *디지털 시장 조사 보고서*. pp. 213-214

6 What is an IDFA (and How Will Apple's iOS 14 Update Impact Advertisers)? (2021). *Tinuiti*. https://tinuiti.com/blog/data-privacy/apple-ios-idfa-guide/

7 What is an IDFA (and How Will Apple's iOS 14 Update Impact Advertisers)? (2021). *Tinuiti*. https://tinuiti.com/blog/data-privacy/apple-ios-idfa-guide/

8 Facebook's Zuckerberg takes aim at Apple's privacy pitch, motives with iOS 14. (2021). *ZDNet*. https://www.zdnet.com/article/facebooks-zuckerberg-takes-aim-at-apples-privacy-pitch-motives-with-ios-14/

9 Kramer, A. D., Guillory, J. E., & Hancock, J. T. (2014). Experimental evidence of massive-scale emotional contagion through social networks. *Proceedings of the National Academy of Sciences*, 111(24), 8788-8790.

12. 뉴메커닉 전략: 새로운 중독의 열쇠를 찾아라

1 미하원 법사위 반독점 분과위원회. (2020). *디지털 시장 조사 보고서*. p. 41

2 Worldwide visits to Reddit.com from September 2021 to February 2022. (2022). *Statista*. https://www.statista.com/statistics/443332/reddit-monthly-visitors/

3 New subreddits by month. (2022). *Metrics For Reddit*. https://frontpagemetrics.com/history/month

4 미하원 법사위 반독점 분과위원회. (2022). *디지털 시장 조사 보고서*. p. 143

13. 뉴에그 전략: 새로운 세대를 공략하라

1 우리나라 소셜미디어 사용률 세계 3위…'밴드' 가장 많이 써. (2020). 연합뉴스 https://www.yna.co.kr/view/AKR20200904116600017

2 Social media demographics to inform your brand's strategy in 2022. (2022). *Sprout Social*. https://sproutsocial.com/insights/new-social-media-demographics/

3 Distribution of Roblox games users worldwide as of September 2020, by age. (2020). *Statista*. https://www.statista.com/statistics/1190869/roblox-games-users-global-distribution-age/

4 Z세대는 왜 '젠리'를 쓸까. (2020). *Bloter&Media*. https://www.bloter.net/newsView/blt202003310001

14. 큐레이테인먼트 전략: 나만의 소우주를 만들어라

1 Bettman, J. R., Luce, M. F., & Payne, J. W. (1998). Constructive consumer choice processes. *Journal of Consumer Research*, 25(3), 187-217.

2 매거진 같은 편집샵. 29cm. (2021). *Mobiinside*. https://www.mobiinside.co.kr/2021/01/12/29CM/

15. 휴머니스틱 브랜드 전략: 이익보다 관계가 우선이다

1 Baumeister, R. F., & Leary, M. R. (2017). The need to belong: Desire for interpersonal attachments as a fundamental human motivation. *Interpersonal Development*, 57-89.

2 Lang, F. R., & Carstensen, L. L. (2002). Time counts: future time perspective, goals, and social relationships. *Psychology and aging*, 17(1), 125-139.

3 피트니스센터 10만개 시대, 출혈경쟁의 서막. (2020). 더스쿠프. https://www.thescoop.

co.kr/news/articleView.html?idxno=41315

4 Curated.com Twists Social Commerce And Influencer Marketing Into Concierge E-Commerce. (2021). *Forbes*. https://www.forbes.com/sites/pamdanziger/2021/02/21/curatedcom-twists-social-commerce-and-influencer-marketing-into-concierge-e-commerce/?sh=13e355e45a80

16. 디지털 셀프컨트롤 전략: 사람들의 목표 달성을 도와라

1 백운천 팔로 대표 "열품타는 열정과 꿈 전하는 공부 어플". (2020). 아시아타임즈. https://www.asiatime.co.kr/1065578795012197

2 목표 달성 플랫폼 '챌린저스', 50억원 시리즈A 투자 유치. (2021). Platum. https://platum.kr/archives/156000

17. 디지털 디톡싱 전략: 우리는 해독될 권리가 있다

1 Global Meditation Market is expected to reach USD 20,532.44 Million by 2029. (2022). *DataBridge*. https://www.databridgemarketresearch.com/reports/global-meditation-market

2 More Americans are meditating than ever before, as mindfulness goes mainstream. (2018). *CNBC*. https://www.cnbc.com/2018/11/07/meditation-use-rises-as-apps-such-as-headspace-calm-become-popular.html

3 6 Brands Driving Innovation in the Booming Meditation Market. (2020). *Welltodo*. https://www.welltodoglobal.com/6-brands-driving-innovation-in-the-booming-meditation-market/

4 Headspace Revenue and Usage Statistics. (2022). *Business of Apps*. https://www.businessofapps.com/data/headspace-statistics/

5 This was the hottest app trend of the year. 2018. MarketWatch. https://www.
marketwatch.com/story/this-was-the-hottest-app-trend-of-the-year-2018-12-07

6 동백문구점 – 손글씨에 筆 꽂혔다. (2021). *아시아경제*. https://view.asiae.co.kr/article/
2021021813172324015

7 How Long Do You Have to Get a Website Viewer's Attention? (n.d.). *Chron*. https://
smallbusiness.chron.com/long-website-viewers-attention-72249.html

4부.
중독 인류를 위한 슬기로운 번영의 기술
— 강박과 습관 사이에서 균형추 맞추기

18. 중독의 관리가 자기계발인 시대

1 Can an app that rewards you for avoiding Facebook help beat smartphone addiction?
(2018). *The Guardian*. https://www.theguardian.com/technology/shortcuts/2018/
jan/15/hold-app-norway-facebook-beat-smartphone-addiction

19. 중독경제에서 나의 부를 지키는 법

1 Saiphoo, A. N., Halevi, L. D., & Vahedi, Z. (2020). Social networking site use
and self-esteem: A meta-analytic review. *Personality and Individual Differences*, 153,
109639.

2 Allcott, H., Braghieri, L., Eichmeyer, S., & Gentzkow, M. (2020). The welfare effects

of social media. *American Economic Review*, 110(3), 629-676.

20. 중독경제 시대를 이끄는 5가지 뉴타입

1 Ward, A. F., Duke, K., Gneezy, A., & Bos, M. W. (2017). Brain drain: The mere presence of one's own smartphone reduces available cognitive capacity. *Journal of the Association for Consumer Research*, 2(2), 140-154.
2 Too Many Interruptions at Work? (2006). *Gallup*. https://news.gallup.com/businessjournal/23146/too-many-interruptions-work.aspx

호모 아딕투스

알고리즘을 설계한 신인류의 탄생

초판 1쇄 발행 2022년 7월 11일
초판 2쇄 발행 2022년 10월 26일

지은이 김병규
펴낸이 김선식

경영총괄 김은영
책임편집 차혜린 **디자인** 마가림 **책임마케터** 김지우
콘텐츠사업5팀장 박현미 **콘텐츠사업5팀** 차혜린, 마가림, 김현아, 이영진
편집관리팀 조세현, 백설희 **저작권팀** 한승빈, 김재원, 이슬
마케팅본부장 권장규 **마케팅2팀** 이고은, 김지우
미디어홍보본부장 정명찬 **홍보팀** 안지혜, 김민정, 오수미, 송현석
뉴미디어팀 허지호, 박지수, 임유나, 송희진, 홍수경 **디자인파트** 김은지, 이소영
재무관리팀 하미선, 윤이경, 김재경, 안혜선, 이보람
인사총무팀 강미숙, 김혜진
제작관리팀 박상민, 최완규, 이지우, 김소영, 김진경, 양지환
물류관리팀 김형기, 김선진, 한유현, 민주홍, 전태환, 전태연, 양문현, 최창우
일러스트 김병규

펴낸곳 다산북스 **출판등록** 2005년 12월 23일 제313-2005-00277호
주소 경기도 파주시 회동길 490 다산북스 파주사옥
전화 02-704-1724 **팩스** 02-703-2219 **이메일** dasanbooks@dasanbooks.com
홈페이지 www.dasan.group **블로그** blog.naver.com/dasan_books
종이 한솔피엔에스 **인쇄·제본** 한영문화사 **코팅·후가공** 평창 P&G

ISBN 979-11-306-9122-0 (03320)

다산북스(DASANBOOKS)는 독자 여러분의 책에 관한 아이디어와 원고 투고를 기쁜 마음으로 기다리고 있습니다.
책 출간을 원하는 아이디어가 있으신 분은 다산북스 홈페이지 '투고원고'란으로 간단한 개요와 취지, 연락처 등을
보내주세요. 머뭇거리지 말고 문을 두드리세요.